PROCÈS CÉLÈBRES

COUR D'ASSISES DE LA SEINE

PROCÈS

DE

M. LE GÉNÉRAL TROCHU

CONTRE

LE FIGARO

Audiences des 27, 28, 30 Mars, 1ᵉʳ et 2 Avril 1872

AVEC

PRÉFACE

PAR

René de PONT-JEST

Rédacteur du *Figaro*

Prix : **1** franc

PARIS

EN VENTE CHEZ TOUS LES LIBRAIRES

ET DANS TOUS LES KIOSQUES

DÉPOT CENTRAL . CHEZ A. LACAZE, ÉDITEUR, 8, RUE DU CROISSANT

—

1872

PROCÈS CÉLÈBRES

COUR D'ASSISES DE LA SEINE

PROCÈS

DE

M. LE GÉNÉRAL TROCHU

CONTRE

LE FIGARO

Audiences des 27, 28 et 30 Mars et 1ᵉʳ Avril 1872

AVEC

PRÉFACE

PAR

René de PONT-JEST

Rédacteur du *Figaro*

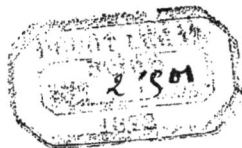

Prix : **1** franc

PARIS

EN VENTE CHEZ TOUS LES LIBRAIRES

ET DANS TOUS LES KIOSQUES

DÉPOT CENTRAL : CHEZ A. LACAZE, ÉDITEUR, 8, RUE DU CROISSANT

1872

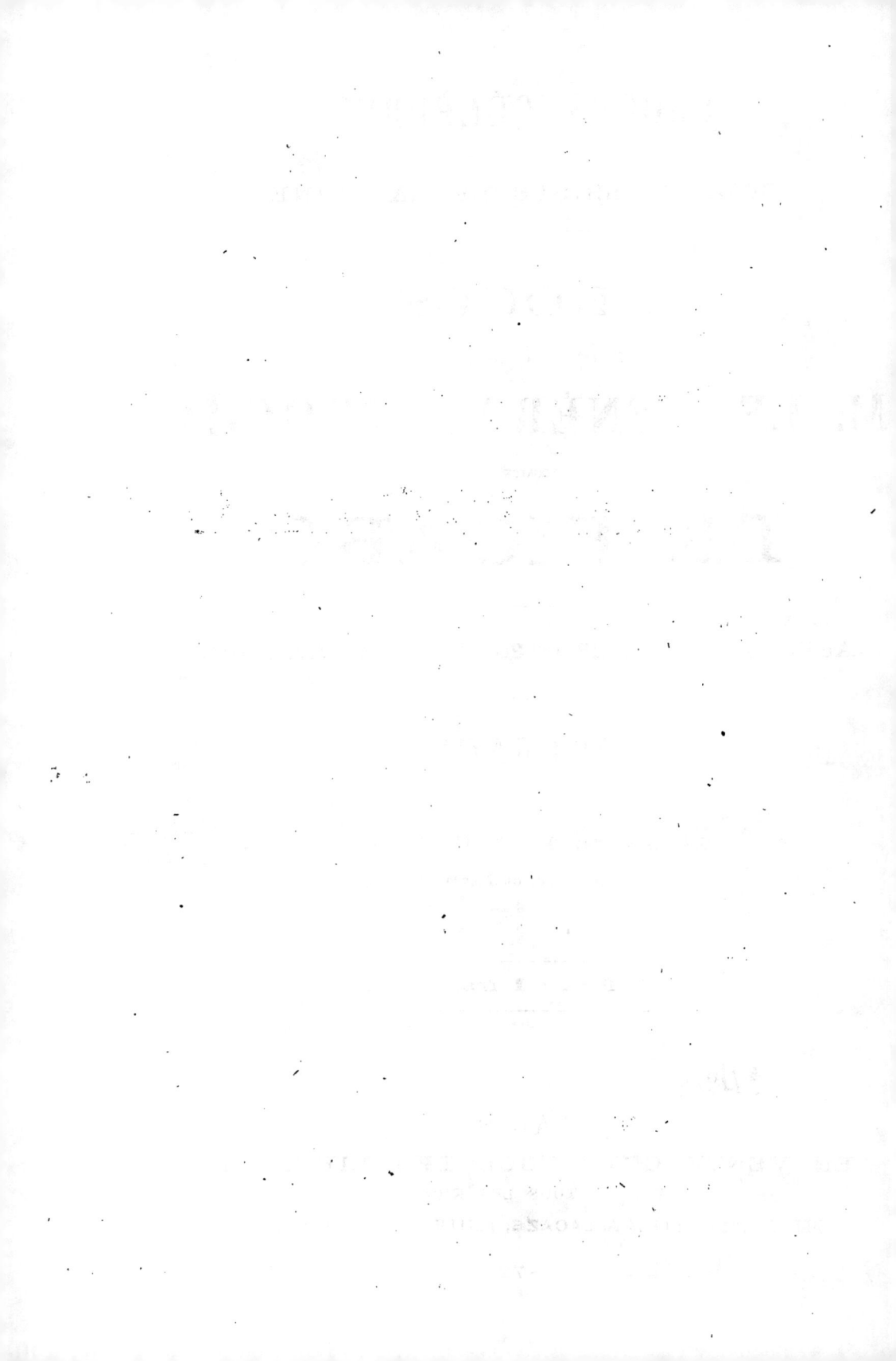

PRÉFACE

Les préfaces, tombées sous la critique de Boileau et plus tard sous celle d'Alfred de Musset, sont redevenues à la mode. Il semble qu'une œuvre importante ou prêtant à discussion ne puisse plus s'en passer. A ce double titre, le procès que M. le général Trochu fait au *Figaro* est digne d'une préface, et nous allons l'en gratifier, non seulement pour agir comme les maîtres, mais encore et surtout parce que, pour un grand nombre de nos lecteurs, séparés de nous par le siége de Paris, nos vieux rapports avec M. le général Trochu sont chose à peu près ignorée.

Il est bon que ceux qui vont avoir à se prononcer — nous parlons du public — entre l'ex-gouverneur de Paris et nous, sachent bien que nous n'avons pas attendu qu'il fût tout à fait démodé pour dire ce que nous en pensions; mais que, bien au contraire, après avoir un peu douté de lui tout d'abord, cela est certain, nous ne l'avons attaqué ensuite que chronologiquement, c'est-à-dire au fur et à mesure que, lui, attaquait moins et que son incapacité se démontrait d'une façon plus évidente, jusqu'au jour, hélas! où elle n'a plus été discutable !

Tout cela a fini par les fameux articles : *les Comptes du 4 Septembre* et le procès qui nous fait paraître en cour d'assises aujourd'hui 27 mars 1872.

Nos lecteurs vont voir que M. le général Trochu aurait pu nous dénoncer bien plus tôt que cela à la justice. Mais, chut! là encore peut-être son plan était d'attendre.

Ceci dit en forme d'avant-propos, passons à la préface de notre procès, c'est-à-dire à la revue sommaire et rapide de ce que le *Figaro* a dit de M. Trochu depuis le jour où la République du 4 Septembre l'a laissé ce

que l'Empire l'avait fait : gouverneur de Paris, jusqu'au moment où, moins préoccupé de la défense sans doute, il a pu, tout à son aise, méditer ses petits projets de vengeance et aviser à son étrange tentative de réhabilitation.

*
* *

La première apparition de M. Trochu dans le *Figaro* est à la date du 5 septembre, à propos, par conséquent, d'un fait qui s'était produit la veille, le 4, ce jour à jamais mémorable, où M. Jules Favre a saisi le moment où le chef de l'Etat était fait prisonnier pour réclamer sa déchéance, et a terminé en demandant, en son nom et au nom des hommes de son parti, que le général Trochu fût exclusivement chargé de la défense.

On se rappelle que, trois semaines plus tôt, le même officier avait accepté de l'impératrice les fonctions de gouverneur de Paris.

Ce 4 septembre, M. Trochu répondait à la foule qui criait : La déchéance! vive Trochu !

— Messieurs, je suis soldat; j'ai prêté un serment. Manquer à ce serment ce serait manquer à l'honneur. C'est à la Chambre qu'il appartient de vous répondre.

Nous fîmes suivre cette fière riposte de ces mots :

— On applaudit à ce noble langage et on crie : A la Chambre !

Voilà notre début. Il n'a rien, certes, de malveillant. Et cependant, ainsi que bien des gens, nous ne connaissions alors M. Trochu que par sa brochure sur l'armée, c'est-à-dire que nous n'avions déjà, en ses capacités militaires, que la confiance limitée qu'il convient d'avoir lorsqu'il s'agit d'un général écrivain et speaker.

*
* *

Le lendemain de ce vilain jour, — 4 septembre, — M. Trochu, par la grâce des événements et de l'avocat Gambetta, était maintenu dans ses fonctions de gouverneur de Paris et nommé ministre de la guerre, président du gouvernement de la défense nationale.

L'impératrice quitta Paris ; mais le récit de ce départ ne nous fournit pas l'occasion de parler du général, car la femme à laquelle il avait fait un serment doublement sacré n'a pas vu son fidèle Breton avant de quitter les Tuileries.

Les jours suivants, le nom de M. Trochu ne se rencontre dans le *Figaro* qu'au bas des actes du gouvernement dont il fait partie.

Le 10 septembre, il signe avec ses collègues une proclamation où on lit, entre autres promesses qui devaient être si mal tenues, grâce à lui et à ses amis :

« Il faut que l'envahisseur rencontre sur sa route l'obstacle d'une ville immense résolue à périr plutôt que de se rendre. »

Le 16, nous reproduisons son ordre du jour aux gardes nationaux, sans le faire suivre d'aucune réflexion.

Le *Figaro* était, à cette époque, privé de son rédacteur en chef, M. de Villemessant. M. Dumont, l'administrateur, y régnait seul et sans partage ; et, comme il ne partageait en rien les opinions de notre chef de file direct sur les hommes et les choses du jour, bien qu'on ne puisse pas cependant l'accuser d'avoir jamais subventionné son parti, il avait profité de l'absence de la plupart d'entre nous pour former une rédaction de son choix, qui républicanisait d'autant plus chaleureusement qu'elle sentait bien que cela ne pouvait durer bien longtemps.

En effet, le 18, M. de Villemessant, fort inquiet de la tournure que prenaient les événements et son journal, revint de Nice pour s'enfermer dans Paris et ressaisir le commandement que sa santé lui avait fait abandonner un instant.

Ne pensant pas que ce fût le moment des reproches, il se contenta de remercier ses collaborateurs malgré lui, de rappeler ceux d'entre nous qui pouvaient encore le rejoindre, et de dire en tête de son journal :

Vous me permettrez de ne pas apprécier ni qualifier ce qui a été fait en mon absence et de me remettre aujourd'hui, sans aucune récrimination, à la tête de mon petit gouvernement.

Et, le lendemain, M. de Villemessant signalait son retour par un article : la *Nation consultée*, qu'il terminait par ces mots :

Paris assiégé, mais invaincu, lui donnera (au pays) le temps de choisir la meilleure solution.

Notre rédacteur en chef, on le voit, ne prêchait pas là la défiance ; il croyait ! Et la preuve, c'est que, dans le même numéro (le 20), il applaudit sans restriction à la circulaire de M. Jules Favre aux représentants de la France à l'étranger.

On ne faisait plus de politique au *Figaro*, on y faisait seulement du patriotisme.

*
* *

Plus rien de M. Trochu jusqu'au 16 octobre, sauf une plaisanterie assez anodine au fond, mais qui, reconnaissons-le, pouvait bien être le premier coup d'épingle.

Le gouverneur de Paris venait, dans un ordre du jour, de changer une partie de l'uniforme des éclaireurs de la Seine, et le *Figaro* racontait ainsi cet important incident :

Soldats ! je suis content de vous. La République ne saurait voir d'un œil indifférent les actes courageux que vous accomplissez chaque jour. Sur ma proposition, elle vous admet à l'insigne honneur de porter un pantalon rouge.

Vous aviez de très jolis pantalons noirs ; vous dépenserez cinquante francs à les faire teindre en rouge. Voilà comme nous sommes, nous autres !

A quand les caleçons patriotiques ?

Ah ! les Prussiens doivent bien rire !

Le fait est qu'il eût été plus opportun pour M. le gouverneur de Paris de laisser le soin de cette proclamation à l'un de ses capitaines d'habillement et de s'occuper, lui, de faire fondre les nouveaux canons qu'on lui demandait.

*
* *

Le 16 octobre, notre chroniqueur politique, qui, lui aussi, s'était empressé d'accourir avant l'investissement de Paris, et qui n'avait parlé de M. Trochu, jusqu'à ce moment, que pour citer sa fameuse brochure, commence à lui dire quelques vérités, encore un peu gazées, mais déjà fort nécessaires.

J'extrai :

M. le général Trochu ne nous paraît pas encore bien déterminé sur la façon dont il doit conduire les opérations dont la direction suprême lui est confiée...

. . . .

Je ne veux pas critiquer le gouvernement de la défense nationale ; mais je dois constater que pas un membre de ce gouvernement, excitant par sa présence les soldats à la lutte, n'a assisté en personne aux combats qui se sont livrés sous Paris. *Généralement,* on voudrait que le gouvernement de la défense fût plus guerrier.

Je reviens sur l'hésitation ou l'indécision que l'opinion publique prête, à tort ou à raison, au général Trochu. Il est évident qu'un général en chef, qui détient tous les détails d'une vaste opération comme la défense de Paris, édifie tous ses plans sur une foule de données et de faits ignorés du public.

* *

Le 17, le *Figaro* parle pour la première fois d'un testament déposé chez Mᵉ Ducloux, notaire, au début de la guerre, testament qui prédit nos défaites.

A propos de ce document, notre collaborateur cite les mots de M. le général Trochu :

« Pénétré de la foi la plus entière dans le » retour de la fortune qui sera dû à la grande » œuvre de résistance que résume le siége de » Paris, je ne céderai pas à la pression de l'impa- » tience publique ; m'inspirant des devoirs qui » sont communs à tous et des responsabilités que » personne ne partage avec moi, je suivrai jus- » qu'au bout le plan que je me suis tracé sans » le révéler, et je ne demande à la population » de Paris, en échange de ces efforts, que la » continuation de la confiance dont elle m'a » jusqu'à ce jour honoré. »

Puis notre rédacteur ajoute :

Voilà qui est fort bien dit, et ce langage plein de confiance dans un plan que personne ne connaît, est un bon signe. Il faut toujours commencer par avoir confiance en soi pour inspirer confiance aux autres.

. . . .

Je dirai simplement que si le général Trochu ne nous doit pas son secret, — et je ne crois pas qu'il nous le doive, — il doit nous inspirer de la confiance par quelque résultat sérieux. Il ne faut pas qu'il s'y méprenne. Moi qui suis qu'un écouteur, un observateur et un spectateur, je le constate tous les jours : si la confiance qu'il inspire n'a pas sensiblement diminué chez les personnes qui la lui ont accordée sur la lecture de son livre, elle n'a pas sensiblement augmenté chez ceux qui attendaient les faits pour se prononcer.

Il serait bon que le général se mît un peu plus en communication avec l'esprit public, et vécût moins avec lui-même, ses projets et son état-major.

Si M. le gouverneur de Paris avait fait appel à l'héroïsme, à la valeur, à la fièvre, il aurait certainement répondu au sentiment général.

* *

Le 19 octobre, comme pour prouver que son opposition à M. le général Trochu était loin d'être systématique, le *Figaro* le complimente d'avoir ordonné enfin la fabrication de canons se chargeant par la culasse ; mais le lendemain, l'opinion publique commençant à parler de l'indécision du gouverneur de Paris, notre chroniqueur écrit :

Bien que tout Paris soit disposé à croire à la parole du général Trochu, chacun se disait : Il a son plan, il ne veut pas le révéler, il est seul responsable. C'est très bien ; mais en attendant, nous sommes comme Mme Barbe-Bleue, et nous n'avons pas même de sœur Anne pour lui crier : Ne vois-tu rien venir ?

Quelques jours après, un écho qui, sous une forme plaisante, dit beaucoup de choses, critique une de ces mesures puériles que le gouverneur de Paris aimait tant :

Le général Trochu n'oublie rien.
D'après un ordre du jour récent, tous les soldats doivent se faire raser.
Au premier abord, cela a l'air d'une plaisanterie ; rien n'est plus vrai cependant.
Voyez-vous une armée attaquée à l'heure de la barbe ?
Nous avions déjà l'heure de la soupe. A quand l'heure du pédicure ?

Deux jours plus tard, le plan du général Trochu, dont la légende commençait, revient sur l'eau.

Enfin !
Il paraît qu'hier le général Trochu a communiqué tout son plan au gouvernement, au milieu des applaudissements, des trépignements de l'Assemblée.

Puis, à propos de la décision du gouvernement sur la Légion d'honneur, réservée aux militaires, notre rédacteur politique reconnaît dans cet acte l'esprit mesquin de l'auteur de l'*Armée française en* 1867.

* *

C'est ainsi que le *Figaro* en arrive jusqu'au 31 octobre avec M. Trochu ; guerre d'escarmouches, on le voit ; mais l'affaire de l'Hôtel de Ville le force à accentuer plus vivement ses reproches et ses attaques.

On sait quelle fut, en cette circonstance, la mollesse du général. Notre collaborateur d'Aunay, qui s'était hardiment glissé jusque dans la salle où le nouveau gouvernement venait de se proclamer, raconte dans le numéro du 1er novembre toute cette triste journée ; et le gouverneur de Paris n'a pas à se plaindre de ce récit : car il n'y est parlé ni de ses épaulettes, qu'il mit dans sa poche, ainsi que l'ont dit plusieurs témoins dans l'affaire Blanqui, ni du peu d'énergie dont il a fait preuve.

Il est certain que c'est le 31 octobre qui a enfanté le 18 mars, et que ce jour-là, si, au lieu d'aider à la fuite de Blanqui et de Flourens, les membres du gouvernement, le général Trochu en tête, avaient su faire face à l'émeute autrement que par des discours, et s'ils avaient puni les rebelles, Paris n'aurait pas été incendié et pillé par la Commune six mois plus tard.

Aussi, le 11 novembre, le *Figaro* réclame-t-il la création d'une Constituante, en disant :

Là est la solution de la guerre ; ce n'est ni dans l'utopie Flourens ni dans le plan Trochu.

Et le 13, notre choniqueur politique dit franchement sa façon de penser aux membres du gouvernement de la défense nationale :

Jamais, de mémoire de nation, on n'a vu aux affaires une collection de gens si peu capables de gouverner. Ils ne savent absolument rien que faire des phrases.

Notre chroniqueur poursuit en faisant la critique des décrets de nomination dans la Légion d'honneur, signés par le général Trochu ; puis il ajoute :

Sans nommer personne, toute l'armée me comprendra et partagera les doutes que j'émets sur l'équité de M. le gouverneur de Paris.

Et il termine en disant :

Quel admirable gouverneur de Paris Grassot eût fait ! Je l'entends d'ici s'écriant :
— Gnouf ! gnouf ! J'ai mon plan. Gnouf ! gnouf !

* * *

Le lendemain, nous faisons suivre la circulaire décourageante du gouverneur de Paris, de ces réflexions désagréables, soit ! mais justes ; il faut le reconnaître :

Nos gouvernants ont mauvaise grâce à rejeter nos malheurs sur certaines personnes ; ils feraient beaucoup mieux de descendre au fond de leur conscience et de se demander si depuis le 4 septembre ils ont vraiment tout tenté pour sauver la patrie.

En prenant, le 4 septembre, charge du salut de la France, ils n'ont pas dépouillé les sottes haines et les préjugés mesquins des opposants de la veille, ils sont restés les hommes de la gauche. Nous avons bien le droit de leur dire maintenant qu'ils n'ont plus d'autre refrain que celui-ci :

Frères, il faut mourir !

Morbleu ! non, il ne faut pas mourir, il faut vaincre. Que le gouvernement et ses rhétoriciens cessent donc de nous décourager et ne conduisent pas éternellement le deuil de la France. Plus de langage de fossoyeur, plus de larmes dans la voix, plus de sanglots à l'*Officiel* ! M. Trochu est-il un général ou un commissaire des morts ?

On a commis des fautes, qu'on les répare !

M. le général Trochu a conçu un plan. Il paraît que la conclusion de l'armistice y entrait pour beaucoup ; mais, puisque l'armistice ne peut se conclure, qu'il change son plan !

Et votre plan, mon général, et votre plan !

Fin qui rend meilleure encore la boutade suivante, qu'on trouve dans les échos du même jour :

Le président de la défense nationale a trempé son sabre dans l'encre et remis sa plume au fourreau.

* * *

Le 17 novembre, notre rédacteur politique revendique en ces termes son appréciation sur le gouverneur de Paris :

Le jour où M. le général Trochu a été appelé, par la confiance de Napoléon III, au poste de gouverneur de Paris, j'ai dit que le général était un *Ollivier militaire*. Ce mot sera peut-être mon seul titre à vivre dans la postérité, qui dira de moi : Il vécut pauvre, mais il jugea bien le général Trochu.

Et, dans la même chronique, développant sa pensée, il ajoute :

Allez, mon cher rédacteur en chef, vous reverrez votre famille, et bientôt ! Mais, morbleu ! tirons à boulets rouges sur les endormeurs, sur les méduseurs, sur les magnétiseurs. M. le général Trochu n'a pas été à la hauteur de sa mission.

Suivez bien mon raisonnement.

Le général Trochu était opposé à la guerre avant la guerre. Bien qu'il ait sollicité et obtenu le commandement du 12e corps — sous l'Empire, le gouvernement de Paris — il a prévu nos défaites : son testament, déposé chez Me Ducloux, notaire, en fait foi. Eh bien ! croyez-vous qu'un Breton puisse en démordre ? M. Trochu a prédit nos défaites : il ne peut pas admettre qu'il se soit trompé !

Un général ne doit pas avoir de système. Or, M. Trochu en a un : il a un testament, il a un plan. C'est un homme à compartiments que le général; et, si l'empereur Napoléon III a eu l'intention de donner à la France le coup de grâce en lui léguant le général Trochu, il n'a pas raté son coup.

Le général gouverneur est du reste prolixe en paroles; prolixe en écrits : mauvais symptôme ! il est doué d'une admiration invincible de son propre mérite : autre symptôme désastreux !

Par une de ces fortunes qui ne se présentent que rarement dans la vie d'un homme, le général Trochu s'est trouvé en face d'une situation déterminée, définie, qu'il devait vaincre avec les ressources de son génie.

Qu'a-t-il fait d'imprévu et de grand que l'épicier du coin de la rue n'ait pu faire comme lui?

Rien ! Voilà la marque de l'homme ordinaire, qui ne grandit pas avec les événements, qui les subit sans les dominer : serein aux jours de calme; triste et désespéré aux jours d'héroïsme.

***

Le 18 novembre, nous racontons que des gardes nationaux, brûlant du désir de servir utilement leur pays, demandent à monter la garde chez M⁰ Ducloux, auprès du fameux plan ; et le 22, prenant une note plus grave pour répondre au *Temps*, qui prétendait que quelques journaux faisaient à M. Trochu une guerre inutile, nous écrivons :

Toutes ces critiques ne sauraient empêcher M. Trochu d'être un grand homme, s'il en avait l'étoffe; et ce que je lui conseille, à M. Trochu, c'est d'opter entre son poste de chef du gouvernement qui cherche à traiter, et celui de général en chef qui doit combattre : car il est chargé de deux besognes incompatibles.

Puis, le 24, nous donnons le récit *de visu* du 4 septembre aux Tuileries, récit dans lequel M. Trochu n'est cité que pour rappeler que, dans la nuit du 3 au 4, il n'était ni des moins empressés ni des moins encourageants auprès de l'impératrice, qui affirmait qu'elle pouvait compter sur le concours dévoué du gouverneur de Paris.

Cela fait, pendant près d'un grand mois nous ne parlons plus de M. Trochu: Nous voulons lui prouver que tout aussi bien que lui nous savons attendre. Le général Clément Thomas et les mouvements militaires seuls nous occupent.

Mais, le 23 décembre, le *Figaro* constate avec joie la reprise des opérations du général Trochu autour de Paris; il l'approuve de ne les avoir fait précéder d'aucune proclamation; et, le 25, il le remercie chaleureusement de l'approbation qu'il a donnée aux décorations sur le champ de bataille.

L'espoir nous était revenu comme à une certaine partie de la population parisienne.

Hélas ! c'était pour trop peu de jours : car, le 30 décembre, un écho peint le général Trochu présidant à l'examen des élèves de Saint-Cyr, et disant à un de ces jeunes gens, à qui il avait posé une question toute militaire et dont il avait obtenu une réponse satisfaisante :

— C'est fort bien, monsieur! mais j'espère qu'avant de lancer vos soldats en avant, vous les avez réunis et vous leur avez fait un discours.

Ce qui n'empêche pas le *Figaro*, pour terminer l'année sérieusement, de se prononcer très énergiquement, le 31 décembre, contre la démission qu'on commençait déjà à demander au général Trochu, et de le défendre contre ceux qui l'attaquaient systématiquement.

Il ne nous semblait pas qu'il fût patriotique de sacrifier à l'impatience publique un homme dont nous ne pouvions pas croire qu'on dût désespérer complétement.

Nous n'étions alors séparés que par vingt-quatre heures d'une année nouvelle, qui devait si vite nous forcer de parler un tout autre langage.

***

Cependant, malgré cette fin d'année assez pacifique avec M. le général Trochu, le *Figaro* croit utile de lui adresser, dès le lendemain 1ᵉʳ janvier 1871, les observations suivantes.

Elles ont tout à fait l'air du règlement d'un ancien compte... avant l'ouverture d'un nouveau.

..... Au demeurant, le gouvernement a manqué de hardiesse. En ne prenant pas de grandes mesures transitoires de salut public, il aurait pu venir plus efficacement au secours des vrais malheureux, imposer silence aux braillards de club et protéger plus sérieusement le calme de la cité.

Je ne crois pas que, dans les circonstances que nous venons de traverser, certains impôts dits révolutionnaires fussent bons. Cela dépendait de la façon dont ils auraient été perçus et de la façon dont ils auraient été dépensés.

Tout le monde était prêt au sacrifice, mais au sacrifice utile; et, si le gouvernement est mal à son aise en ce moment, cela vient sans doute de ce qu'il reconnaît qu'après avoir exigé beaucoup de nous, il nous a donné peu en échange.

Mais ce n'est plus le moment des récriminations. Les heures marchent, et marchent vite. Il faut de grandes résolutions, des résolutions héroïques. — Il ne doit plus être question de plan, mais de résultat. — La population parisienne a donné au monde le spectacle d'une abnégation à laquelle personne, — pas même elle, — ne s'attendait. Notre gloire ne doit pas se terminer par une tache.

La population parisienne a fait son devoir; c'est au gouvernement à faire le sien.

Donc, plus d'hésitations, plus de calculs et plus de tergiversations!

De la hardiesse!

Oh! si M. le général Trochu pouvait avoir un accès de fièvre! — si le philosophe voulait bien redevenir soldat! — si l'homme de raison consentait à être fou un jour, un jour seulement!

***

Le 4 janvier, comme pour ouvrir à M. le gouverneur de Paris ce compte nouveau dont nous venons de parler, nous publions une lettre qui lui avait été adressée le 17 octobre, et à laquelle, tout naturellement, il n'avait pas répondu, car l'auteur de cette lettre, M. Delpech, lui donnait quelques avis utiles sur la possibilité de faire des sorties. Déjà M. le général Trochu semblait ne pas vouloir s'y décider.

Ce qui nous fournit l'occasion, quelques jours plus tard, de donner cet écho entendu à Belleville même :

— Trochu ne devrait pas hésiter à faire une grande sortie, disait *un sang impur*. La trouée! c'est peut-être le seul moyen qui lui reste de passer pour un général hors ligne.

Le 10 du même mois, notre collaborateur d'Aunay consacre un article fort intéressant au bombardement qui commençait à ravager la rive gauche; il prie M. le général Trochu, dont la popularité diminue chaque jour, d'aller faire une promenade dans ces quartiers exposés aux obus prussiens, et il fait observer respectueusement à M. le gouverneur de Paris que la population parisienne voudrait bien qu'on se décidât à quelque chose : car on se lasse de tout, même d'être sublime. On voudrait bien devenir audacieux.

Et, le lendemain, notre rédacteur politique termine sa chronique par ces deux lignes, qui sont grosses de menaces et de prévisions :

L'action doit être combinée avec le rationnement.

L'action raisonnée est le rationnement raisonnable !

Il est certain que c'était là le seul moyen de ne pas commettre, par des sorties intempestives ou trop tardives, ce qu'on appelle en langage spécial : un crime militaire.

L'expression est même de M. le général Trochu, si nous avons bonne mémoire; et

quant à son plan, le *Figaro* se permet de supposer, le 12 janvier, que c'est tout simplement un système : celui d'attendre les armées de province et d'être prêt à leur donner la main lorsqu'elles viendront apporter à Paris la délivrance et la victoire.

C'est là une observation qui n'a rien d'irrévérencieux, à moins que ce ne soit son exactitude même.

***

Vingt-quatre heures plus tard, M. Trochu est accusé d'être un traître par Delescluze, et le *Figaro* dit avec une grande justesse :

La grande loi de la politique, c'est la loi du succès. Lorsqu'on crie : Le général Trochu n'a pas réussi, donc c'est un traître, c'est la logique brutale du salut public, c'est la loi radicale des révolutions.

Au début de l'investissement, M. le général Trochu avait fait espérer que l'armée de Paris pourrait opérer à l'extérieur ; il avait converti à cette opinion bien des gens, qui s'étaient d'abord déclarés hostiles à cette hypothèse. Les opérations du 29 novembre au 3 décembre ont montré qu'on avait eu tort de croire aux rêves de M. le général Trochu. Les deux mois et demi employés à solidifier les cadres de l'armée de Paris auraient été utilisés par les Prussiens. On ne put forcer leurs lignes. On rentra dans Paris, après avoir lancé des proclamations aventureuses. On se résigna définitivement au rôle d'assiégé, attendant des secours de l'extérieur.

Mais on s'y résigna devant l'opinion publique révoltée d'avoir été émue, surexcitée inutilement.

Le général revient de ses erreurs devant le fait brutal ; mais l'opinion publique ne désarme pas devant le même fait brutal. Au contraire, elle s'insurge. Un général n'est général que pour vaincre ; et, s'il n'est pas victorieux, c'est aux yeux de la multitude un traître ou un incapable.

Jamais l'opinion n'analysera froidement les causes d'une défaite ; elle en rendra toujours responsable le chef. Et cela, avec moralité : car l'histoire n'a jamais eu de faveurs que pour les généraux qui gagnent des victoires ; ils doivent donc supporter tout le poids des défaites.

M. Trochu vainqueur est le sauveur de la France. M. Trochu malheureux doit passer, aux yeux de bien des gens, pour l'éditeur responsable de tous nos maux. C'est justice!

Et c'est si bien justice, que — premier châtiment! — la première dépêche de l'avocat Gambetta, parti en ballon, à son collègue resté à Paris, est une ironie :

Mais, pour Dieu! battez-vous !

***

Le 16, M. le général Trochu devient la proie d'un orateur de club, qui, fatigué d'entendre comparer M. le gouverneur de Paris à un homme d'acier, de bronze comme la colonne, riposte :

— Comme la colonne, soit! mais il n'en a ni le poids ni la profondeur.

Et, le 18, dans la chronique de Paris, consacrée tout entière à M. le général Trochu, les lecteurs du *Figaro* ont pu lire ce portrait tracé de main de maître :

> Nous avons accommodé ce mot « honnêteté » à toutes les sauces — il avait été question de l'honnêteté du général — et nous nous apercevons aujourd'hui, mais un peu tard, qu'un homme politique et qu'un général honnête peuvent faire autant de mal à leur patrie que des brigands, des forbans, des gredins et des voleurs.
>
> C'est que l'honneur doit être une vertu générale, la vertu d'un peuple, d'une génération; tandis que ce qui fait le véritable, ce sont les qualités spéciales.
>
> M. Trochu n'avait rien qui le distinguât sous ce rapport.
>
> Les administrateurs qui l'avaient vu à l'œuvre au ministère de la guerre le savaient prolixe et nuageux. Les militaires qui avaient servi à côté de lui en campagne le savaient théoricien et discoureur. Certes, il est brave, mais il est brave pour lui; il saura faire sa partie dans une affaire, mais la responsabilité du commandement l'écrase et l'étonne.
>
> Esprit malléable, méfiant et très colère, la contradiction l'irrite. Il subit plus encore le contre-coup que le coup des arguments qu'on lui oppose. Plus on le poussera à l'action, plus il se persuadera que l'inaction est le suprême salut. Conseillez-lui l'inaction : il se révoltera, il voudra agir à tout prix; et c'est ce qui va arriver.

C'est ce qui est arrivé trop tard.

Ce portrait se termine par le surnom qu'avait conquis M. Trochu pendant son séjour dans les bureaux du ministère de la guerre : on l'appelait *le colonel Circulaire*, et, grâce à sa prose, le *Journal officiel militaire* avait été obligé de tripler son volume.

Il est malheureux que M. le gouverneur de Paris n'ait pas eu plus tôt cette puissance d'augmentation sur les vivres dont la population parisienne commençait à manquer.

***

Le 25, c'est M. de Villemessant qui prend lui-même la plume et qui dit à son tour ce qu'il pense des hommes et des choses du jour, de M. le général Trochu surtout.

Laissons la parole à notre rédacteur en chef.

Il débute en ces termes :

> J'ai toujours été convaincu que le général Trochu n'avait pas grand'chose dans la tête. Je le savais honnête, ce qui est insuffisant dans certaines positions extrêmes; j'étais convaincu qu'il était brave, ce qui est tout naturel pour un soldat : mais je sentais aussi que nous avions affaire à un discoureur, à un critique, à un orateur, plutôt qu'à un général. La France, qui aime volontiers à se donner des sauveurs, s'était jetée à son cou sans rien calculer; il n'y avait pas à remonter le courant. Je me rendis si bien compte de tout cela, que, voyant mes collaborateurs faire au général Trochu une petite guerre d'ailleurs aussi juste que polie, j'allais leur demander de suspendre leurs hostilités. Je ne voulais pas qu'on pût nous accuser un jour d'avoir compromis ou entravé, en quoi que ce fût, l'œuvre de la défense. On fut de mon avis.

Il est dit plus loin :

> Nous n'accusons pas d'ailleurs les membres de la Défense d'avoir cru au général Trochu : il s'était posé de façon à inspirer confiance à tout le monde; les journaux complaisants racontaient de temps en temps que M. Trochu avait révélé son plan à ses collègues, et que ceux-ci, pris d'une joie spontanée, étaient tombés les uns dans les bras des autres, en échangeant des baisers d'allégresse. Félicitons-les en passant de ce que MM. Crémieux et Glais-Bizoin n'étaient pas de cette petite fête. Le fameux plan fait-il partie de la succession bien lourde que le général Trochu laisse au général Vinoy ?

Et M. de Villemessant termine par ces mots :

> D'ailleurs, M. Trochu devait, comme on dit vulgairement, se sentir gêné aux entournures, ayant contre lui le vice de son origine. C'est peut-être à cela qu'il faut attribuer le peu d'énergie qu'il a parfois montrée. Républicain de fraîche date, légèrement soupçonné d'orléanisme, confirmé par le 4 septembre dans la position où l'avait porté, après les catastrophes de Forbach et de Reischoffen, une petite intrigue parlementaire, il n'osait agir comme il l'eût fallu avec les frères égarés qui demandaient sa tête et qui avaient essayé de la prendre le 31 octobre. Si, par hasard, les partisans d'une autre opinion avaient été assez mauvais citoyens pour tenter un pareil coup, il est à supposer que M. Trochu aurait eu moins de ménagement envers eux.
>
> De toute façon, le plan de M. Trochu, qui a compris, hélas! Châtillon, le Bourget et Montretout, comprenait aussi le silence, la mysticisme et les grandes phrases.

Article sérieux, on le voit, et qui se complète le jour même d'une façon parfaite par l'écho suivant, échappé à la plume poétique d'un de nos rédacteurs, dont on devine le nom :

> Saint Trochu — le Seigneur pardonne
> A ce héros préconisé ! —
> Pendant que Bismark nous canonne,

Rêve qu'il est canonisé.
Eh ! pour en rêver à sa guise,
Qu'il reste sous ses édredons.
Pour le moment, nous demandons
Un général qui nous conduise
En s'appuyant sur nos canons,
Plutôt que sur ceux de l'Eglise.

*
* *

M. le général Trochu sembla prendre en si complète considération ce conseil rimé, qu'il disparut subitement de la scène. Il lui avait fallu donner sa démission de gouverneur « qui-ne-capitulera-jamais » pour signer la capitulation de Paris, et le *Figaro* ne s'occupa alors de lui pendant une quinzaine de jours que pour le rappeler à ses lecteurs au moyen de quelques échos dont l'histoire, nous l'espérons bien, fera des légendes édifiantes pour la postérité.

Nous rappellerons seulement les principaux.

Nous démontrons d'abord, le 27 février, que l'anagramme de général Trochu est Tourne-Garche.

Il manque l'*l*, c'est vrai, mais c'est sans doute celle du général qui n'est pas arrivé à temps au combat.

Le même jour, c'est l'historiette suivante :

La veille ou l'avant-veille du combat de Montretout, le général Trochu visitait les forts. Il arrive à celui de la Briche, à quelques centaines de mètres en avant duquel existe un petit village nommé... vous le saurez tout à l'heure.

Le général Trochu devient soudainement pensif et rêveur devant l'immense horizon qui s'étend sous son regard. Un officier de son état-major lui fait observer que les obus de Stains atteignent assez souvent ce point.

— Qu'importe ? murmure le général. Le paysage est splendide ici. Quel calme ! quels points de vue magnifiques !

Et M. Trochu passa bien un grand quart d'heure en contemplation, au bout duquel s'adressant à son voisin :

— Comment s'appelle ce village ?

— Le Temps-Perdu ! mon général.

Il y a en effet dans les environs de Paris un village qui porte ce nom-là.

*
* *

Puis le 30 du même mois :

M. de Moltke a failli faire avorter la convention du 26 en insistant d'une façon déplacée sur une condition que M. Jules Favre a fini par effacer du traité d'armistice.

Il a demandé qu'on insérât une clause pour obliger Me Ducloux, notaire, à lui communiquer le fameux plan du général Trochu.

Le cérémonial du général Trochu était déjà réglé dans un article spécial. Le plan devait être déposé sur un coussin de velours. Vu son poids et sa profondeur, le tout charrié par huit chevaux non réquisitionnés et dirigés sur Versailles. L'archevêque de Paris devait accompagner le cortége, et, P. O. Schmitz (Paul Oscar) fermer la marche. Trochu serait modestement resté chez lui.

Un porte-étendard aurait précédé le coussin, en portant un fanion où ces mots auraient été inscrits en lettres d'or :

« *Le gouverneur de Paris ne capitulera pas.* »

On a réussi, comme nous l'avons dit, à dissuader M. de Moltke de cette prétention. M. de Moltke a retiré sa motion, tout en déclarant que, s'il avait insisté pour obtenir la remise du plan-Trochu, c'était dans l'intention bien légitime de s'instruire et de fournir un document à l'histoire.

Le 31, nous signalons un trait déplorable et inouï d'un malfaiteur :

Un vol des plus audacieux et des plus coupables a été commis la nuit dernière chez un des principaux notaires de Paris.

Un plan a disparu de là minute où il dormait depuis plusieurs mois.

La justice informe, et l'on espère qu'elle sera bientôt sur la trace du criminel : car la perte de ce plan serait irréparable.

On se perd en conjectures sur les motifs qui ont pu conseiller ce rapt.

Où s'arrêteront MM. les Prussiens ?

*
* *

Dans la première quinzaine de février, nous ne parlons de M. le général Trochu que deux fois : il devenait de moins en moins intéressant.

Le 1er de ce mois, c'est pour publier une lettre qui nous avait été adressée :

Monsieur le rédactur,

J'ai trouvé rue de Rivoli, devant le Louvre, un plan que je crois être celui du général Trochu.

Avant de le lui faire remettre, je vous prie de demander, par la voie de votre journal, si quelqu'un ne l'aurait pas égaré.

Agréez, monsieur, etc.

UN DE VOS LECTEURS ASSIDUS.

Et le 10, c'est pour reproduire l'opinion de M. de Moltke sur quelques-uns de nos généraux :

Quand on questionne M. de Moltke sur le mérite de quelques-uns de nos généraux, et qu'on lui demande ce qu'il pense d'Aurelle de Paladines, il répond :

— Bon général, il fait la vraie guerre.

Si on parle de Chanzy, il dit sans hésiter :

— Oh ! celui-là, si on lui avait donné un commandement dès le début de la guerre, nous ne serions peut-être pas à Versailles.

Si on l'interroge sur Vinoy :

— Homme énergique, honnête, très-habile dans un coup de main.

Quand on arrive à Trochu... il rit.

Nous, nous en avons pleuré.

***

Le 14 février, notre chroniqueur politique retrouve l'occasion de dire quelques mots de l'ex-gouverneur de Paris. En réglant les comptes des hommes du 4 septembre, il écrit :

Je ne fais pas allusion à M. Trochu, ce républicain de circonstance qui obtint quatre grades en dix ans sous l'Empire, et qui accepta de l'impératrice le gouvernement de Paris, pour avoir, sans doute, l'honneur d'être en bonne position de mal servir la République. M. Trochu, aux affaires, a passé sa vie à démentir l'auteur de *l'Armée française* en 1866.

Le 25 du même mois, — on voit que le général nous occupait fort peu, — c'est de Bordeaux que nous vient la lumière sur son éclatante personnalité.

L'article est excellent à reproduire en entier :

On parle ici des enquêtes militaires, et l'on s'attend à voir arriver le général Trochu.

Au sujet de ce général, je dois vous dire qu'il ne serait pas impossible que dans la Chambre, il soit question de l'attitude du gouverneur pendant les journées qui ont précédé le 4 septembre et pendant les événements de cette journée.

Voici ce qui m'a été raconté par quelqu'un de bien informé, et qui a été mêlé directement à ces événements.

On a cru généralement, et à tort, que le général Trochu avait été désigné par l'impératrice pour le gouvernement de Paris. Voici comment les choses se sont passées. Plusieurs membres de l'Assemblée avaient demandé au général Cousin-Montauban un commandement pour le général Trochu ; le ministre avait devancé leur désir en nommant le général au commandant du 12e corps, destiné à faire partie de l'armée de Mac-Mahon. Le général Trochu se rendit immédiatement auprès de l'empereur et obtint de lui, après une longue entrevue, le gouvernement de Paris et des troupes réunies pour sa défense.

En revenant à Paris, le général Trochu fit cette proclamation par laquelle il faisait rentrer dans la capitale dix-huit mille hommes des gardes mobiles de la Seine, qui s'étaient mutinés à Châlons. Dans le conseil des ministres qui suivit l'arrivée du gouverneur, le général de Montauban s'emporta très vivement contre cette mesure et dit textuellement :

« Tandis que je passe mes nuits à chercher un homme ici, un fusil là, pour constituer une armée, vous m'enlevez d'un seul coup dix-huit mille soldats et vous compromettez les opérations projetées. »

Le général Trochu ne répliqua pas, et l'on passa à la discussion des éventualités qui pourraient se présenter à Paris, notamment celle d'une émeute ; l'impératrice déclara que « ce n'était ni d'elle ni de la dynastie qu'il fallait surtout se préoccuper, mais du Corps législatif, qui était, avec l'empereur, la représentation élue du pays. Quant à moi, ajouta l'impératrice, si ma retraite est nécessaire, je ne demande qu'une chose : c'est de me retirer en impératrice, avec une escorte marchant au pas. Je veux bien me retirer : je ne veux pas fuir. »

« Madame, répliqua le général Trochu, Votre Majesté peut être sans inquiétude : je réponds sur mon honneur de votre sûreté et de celle de la Chambre. »

Le lendemain, on discuta en conseil l'hypothèse d'une défense de Paris contre un mouvement de la rue : il fut décidé qu'en présence de l'ennemi on ne pouvait opposer qu'une résistance passive ; le général Trochu se chargeait d'y pourvoir. Le dernier mot de l'impératrice, en quittant ses ministres, fut celui-ci :

« Je ne veux pas que, pour moi ou pour mon fils, on fasse feu sur un seul Français. »

Le 4 septembre, pendant que la Chambre était envahie, les deux questeurs du Corps législatif, M. le général Lebreton et M. Hébert, se rendirent auprès du général Trochu pour lui rappeler sa promesse. Ils attendirent une heure et demie sans pouvoir être reçus, malgré leurs sollicitations pressantes et réitérées. Le général fit constamment répondre *qu'il était occupé*.

Pendant ce temps, le Corps législatif était envahi.

***

Dans une autre correspondance de Bordeaux, notre rédacteur cherche sur quels hommes doivent retomber nos malheurs ; et, après avoir parlé, comme il devait le faire, de MM Jules Favre, Gambetta, Jules Ferri et Magnin, il dit :

Mais M. Trochu, le général absolument incapable qui a mené Paris militairement à ce point où nous l'avons vu, d'être obligé de capituler devant la dernière bouchée de mélange sans nom que l'on appelait encore du pain, doit-il être innocenté ?

C'est le jury de la cour d'assises de la Seine qui répondra à cette question.

***

Notre campagne contre le général Trochu a subi là un temps d'arrêt. Le 18 mars, ce digne descendant du 31 octobre nous força de l'interrompre en nous faisant momentanément disparaître. Nous avions cependant encore beaucoup à dire.

En effet, nous n'avions pas parlé à l'ex-gouverneur de Paris de sa prière à l'empereur de l'embrasser avant de quitter le camp de Châlons ; de certaine scène en plein conseil des ministres, alors que, le jour où le lieutenant Hart avait été fusillé, M. Trochu vint-protester de l'illégalité de cette exécution de l'espion prussien ; de sa présentation grotesque du sergent Boischot, l'inventeur des barricades mobiles; de cette fière réponse à un ami qui le suppliait de se démettre de ses fonctions : — Ah! vous avez raison, et je vous jure, foi de soldat chrétien, que si je connaissais un général plus capable que moi, je lui céderais la place ; — et de bien d'autres choses encore que MM. Grandperret et Lachaud vont rappeler sans doute à M. le général Trochu, puisqu'il les a si complétement oubliées.

Après deux mois de silence forcé, le *Figaro* reparut, et comme il a plus de mémoire que l'ex-gouverneur de Paris ; comme, de plus, il était temps de songer à une liquidation générale, M. Trochu revint sur le tapis, et il trouva dans les *Comptes du 4 Septembre* la place à laquelle il avait tous les droits.

Ces articles ont été pour lui, à ce qu'il paraît, — nous venons de le prouver, — la goutte d'eau qui devait faire déborder le vase au fond duquel fermentait soigneusement sa colère, et il nous traduit en cour d'assises.

Soit! nous allons savoir si nous avons eu tort de dire la vérité à celui qui nous l'a si longtemps dissimulée. Il faut espérer aussi que M. le général Trochu franchit en ce moment le seuil de sa maison, à moins cependant qu'il n'en soit encore aujourd'hui comme jadis, et que la seule sortie dont l'ex-gouverneur soit capable est celle qu'il tente *in extremis* contre le *Figaro*.

On pourrait le craindre, à s'en rapporter à l'historiette suivante, par laquelle nous terminerons cette préface à notre procès :

Il y a quelques jours, un étranger se présente chez M. le général Trochu; il sonne, on lui ouvre.

— Le général est-il sorti? demande le visiteur.

— Farceur! lui répond le domestique en lui fermant la porte au nez.

A lui seul, ce mot nous paraît tout un poème et le résumé parfait de la question.

RENÉ DE PONT-JEST.

PROCÈS

DE

M. LE GÉNÉRAL TROCHU

CONTRE

LE FIGARO

COUR D'ASSISES DE LA SEINE

Président : M. LEGENDRE

Audience du 27 mars 1872

Les lecteurs du *Figaro* sont trop complétement au courant de cette affaire pour qu'il soit utile d'en faire précéder le compte rendu d'aucune entrée en matière; et, quant à la physionomie de la salle, comme le public y est exclusivement composé des témoins, dans la partie réservée du moins, il me paraît inutile de m'y arrêter, chacun des personnages appelés à déposer devant être à son tour l'objet d'une esquisse rapide. Il n'y a pas une seule dame dans l'auditoire. C'est peut-être la première fois que le fait se produit.

Les siéges disposés derrière la cour sont occupés par les représentants les plus considérables de la magistrature et du barreau. La tribune des avocats, qui ne fait qu'une pour la circonstance avec celle des accusés, est remplie à s'écrouler.

M. le conseiller Legendre, qui préside, est un magistrat jeune encore. A la fin de l'Empire, il était un des substituts les plus estimés du procureur général. Les juges qui forment avec lui la cour sont MM. les conseillers Naquart, Barret du Couder et Mahou.

M. l'avocat général Merveilleux-Duvignau occupe le siége du ministère public.

La défense est confiée à Mes Lachaud, Grandperret et Mathieu.

MM. de Villemessant et Vitu prennent place sur un banc devant leurs défenseurs, et M. le général Trochu s'assied, ainsi que Me Allou, son avocat, et Me Deroulède, son avoué, sur des siéges au pied de la cour. M. le général Trochu a confié la rédaction du compte rendu de son procès à quatre sténographes, auxquels M. le président a accordé la faveur de deux tables dans le prétoire.

La cour fait à dix heures et demie une courte apparition : car elle se retire aussitôt pour procéder au tirage du jury, et c'est seulement après ce tirage que l'audience est réellement ouverte.

M. le président adresse alors à MM. de Villemessant et Vitu les questions d'usage pour constater leur identité, puis il rappelle à messieurs les jurés les devoirs de leur mission et reçoit leur serment. Ces jurés sont : MM. Boutet, Arnaud, Rigolot, Amial, Bruzelin, Gauce, Mouilleron, Letestu, Callet, Broussereau, Guerlain ; et, comme jurés supplémentaires : MM. Tassard et Regnard.

Ces formalités remplies, l'honorable président ordonne la lecture de l'arrêt de la cour des mises en accusation, qui renvoie MM. de Villemessant et Vitu devant la cour d'assises; M. le greffier Blondeau fait cette lecture au milieu du silence profond de tout l'auditoire.

ACTE D'ACCUSATION

Ce document important, véritable acte d'accusation, est rédigé de la façon suivante.

La cour, réunie en la chambre du conseil, M. de Thévenard, substitut de M. le procureur général, est entré et a fait le rapport du procès instruit contre :

1º Hippolyte de Launay de Villemessant; 2º Auguste-Charles Vitu, dont le premier demeurant à Paris, rue Rossini, 3; le second demeurant à Paris, avenue de Wagram, 36.

Le greffier a donné lecture des pièces du procès, qui ont été laissées sur le bureau. Le substitut a déposé sur le bureau son réquisitoire, écrit, signé de lui, daté du cinq mars présent mois et terminé par les conclusions suivantes :

Requiert qu'il plaise à la cour prononcer la mise en prévention desdits sieurs de Villemessant et Vitu, et les renvoyer devant la cour d'assises du département de la Seine, pour y être jugés suivant la loi.

Le substitut s'est retiré ainsi que le greffier.

Il résulte de l'instruction les faits suivants :

Le sieur de Launay de Villemessant a publié dans le journal le *Figaro*, dont il est propriétaire-gérant, dans les numéros portant les dates des 23 et 27 janvier, des articles ayant pour titres : « Les Comptes du 4 Septembre. Le Général Trochu, » signés Minos. Le premier commence par ces mots : « 19 janvier 1872! anniversaire d'un jour de deuil, » et finit par ceux-ci : « A demain l'homme politique. » Le second commence par ces mots : « La Révolution est une fille bien éhontée..., » et finit par ceux-ci : « Je le croyais un honnête homme. »

Le général Trochu a reconnu que ces articles contenaient contre lui, à l'occasion des fonctions publiques et des commandements qu'il a exercés au cours de sa carrière militaire, des imputations diffamatoires et des outrages ; il a porté une plainte, en date du 28 février 1872, contre Auguste Vitu, qui s'est reconnu l'auteur des articles, et contre de Launay de Villemessant, propriétaire-gérant du *Figaro*. Il a articulé et qualifié les faits diffamatoires.

Vitu, interrogé, a déclaré n'avoir jugé le général Trochu que comme homme politique, ne pas avoir dépassé ses droits, et s'être réservé de fournir la preuve des faits énoncés.

Villemessant a reconnu qu'il avait été prévenu de la publication de ces articles, qu'il savait que depuis un mois Vitu réunissait les pièces nécessaires pour les écrire, parce que, dit-il, « il tenait à ce qu'il ne les écrivit qu'avec pièces à l'appui, en comprenant toute l'importance. »

Le 3 mars 1872, le juge d'instruction au tribunal de la Seine a ordonné la transmission des pièces au procureur général.

La cour, après en avoir délibéré, Considérant que des pièces et de l'instruction résultent charges suffisantes contre :

1º Hippolyte de Launay de Villemessant ;

2º Auguste-Charles Vitu ;

Savoir :

CONTRE DE LAUNAY DE VILLEMESSANT :

1º D'avoir, à Paris, en 1872, en publiant dans le journal le *Figaro*, dont il est le propriétaire-gérant, et dans les numéros portant la date des 23 et 27 janvier, lesquels ont été vendus ou distribués, mis en vente ou exposés dans des lieux publics, deux articles sous la rubrique : « Les Comptes du 4 septembre » et sous le titre : « Le Général Trochu. » Le premier article commençant par ces mots : « 19 janvier 1872! anniversaire d'un jour de deuil... » et finissant par ceux-ci : « A demain l'homme politique. » — Et le second commençant par ces mots : « La Révolution est une fille éhontée.... » et finissant par ceux-ci : « Je le croyais un honnête homme.» commis le délit de diffamation envers le général Trochu, dépositaire de l'autorité publique, pour des actes relatifs à ses fonctions, en lui imputant des faits de nature à porter atteinte à son honneur et à sa considération; Lesquels faits résultent notamment des passages suivants des écrits susvisés :

I. — (Numéro du 23 janvier) « 19 janvier 1872! anniversaire d'un jour de deuil, où le sang le plus pur coula dans une entreprise ténébreuse, que la conscience publique a flétrie du nom d'assassinat! »

« .... Le gouverneur de Paris ne capitulera pas, avait dit le général Trochu dans une proclamation solennelle. Et cependant, il savait qu'avant dix jours, il aurait rendu la ville, les forts, les fusils, les canons de l'armée, payé deux cents millions de contributions de guerre, et signé, avec les préliminaires de la paix, l'abandon implicite de l'Alsace et de la Lorraine. »

« ...... le gouverneur de Paris, qui avait juré de ne pas capituler, pouvait imiter ce suicide héroïque et captieux; il donna simplement sa démission et ne coucha dans le linceul que son honneur militaire. Nos pauvres morts du 19 janvier en furent pour leurs frais.»

II. — (Même numéro). « Voilà donc, pensais-je, où nous en sommes! En ce pays, on peut arriver au pouvoir par l'intrigue, la trahison ou l'émeute, saisir son pays au collet comme une proie, lui extorquer sa confiance, son sang et son or, puis le rejeter pantelant, courbé dans la misère et dans la honte, et se frotter les mains, et se glorifier, et monter au Capitole en jurant qu'on avait sauvé la patrie, et rire encore, comme si le châtiment n'était ni de ce monde ni de l'autre. »

III. — (Même numéro). «... On savait seulement qu'en 1851, aide de camp du général de Saint-Arnaud, ministre de la guerre, il avait été l'un des collaborateurs en sous-ordre du coup d'État du 2 décembre.

« ...... Ces attributions mirent dans les mains du lieutenant-colonel Trochu l'exécution des décisions rendues par les commissions mixtes, et les souvenirs contemporains affirment qu'il n'entrait pas alors dans ses sentiments d'en tempérer la rigueur; au contraire ! »

IV. — (Numéro du 27 janvier). « Le général Trochu arriva de Paris au camp de Châlons le 16 août, en même temps que l'empereur y arrivait de Metz. La conférence solennelle du lendemain, 17 août, est trop connue pour qu'il soit besoin de la raconter ici. Il suffit de rappeler que le général Trochu y reçut de l'empereur le gouvernement de Paris, qu'il lui adressa ces paroles textuelles : « Sire, dans la situation pleine de périls où est le pays, une révolution le précipiterait dans l'abîme ; tout ce qui pourra être fait pour éviter une révolution, je le ferai.., » et qu'il embrassa deux fois l'empereur en protestant de sa fidélité.

« ... Il réclama de la régente, à défaut de l'empereur, un décret qui consacrât immédiatement sa nomination. » Mais, général, objecta l'impératrice, je ne suis qu'une régente constitutionnelle, et je n'ai pas le droit de donner ma signature sans qu'elle soit couverte par celle d'un ministre responsable. »
— « Madame, repartit avec véhémence le général Trochu, les plus grands malheurs peuvent résulter de votre refus. J'ai donné l'ordre aux douze mille mobiles de la Seine de quitter le camp de Châlons et de se diriger sur Paris par les voies rapides ; ils seront ici demain. Ils n'ont confiance qu'en moi. Si, à leur arrivée, ils ne trouvent pas placardé, sur les murs, le décret qui me nomme gouverneur de Paris, ils se croiront trompés, et je ne saurais répondre des conséquences. »
Devant ces menaces peu déguisées, l'impératrice, malgré sa fermeté d'âme, céda.

V. — (Même numéro.) « Le général Trochu avertissait la révolution que douze mille prétoriens de l'émeute, déjà signalés par les scènes scandaleuses de Châlons, étaient campés sous les murs de la capitale. Les faubourgs tressaillirent et la gauche législative comprit que l'heure allait sonner.
...; » Ce qu'il est permis d'affirmer, parce que le fait, tout immoral qu'il soit, est indéniable, c'est que des relations intimes s'étaient établies entre la gauche révolutionnaire et le chef militaire chargé de défendre le gouvernement dont il avait sollicité et surpris la confiance.»

VI. — (Même numéro)... « Il salua, et, s'étant profondément incliné devant l'Impératrice, il lui tint ce petit discours : « Madame, si votre police est bien faite, elle a dû vous dire que les députés de la gauche ont tenu chez moi plusieurs réunions ces jours-ci. Que Votre Majesté n'en prenne point ombrage, mon dévouement est sans bornes et s'appuie sur une triple garantie : je suis Breton, catholique et soldat. »
... « Prévenir les soupçons par une feinte franchise, dénoncer la gauche en cas d'insuccès, se garder à pique en même temps qu'à carreau et trahir tout le monde en se plaçant sous le saint nom de Celui qui fut vendu trente deniers par Judas, tout cela en trois révérences et en quatre membres de phrase : avouez que c'est un chef-d'œuvre ! »

VII. — (Même numéro.) « L'Impératrice fit remarquer que c'était surtout la Chambre qu'on menaçait, et qu'il était urgent de sauvegarder le lieu de ses séances plutôt que les Tuileries. Mais—ceci est à noter pour l'histoire — autant le général Trochu se montrait empressé et chaleureux pour ce qui regardait l'impératrice, autant il parut peu explicite pour ce qui concernait la défense de la Chambre.
... »Faut-il rappeler que le premier soin de l'intègre général fut de prendre à Jules Favre sa présidence pour se l'appliquer à lui-même ? C'était à prendre ou à laisser.

» Président, le général s'engageait à servir la République ; non-président, il devenait capable de sauver la Régence.
... » Mais enfin, lorsque le palais fut menacé, l'impératrice fit chercher l'homme qui s'était offert à mourir pour elle sur son honneur de Breton, de catholique et de soldat. On vint apprendre à la régente que le général Trochu avait passé devant les Tuileries, mais sans y entrer, et qu'il siégeait à l'Hôtel de Ville, où la République était proclamée. Tout était fini : la trahison venait d'assurer le triomphe de l'émeute.
2° D'avoir, au même lieu et à la même époque, par la publication d'écrits susrelatés, lesquels ont été vendus ou distribués, mis en vente ou exposés dans des lieux publics, commis le délit d'outrage envers le général Trochu, dépositaire de l'autorité publique, à raison de ses fonctions ou de sa qualité, notamment dans les passages suivants desdits écrits :
(Numéro du 23 janvier). « Je reconnus à l'instant même le personnage que j'avais vu de près à Londres, dans le musée de cire de madame Dumolard et Troppmann : c'était M. le général Trochu. »
(Numéro du 27 janvier). « La première sentence appartient à M. le général Changarnier : c'est Tartufe coiffé du casque de Mangin. »
(Même numéro). « C'est le mot de M. le maréchal de Mac-Mahon devant la commission d'enquête : « Je le croyais un honnête homme. »

CONTRE VITU :

De s'être, au même lieu et à la même époque, rendu complice des délits ci-dessus qualifiés, en fournissant à Villemessant les articles dont il s'agit pour être publiés, et en l'aidant et assistant avec connaissance dans les faits qui constituent la diffamation et l'outrage envers le général Trochu ;
Délits prévus par les articles 1er, 13 et 16 de la loi du 17 mai 1819 ; 6 de la loi du 25 mars 1822 ; 1er et 3 de la loi du 15 avril 1871, 59 et 50 du Code pénal ;
Ordonne la mise en prévention desdits de Launay de Villemessant et Vitu, et les renvoie devant la cour d'assises du département de la Seine pour y être jugés ;
Ordonne que le présent arrêt sera exécuté à la diligence du procureur général.
Fait au palais de justice, le 8 mars 1872, en la chambre du conseil où siégeaient : M. Falconnet, président ; MM. de Faget-Baure, Fleury, Cassemiche, David, Perrot, conseillers, tous composant la chambre des mises en accusation et qui ont signé le présent arrêt avec Me Gorgen, greffier.

Signé : Falconnet, Faget de Baure, Fleury, Cassemiche, David, Perrot, Gorgen.

Cette lecture terminée, M. le greffier Blondeau fait connaître à la cour les noms des témoins et l'huissier en fait l'appel. Cette liste est une sorte d'armorial de tout ce qui porte un nom célèbre dans l'armée, dans la politique et dans l'administration. On entend appeler successivement MM. Jules Favre, général Schmitz, de Montaigu, Vacherot, Arnaud (de l'Ariége), Cresson, Lair, Richard, général Changarnier, général Rose, Mailly, Brunet, de Lalonde, Meunier, général Jarras, colonel Lacroix, général de Place, amiral Fourichon, amiral Jurien de la Gravière, maréchal de Mac-Mahon, général Bertaut, Piétri, général Vaubert, Magne, Keller, La Monneraye, colonel Usquin, Pollet, général Lebreton, général Soumain, général de Malroy, général de Chabaud-Latour, Busson-Billault, Clément Duvernois, de Cossé-Brissac, Jules Brame, Henri Chevreau, comte de Palikao, Jules Richard, Fernand Giraudeau, Rouher, Schneider, marquis d'Andelarre, Estancelin, Vuitry, Camille Doucet, colonel de Mefray, Guilloutet, Th. de Grave, colonel Stoffel, général Pélissier, Baze.

Ces messieurs, sur l'invitation fantaisiste du brave huissier Calley, qui leur dit : « Sortez, messieurs les témoins, s'il en reste ! » se retirent tous dans la chambre qui leur est réservée, et M. le président commence aussitôt l'interrogatoire de M. de Villemessant :

INTERROGATOIRE DE M. VILLEMESSANT

M. le président. — Vous reconnaissez que vous avez publié dans votre journal les deux articles incriminés des 23 et 25 janvier?

M. de Villemessant. — Oui, monsieur le président.

D. Ces deux articles constituent le délit de diffamation et d'injures envers M. le général Trochu, à l'occasion de ses fonctions. Certains passages de ces articles renferment plus directement ces délits. Vous en avez entendu tout à l'heure la lecture. Je vais vous les rappeler cependant.

M. le président retrace sommairement ces articles, et demande à M. de Villemessant quelles explications il a à donner. M. de Villemessant répond alors avec une grande vivacité :

Il me serait facile, messieurs, de dégager ma responsabilité. J'étais à Nice quand le premier article a paru, et je n'ai pu exercer ma surveillance de rédacteur en chef. Je dois toutefois ajouter que ce premier article était commandé. M. Vitu m'en avait parlé, et je lui avais dit que les faits qu'il articulait étaient très graves, et qu'il ne devait les publier que s'il avait des pièces à l'appui.

M. le président. — Ayez l'obligeance, pour donner ces explications, de vous tourner vers MM. les jurés.

M. de Villemessant. —Je suis très désireux de publier ce travail, dis-je à M. Vitu; seulement c'est une publication excessivement grave.

Un jour je lui en reparlai. « Et l'article du général Trochu ! » lui demandai-je,

— Je n'ai pas encore les pièces, me dit-il.

Je suis alors parti pour Nice où j'y ai lu le commencement de son travail, ainsi que je l'ai dit tout à l'heure. J'y ai vu seulement quelques expressions un peu dures, non parce qu'elles s'adressaient au général Trochu, mais simplement parce que c'était un soldat, et j'envoyai à ce sujet une dépêche. Rien de

plus facile que de savoir si je dis la vérité, puisque les dépêches sont conservées par l'administration des télégraphes. Elle était adressée à mon secrétaire : « Dites à Vitu que son second article — il devait paraître quelques jours après — que son second article soit un peu plus modéré. »

Quant à moi, si vous me demandez pour quel motif je tenais à publier un article sur le général Trochu, je vais en dire la raison ; je suis ici pour dire la vérité : certes, je ne suis pas bonapartiste, — j'ai passé ma vie à être poursuivi sous le règne de l'Empereur — mais j'avais été excessivement indigné de ce qui s'était passé au moment du départ de l'Impératrice. Je connaissais les détails par une lettre qui a été publiée chez moi et qui avait pour auteur l'aumônier de l'Impératrice. C'est ainsi que j'avais pu me rendre compte de la conduite du général Trochu en présence d'une souveraine, d'une femme. Le cœur m'en a battu, j'en ai été indigné, en sorte que quand on m'a dit : « Voulez-vous un article sur Trochu ? » J'ai répondu : « Cela me fera plaisir ! » Voilà pourquoi il a paru.

Je suis resté avec mes rédacteurs pendant tout le siège à Paris. Nous n'avons jamais cru au général Trochu. Ses sorties, c'était pour nous une véritable plaisanterie ; et quand nous voulions bien nous amuser, nous parlions du dégagement Trochu. Mais ce n'est pas à ce point de vue que je me suis occupé de lui; c'est, je le répète, pour l'article dont j'ai parlé. Quand cet article a paru, j'en ai été enchanté, et chaque fois que j'ai entendu attaquer le général Trochu dans le *Figaro*, j'en ai été ravi, *j'ai bu du lait*.

Ces derniers mots sont accueillis par un vif mouvement d'approbation et par les sourires de l'auditoire; et M. de Villemessant laisse la place à M. Vitu, auquel M. le président adresse les mêmes questions qu'à son rédacteur en chef. M. Vitu y répond de la façon suivante :

INTERROGATOIRE DE M. VITU

Mes explications seront claires; elles consisteront dans la discussion des faits, discussion à laquelle présideront mes défenseurs. Quant à mes intentions, elles ont été très simples. Je n'ai pas pris la plume avec l'intention préméditée de commettre quoi que ce fût qui ressemblât à un délit. Je n'avais nullement l'intention de diffamer M. le général Trochu. J'avais celle de faire connaître à un public nombreux ce que je croyais être la vérité sur des faits historiques qui se sont accomplis sous nos yeux et qui ont amené les désastres du pays. Je l'ai fait avec pleine conscience et pleine connaissance de cause.

Si l'expression est parfois violente et dure, je ne m'en excuse pas précisément : car il est assez naturel que, lorsqu'on pense ce qu'on écrit, lorsqu'on parle de faits qui provoquent l'indignation publique, l'expression arrive à être forte et peut être considérée comme un outrage par la partie lésée. Malgré la forme agressive qu'on me reproche, je ne crois pas m'être écarté de la vérité. Je pense avoir exercé les droits de l'histoire. Les ai-je franchis ? Je l'ignore ; mais j'ai cru faire œuvre d'historien conscienceux, et j'espère que l'audition des témoins justifiera pleinement ce que j'ai dit.

C'est au tour de M. le général Trochu à parler. M. le président l'y invite en ces termes :

Voulez-vous faire connaître à MM. les jurés les circonstances dans lesquelles vous avez été appelé à porter plainte?

Le général se lève, fait quelques pas vers le milieu du prétoire et s'exprime ainsi :

Monsieur le président, je ne dirai que quelques mots. J'ai été toute ma vie, et il y a dans cet auditoire des hommes considérables dont j'invoquerai le témoignage, j'ai été toute ma vie un homme de libre discussion : comme général en chef, comme fonctionnaire public, j'appartenais à la discussion de l'opinion publique, et je suis pénétré de ce principe à ce point que jamais, aux attaques de toute sorte qui ont été dirigées contre moi, aux railleries, aux injures, je n'ai répondu, ni fait répondre, ni laissé répondre.

Mais les deux articles du *Figaro* du 23 et du 27 janvier ne s'attaquaient pas à mes actes de fonctionnaire public et de général en chef, ils ne s'attaquaient pas seulement à ces actes, ils s'attaquaient surtout à mon caractère et à mon honneur.

J'ai donc déposé la plainte que vous avez bien voulu recueillir, et j'y persiste.

Après ce petit discours, dont la concision a surpris tout le monde, M. le président Legendre commence l'audition des témoins.

AUDITION DES TÉMOINS

Déposition de M. le général comte de Palikao.

M. Cousin-Montauban, comte de Palikao, général de division âgé de 76 ans. De haute taille, marchant d'un pas ferme, boutonné militairement, élégamment vêtu, le général a les cheveux entièrement blancs, la moustache et la mouche grises. Il parle lentement; ce n'est pas un orateur, mais il trouve l'expression juste, il dit bien ce qu'il veut dire, simplement, sans emphase.

Le général de Palikao est plutôt un homme d'action qu'un homme de cabinet. Il a montré en Chine et en Algérie, non-seulement une grande sûreté de coup d'œil, mais encore une bravoure et un entrain irrésistibles.

Quand vint l'heure où, la bataille gagnée, le tacticien, le soldat dut faire place à l'écrivain et qu'il se mit à écrire ses rapports, il a prouvé un grand esprit et un heureux amour du pittoresque. Les bulletins de l'armée de Chine sont de petits chefs-d'œuvre de littérature historique.

M. le président invite M⁰ Lachaud à adresser au général les questions qui paraissent nécessaires à la défense :

M⁰ Lachaud.—Je désirerais que M. le comte de Palikao dise dans quelles circonstances il a contre-signé le décret qui nomma M. le général Trochu gouverneur de Paris.

R. Lorsque j'arrivai au ministère, je trouvai les cadres vides et je m'efforçai de les combler. Je pensai à M. le général Trochu pour le 12e corps. Il accepta et partit. A côté occasion, M. Jules Brame me fit observer que M. le général Trochu avait toujours été hostile à l'Empire; mais je croyais à l'honneur du général Trochu. Il pouvait se faire, et c'est ce qui arriva, que M. le maréchal Mac-Mahon fût blessé. C'était M. le général Trochu qui devait prendre le commandement en chef, comme le plus ancien général de division. J'ajoutai même à M. Brame : « En ce cas, je serai très tranquille.»

C'est quarante-huit heures après le départ du général Trochu que M. Chevreau, ministre de l'intérieur, vint me trouver chez moi, il pouvait être quatre ou cinq heures du matin. Il m'apportait un mot de l'Empereur nommant M. le général Trochu gouverneur de Paris. C'était une nomination irrégulière, car les ministres n'avaient pas été consultés; mais M. Chevreau insista sur le désir qu'avait l'Impératrice de voir la nomination de M. Trochu confirmée, et je contre-signai le décret de l'Empereur. Peu d'instants après, M. le général Schmitz vint me demander où il pourrait placer les mobiles. J'en fus tout surpris, les bras m'en tombèrent. Quels mobiles ? lui dis-je. Il m'apprit qu'il s'agissait des mobiles de Châlons. J'avoue voir arriver dans Paris ces jeunes gens appartenant à Belleville à Montmartre, à tout ce qu'il y avait de plus mauvais, lorsque j'avais déjà tant de peine à constituer des armées, cela m'a tout à fait étonné. J'en ai été vivement contrarié. J'en exprimai tout mon mécontentement, et surtout de ce qu'on avait fait revenir ces mobiles sans que j'en fusse prévenu, car jamais, jamais, de pareilles mesures n'ont été prises sans que le ministre de la guerre en fût averti. Je voulais faire diriger ces mobiles vers les places du Nord. Le général Schmitz me dit qu'il était trop tard, qu'ils étaient débarqués du chemin de fer, et qu'il était nécessaire de les conduire sur un point quelconque de Paris. J'indiquai le camp de Saint-Maur.

M⁰ Lachaud. — Quels ont été les rapports de M. le général Trochu avec M. le comte de Palikao?

M. le comte de Palikao. — Je laissais à M. le général Trochu toute la liberté nécessaire, selon le règlement de 1863 sur les places que M. Trochu doit bien connaître puisqu'il était, si je ne me trompe, secrétaire de la commission qui l'a rédigé. Un article de ce règlement ordonne au gouverneur de rendre compte des faits graves au ministre de la guerre. Or, je n'ai jamais reçu aucun rapport de cette espèce.

M⁰ Lachaud. — M. Trochu assistait parfois au conseil des ministres. Quelle protestation de dévouement a-t-il faite à l'impératrice, et quelle est la lettre du général adressée au journal le *Temps* ?

Le comte de Palikao. — La présence du général au conseil des ministres a souvent causé de l'émotion. Un jour, il s'agit de la proclamation que M. Trochu avait faite au peuple en disant qu'il ne voulait employer que la force morale. M. Rouher lui fit observer que la force morale était certes une

bonne chose, mais qu'il fallait aussi la force armée. M. le général Trochu protesta alors de son dévouement au ministère. Une autre fois, on lui dit : On vous sait hostile à l'Empire. Que feriez-vous en cas d'émeute ? — Je me ferais tuer pour conserver le pouvoir intact, répondit-il. — Nous le remerciâmes.

Plus tard, M. le général Trochu adressa aux mobiles une proclamation fâcheuse, dans laquelle il disait que ces hommes indisciplinés avaient le droit de revenir à Paris pour le défendre. J'en blâmai très vivement le général, et je dis à l'Impératrice que si le gouverneur de Paris ne voulait pas reconnaître mon autorité, je remettrais mon portefeuille. L'impératrice fut très émue ; M. Trochu protesta de son dévouement, au ministre de la guerre, et l'affaire n'eut pas de suite.

Me Lachaud. — M. le général Trochu, qui n'a pas fait de rapports écrits, est-il venu souvent au ministère de la guerre pour y faire des rapports verbaux ?

M. le comte de Palikao. — Je ne l'ai vu qu'une seule fois au ministère de la guerre; et, d'un autre côté, M. le général Trochu ne m'a jamais écrit qu'une seule lettre personnelle. Cette lettre était relative à quelques détails intérieurs. Quant aux rapports prescrits par les règlements, il ne m'en a jamais adressé.

Me Lachaud. — Je voudrais que M. le comte de Palikao nous expliquât la conduite du général Trochu dans la soirée du 3 septembre, et quels ordres avaient été donnés au général Soumain.

M. le comte de Palikao. — Je ne pus voir le général Trochu ce jour-là : il était toujours sorti, et par conséquent je ne pus lui donner d'ordres. Je les donnai forcément au général Soumain. C'est la seule fois que j'ai envoyé des ordres en dehors du gouverneur de Paris, et je viens de le dire, c'est parce que je n'avais pu le rencontrer.

Me Lachaud. — M. le comte de Palikao voudrait-il nous donner quelques détails sur le 4 septembre ?

M. le comte de Palikao. — Je sortis le dernier de la Chambre avec un aide de camp. Je pris une voiture et me rendis aux Tuileries. Il était trois heures, et demie. J'eus beaucoup de peine à passer. J'y arrivai cependant par la rue de Lille. Au moment où j'arrivai, la garde sortait. Qui avait donné les ordres d'abandonner le palais ? je l'ignore. L'Impératrice était déjà partie. Je rentrai chez moi, il était cinq heures. On m'annonça l'arrivée du général. Je venais de recevoir la nouvelle que mon fils avait été tué à Sedan... mon fils unique; cela m'avait bouleversé.

Tant que le sentiment du devoir m'avait soutenu, j'étais resté ferme ; mais, seul, chez moi, les sentiments de la nature reprirent le dessus. J'étais fort ému. C'est à ce moment qu'arriva le général. Il me trouva bien accablé et me dit : Je viens vous remplacer au ministère de la guerre. Qu'en pensez-vous ? Je lui répondis que, dans un tel désordre, lorsqu'un homme d'ordre se présentait, il pouvait être utile, et j'ajoutai qu'il devait faire ce que lui commandait sa conscience. Puis, je retombai dans ma douleur ; je mis ma tête dans mes mains, et le général s'en fut. Je ne l'ai plus revu depuis cette époque. Quant à la visite du général, j'y ai bien réfléchi depuis.

Je ne crois pas qu'il soit venu chez moi pour me demander un conseil et mettre sa conscience en repos : car je sais que depuis longtemps M. Jules Favre et ses amis étaient décidés à confier le gouvernement de Paris et l'administration de la guerre au général Trochu. J'avais répondu à cette occasion que je croyais le général Trochu trop honnête pour accepter ces fonctions après le serment qu'il avait fait.

Me Lachaud. — M. le comte de Palikao savait-il que M. Trochu venait chez lui au nom du gouvernement provisoire ?

Comte de Palikao. — Je ne savais pas qu'il y eût un gouvernement provisoire, que je ne pouvais d'ailleurs reconnaître. J'ignorais le mouvement révolutionnaire.

Me Lachaud. — M. le général Trochu ne vous a pas dit : « L'Empire est renversé ? »

Comte de Palikao. — Jamais il ne m'en a dit un mot.

Me Lachaud. — Lorsque M. le comte de Palikao a vu toutes ces bonnes dispositions de M. Jules Favre et de ses amis pour M. Trochu, quelle a été son impression ?

Le comte de Palikao. — C'est là une question délicate... Dois-je répondre ?

Me Lachaud. — Certainement.

M. le comte de Palikao. — Dois-je le faire, M. le président ?

M. le président. — Vous êtes le meilleur juge en cette matière.

M. le comte de Paliko. — Eh bien ! je dirai : Il m'a paru plus qu'extraordinaire de voir le général Trochu chef du gouvernement provisoire le soir, après avoir été gouverneur impérial de Paris le matin.

Me Mathieu. — Entrait-il dans les pouvoirs de M. Trochu de faire revenir à Paris un général en retraite et de lui donner un commandement ?

M. le comte de Palikao. — Ce sont là les attributions du ministre de la guerre seul.

Me Mathieu. — C'est M. le général Le Flô qui a dit lui-même à M. de Kératry qu'il avait été appelé à Paris par M. le général Trochu.

M. le comte de Palikao. — Je ne puis croire qu'il ait fait : il n'en avait pas le droit.

Me Allou. — La lettre que M. le comte de Palikao a reçue de M. le général Trochu était-elle une lettre officielle ?

M. le comte de Palikao. — M. le général Trochu se plaignait de ne pas avoir de relations avec le ministre, et le 30 août je lui écrivis, en réponse à une lettre de lui, pleine de protestations d'amitié.

Me Allou. — Depuis ces événements, M. le comte de Palikao n'a-t-il pas eu l'occasion d'exprimer à M. le général Trochu ses sentiments d'estime ?

M. le comte de Palikao. — J'étais allé à la recherche de mon fils ; et, comme je croyais M. Trochu ministre de la guerre, je lui écrivis une lettre convenable, dans laquelle je lui exprimais mon intention de me retirer des affaires.

M. Henri Chevreau.

M. Henri Chevreau, ancien préfet de la Loire-Inférieure, du Rhône et de la Seine, ancien ministre de l'intérieur, est âgé de quarante-huit ans.

C'est un homme de haute taille, de grandes manières. Sa physionomie respire à la fois la douceur et la fermeté. Il porte toute sa barbe, qui est d'un noir d'ébène. Il parle avec facilité, et les murmures approbateurs de l'auditoire lui rappellent qu'il a été orateur écouté et applaudi.

Bien qu'il ait peu publié, M. Chevreau est écrivain et poète à ses heures, mais seulement pour ses nombreux amis, pour sa charmante famille.

C'est à Marseille que l'assignation a trouvé M. Chevreau. Il allait s'embarquer pour conduire sa femme et ses enfants à Rome, et y passer la semaine sainte. Il n'hésita pas un instant à abandonner ce projet, considérant comme un devoir de se rendre à l'appel de la justice.

Si la fidélité, une fidélité aussi inébranlable que désintéressée, mérite le respect de tous, c'est de la vénération qu'il faudrait avoir pour M. Chevreau.

Me Lachaud. — Dans quelles circonstances M. le général Trochu a-t-il vu l'impératrice à son arrivée à Paris ?

M. Chevreau. — Dans la nuit du 17 au 18 août, c'est, en effet, moi, qui ai reçu M. le général Trochu. Il était accompagné de son chef d'état-major. Ses premiers mots furent : « Monsieur le ministre, je suis nommé gouverneur de Paris. » Je manifestai un certain étonnement de cette nouvelle à laquelle rien ne m'avait préparé.

Le général me remit le décret de l'Empereur. Je lui dis que le conseil se réunissant chaque matin, j'en causerais avec mes collègues le lendemain ; mais il me répondit que ce n'était pas possible, qu'il était indispensable que sa nomination parût le matin même au Moniteur, qu'il ne précédait l'Empereur que de quelques heures, qu'il ramenait avec lui les gardes mobiles de Paris ; que tout ajournement serait dangereux. Je lui fis alors remarquer que le décret devait être contresigné par un ministre, et que ce soin incombait au ministre de la guerre ; que d'ailleurs la situation était trop grave pour que je ne prisse pas les ordres de l'impératrice-régente et je lui offris de le conduire chez Sa Majesté. Nous partîmes pour les Tuileries, il était une heure du matin. Je fis prier l'impératrice de se lever, et la conversation fut longue entre Sa Majesté, M. Trochu et moi. Il peignit la situation sous des couleurs très sombres, et protesta de son dévouement.

M. l'amiral Jurien de la Gravière était présent à cette conversation; il prit l'impératrice et moi à part et nous dit :

— Madame, ayez toute confiance, le général est le plus honnête homme que je connaisse; puisqu'il vous a promis, il tiendra sa parole.

L'impératrice n'hésita plus; elle me chargea d'aller trouver le ministre de la guerre, qui, je dois le dire, était peu disposé à signer ce décret. Il me fit des observations, et ne s'y décida qu'avec peine.

Ce décret signé, je retournai aux Tuileries. Voilà ce que je puis dire sur l'arrivée du général Trochu à Paris.

Me Lachaud. — Dans la proclamation de M. le général Trochu, on annonçait l'arrivée de l'empereur à Paris.

M. Chevreau. — C'est vrai! La proclamation commençait ainsi : « Nommé gouverneur de Paris par l'empereur, que je précède de quelques heures. » C'est l'impératrice qui demanda que cette phrase disparût, car Sa Majesté savait que l'empereur s'était décidé à rester au milieu de ses troupes. Sa Majesté devait donc inviter le général à rectifier un fait matériellement faux.

Me Lachaud. — M. Chevreau se rappelle-t-il dans quelles circonstances, en plein conseil, M. le général Trochu a protesté de son dévouement et renouvelé son serment ?

R. M. le général Trochu avait adressé aux gardes mobiles de Paris un ordre du jour qui avait préoccupé le conseil, et une lettre que le général avait écrite pour le Temps avait produit un mauvais effet.

Invité à s'expliquer sur la façon dont il entendait exercer son mandat de gouverneur en cas de troubles, il répondit qu'il ferait son devoir en brave militaire et en luttant contre l'émeute.

Me Mathieu. — Lorsque M. Trochu est arrivé à Paris avec sa nomination de gouverneur, n'y a-t-il pas eu hésitation de la part de l'impératrice et très vive insistance du général ?

M. Chevreau. — En effet, Sa Majesté se demanda s'il n'aurait pas mieux valu que M. Trochu restât à l'armée; mais, à la fin de l'entretien, les scrupules de l'impératrice tombèrent devant les protestations du général.

Me Mathieu. — En faisant disparaître de la proclamation de M. Trochu la phrase relative au retour de l'Empereur qui restait au milieu des troupes, l'impératrice pensait-elle que le nom de l'Empereur devait être effacé et non le simple fait du retour à Paris.

M. Chevreau. — Je n'ai pas besoin de répondre à une telle question. Il est évident que Sa Majesté voulait seulement qu'un fait matériellement faux ne fût pas consigné dans cette proclamation; et je proteste avec indignation contre toute autre supposition. D'ailleurs est-ce que toutes les pensées, toutes les paroles, toute la conduite de l'impératrice ne sont pas une protestation plus éloquente que la mienne ?

Me Mathieu. — Si j'ai fait cette question, c'est que le discours de M. Trochu à l'Assemblée me semble en contradiction avec ce que M. Chevreau vient de dire.

Me Lachaud. — M. Chevreau voudrait-il nous parler des scènes qui ont suivi le malheur de Sedan ?

M. Chevreau. — C'est à cinq heures du soir que je me présentais aux Tuileries. Je ne savais rien officiellement, mais je craignais un grand malheur. Je rencontrai M. de Vougy. Il avait une dépêche, mais il n'osait la remettre : c'était celle qui apprenait à l'Impératrice la catastrophe de Sedan et la captivité de l'Empereur. Je n'essayerai pas de peindre la douleur de l'impératrice; elle était accablée, mais elle me dit aussitôt qu'elle n'avait pas le droit de se laisser abattre par les événements, qu'elle me priait de faire convoquer mes collègues.

Les ministres se réunirent immédiatement; le conseil fut court. En en sortant, je m'approchai de Sa Majesté, je la pris à part, et il me fut impossible de lui dissimuler la gravité des circonstances. Je lui dis que les hommes de désordre se préparaient à exploiter les événements à leur profit, que les dépêches que je recevais chaque jour du préfet de police ne me laissaient aucun doute à cet égard: qu'elle avait donc besoin de tous les dévouements.

— Votre Majesté, ajoutai-je, nous a répété plusieurs fois qu'au moment où 'tant de sang français coule devant l'ennemi pour la défense du pays, elle ne veut pas qu'on en verse une seule goutte dans Paris pour sa défense personnelle. Eh bien! pour obtenir ce résultat, la popularité du général Trochu nous est nécessaire. Autorisez-moi à lui porter la fatale nouvelle et du gouvernement, et à faire appel à son dévouement.

Je partis alors pour le Louvre; j'eus quelque peine à pénétrer dans la cour, où des centaines d'individus étaient déjà rassemblés et criaient : Vive Trochu!

J'entrai enfin, et je trouvai le général en tenue; il descendait de cheval. Je lui annonçai le désastre de Sedan; il n'en parut pas surpris. Je dois dire qu'en effet il m'avait précédemment manifesté ses craintes sur l'issue de la guerre.

J'ajoutai que je venais de laisser l'Impératrice dans un grand état d'abattement; qu'elle venait d'être frappée comme souveraine, comme épouse et comme mère; qu'il n'y avait pas une place de son cœur qui ne saignât, et que, dans cette situation, elle avait besoin d'avoir autour d'elle tous les dévouements. J'ajoutai en me levant : Je vous en prie, général, allez la voir: votre présence lui fera du bien. M. Trochu me répondit qu'il arrivait du camp de Saint-Maur ou des fortifications, qu'il était extrêmement fatigué, qu'il n'avait pas dîné. — M. Chevreau aurait pu donner ici sa réponse : Ni moi non plus, général, je n'ai pas dîné. — M. Trochu ajouta qu'il irait dans la soirée. Je sortis pour rentrer au ministère; j'y donnai quelques ordres, et je fus ensuite aux Tuileries pour apprendre ce qui s'était passé entre l'Impératrice et M. le général Trochu. Ma première parole à Sa Majesté fut : Madame, avez-vous vu le général Trochu? — Non, me répondit-elle. En effet, il ne vint pas.

Me Lachaud. — M. Chevreau n'a-t-il pas revu M. Trochu le 4 septembre?

R. J'étais aux Tuileries lorsque je vis entrer le matin, vers huit heures, le général Trochu. Je montai chez l'Impératrice pour la prier de le recevoir de suite.

Sa Majesté l'envoya chercher; leur entretien dura une demi-heure, mais l'Impératrice et M. le général Trochu restèrent seuls.

Me Lachaud. — M. Chevreau n'a-t-il jamais demandé à l'Impératrice ce qui s'était passé entre Elle et le général ?

M. Chevreau. — Si. Lorsque Sa Majesté revint prendre place, je me penchai sur son fauteuil et je lui dis ces simples mots : Eh bien, Madame? Sa Majesté leva les yeux vers moi, et me fit un signe qui me fit comprendre qu'elle avait peu de confiance dans les protestations qui avaient dû lui être faites.

Me Lachaud. — Quelle a été l'impression de M. Chevreau lorsqu'il a vu que le général Trochu n'avait pas été aux Tuileries le 3 septembre, comme il l'avait promis?

R. Un grand sentiment d'inquiétude et de tristesse.

Me Lachaud. — A quelle heure dans la journée du 4, l'Impératrice a-t-elle quitté les Tuileries ?

M. Chevreau. — Entre trois heures et demie et quatre heures.

Me Grandperret. — Dans la conversation qui a eu lieu le 18 août entre l'Impératrice et M. le général Trochu, a-t-il été question des gardes mobiles et de leur retour à Paris ?

M. Chevreau. — Oui; mais M. le général Trochu s'est efforcé de nous rassurer à l'égard des craintes que nous donnait leur indiscipline, il nous fit l'éloge du général qui les commandait et nous assura que nous n'avions rien à craindre.

La déposition de M. Chevreau se termine ainsi, et c'est ensuite au tour de M. Magne, membre de l'Assemblée nationale et ancien ministre des finances.

M. Magne.

Ce témoin représente bien exactement le type modèle du ministre des finances, prudent, circonspect et discret. Il a la parole facile, mais il recherche beaucoup plus la précision que l'effet oratoire, et il arrive sans effort à une admirable clarté.

C'est un homme très simple d'allures, de taille moyenne, à cheveux blancs.

Me Lachaud. — Je désirerais que M. Magne fût interrogé sur les diverses circonstances où M. le général Trochu fit à l'Impératrice les plus vives protestations.

M. Magne.— Je ne saurais me les rappeler toutes, mais une d'elles m'est très présente à la mémoire: M. le général Trochu racontait lui-même qu'il avait tenu des discours décourageants aux chefs de bataillon de la garde nationale. L'Impératrice se leva et dit :

« J'irai moi-même sur le rempart, et je montrerai aux Prussiens comment une femme sait braver le danger lorsqu'il s'agit du salut du pays. »

Le général lui répondit : « Je n'ai qu'une manière de vous prouver mon dévouement : c'est de me faire tuer pour le salut de Votre Majesté et de votre dynastie! »

Me Allou. — Quelle impression a conservé M. Magne du caractère et de l'attitude du général Trochu dans les différentes circonstances où il s'est trouvé en face de lui?

M. Magne. — Son attitude était bonne. Je l'avais connu auprès du maréchal Bugeaud, qui faisait grand cas de son caractère et de ses talents. Plusieurs de mes collègues avaient à son égard, — je ne veux pas dire de la défiance, — mais ils n'avaient pas assez de confiance. Moi qui le connaissais de longue date, j'avais moins besoin que d'autres d'être rassuré. Je dois ajouter que le général était susceptible, et je compris rapidement qu'il s'établirait entre lui et le général de Palikao des dissentiments et des rivalités d'attributions.

Cependant, dans le conseil des ministres, nous faisions tous nos efforts pour calmer le général Trochu; nous désirions lui prouver qu'il pouvait compter sur l'appui du conseil tout entier.

Me Allou. — La phrase : «sur mon honneur de Breton, de chrétien et de soldat, » rapportée par le Figaro, a-t-elle été prononcée devant M. Magne?

M. Magne. — Non, j'étais chargé d'une lourde opération financière, et je m'absentais parfois du conseil.

Me Allou. — M. le général Trochu désirait savoir si M. Magne ne lui a pas entendu dire : Prenez garde ! vous êtes sous la menace d'un mouvement populaire des plus graves, que rien ne pourra empêcher.

M. Magne. — Je ne m'en souviens pas. Tout ce que je sais, c'est que le général avait une opinion très triste de la situation.

Me Grandperret. — Le témoin connaît-il M. Vitu ?

M. Magne. — J'ai eu l'honneur de connaître M. Vitu comme écrivain très expert en matière de finances, et je n'ai jamais eu qu'à me féliciter des rapports que j'ai eus avec lui.

M. Busson-Billault.

M. Busson-Billault est avocat, ancien ministre président du conseil d'Etat et est âgé de 47 ans.

Petit de taille, la parole diffuse, blond et chauve, favoris épais, l'allure d'un agent de change ou d'un avocat d'affaires. S'échauffe difficilement, mais dit bien ce qu'il veut et sait le faire entendre.

A un nom difficile à porter, mais trapu de talent comme de taille, est de force à ne pas le laisser tomber.

Me Lachaud prie M. le président Legendre de lui adresser les questions déjà faites aux témoins précédents.

M. Busson-Billault répond :

M. le général Trochu avait écrit au journal *le Temps* une lettre qui nous avait émus et à la suite de laquelle nous lui demandâmes ce qu'il ferait en cas d'émeute. Le général répondit avec une grande fermeté qu'il réprimerait l'émeute par la force et qu'il était prêt à mourir pour les institutions et la dynastie impériales. Un autre jour on demanda au général Trochu s'il serait prêt à défendre l'Assemblée. Ses réponses furent un peu théoriques, mais il ne protesta pas moins de ses intentions de faire son devoir. On voulut lui faire préciser car il ne s'agissait pas seulement de son devoir: on désirait savoir quelles mesures il prendrait en cas de tentative contre la Chambre. Il répondit alors :

— Si des séditieux veulent envahir la Chambre ou les Tuileries, je me ferai tuer sur les marches de ces palais.

Me Lachaud. — M. Busson-Billault connaît aussi l'épisode du retour des mobiles ?

M. Busson-Billault. — Je sais que ce retour fut très mal vu par M. le général de Palikao et nous-mêmes. Ces hommes, — ils étaient 12 à 15 mille. — auraient pu être très utiles en face de l'ennemi, et il y avait à craindre pour Paris, les habitudes de désordre.

Me Lachaud. — Je prierai M. Busson-Billault de nous parler des faits dont il a été témoin le 4 septembre, lorsque la Chambre a été envahie, et s'il pense que les dispositions utiles avaient été réellement prises.

M. Busson-Billault. — C'est au moment où la séance avait été suspendue que la salle fut envahie. Les mesures contre cet envahissement avaient-elles été prises ? Les troupes avaient-elles laissé passer les envahisseurs ? je l'ignore ; mais je pensai qu'il y avait un grand devoir qui n'avait pas été rempli.

Je me hâtai d'aller aux Tuileries auprès de l'Impératrice. MM. Chevreau et Jérôme David m'avaient précédé auprès de Sa Majesté. Nous surveillâmes son départ, et je ne pus retourner à la Chambre. Je rentrai chez moi,

rue de Rivoli; et, pendant que j'étais à écrire à ma famille pour l'avertir des événements, j'entendis des cris.

Je me mis à une fenêtre et je vis sortir M. Trochu à cheval et accompagné d'un certain nombre de ses mobiles, qui marchaient devant lui et criaient : Vive le général ! vive la République ! Ce cortège se dirigeait vers la place de la Concorde.

Je crus que le général se rendait au Corps législatif pour dégager la Chambre ; mais il tourna à droite par la rue Castiglione, et je compris que tout espoir était perdu. Il y avait un quart d'heure à peine que l'Impératrice était partie.

Me Allou. — A quelle heure a eu lieu cette scène ?

M. Busson-Billault. — Je n'ai pas tiré ma montre; mais c'est un quart d'heure, dix minutes après le départ de Sa Majesté.

Me Allou. — C'est assez difficile à expliquer avec les démarches du général vers la Chambre.

M. Busson-Billault. — Je ne sais si le général s'est dirigé vers la Chambre par les quais; mais ce que j'affirme, c'est la vérité de ce que je viens de rapporter.

On cause beaucoup pendant cette suspension.

Un témoin, retour de Londres, rappelle ce passage d'un article incriminé, où il est dit qu'on voit le général Trochu dans le musée de madame Tussand entre Dumollard et Troppmann.

— La figure du général n'est pas dans le même salon, mais dans une pièce contiguë à celle où se trouvent les deux autres. Cette figure du général Trochu est un chef-d'œuvre. Il a les lèvres entr'ouvertes : on voit qu'il prononce un discours.

REPRISE DE L'AUDIENCE

M. Jules Brame.

A la reprise de l'audience, M. Jules Brame est appelé.

Membre de l'Assemblée nationale, ancien ministre de l'instruction publique, M. Brame est un fort bel homme, qui paraît âgé de quarante ans et qui en a soixante. Il a la figure soigneusement rasée, les traits accentués, tous les dehors d'une nature énergique.

Pourtant M. Brame, qui est un homme d'affaires, éprouve et a toujours éprouvé une certaine émotion à parler en public. A l'Assemblée, il n'arrive à se donner une contenance qu'en tenant des papiers à la main.

Comme l'honorable député a toujours des chiffres à citer dans ses discours, il est un des orateurs les plus écoutés de la Chambre...

Me Lachaud. — Je voudrais prier M. le président de demander à M. Brame, qui était ministre au 4 septembre, quelle a été l'attitude et quelles ont été les déclarations du général Trochu devant le conseil, et de nous faire savoir ce qu'il sait relativement au retour des mobiles, ainsi qu'à l'égard des assurances de dévouement données par le général.

M. Brame. — J'ai lu très superficiellement, je l'avoue, les articles du *Figaro*, et depuis je n'ai pu me les procurer. Je désirerais donc être un peu fixé sur les réponses que je dois faire.

Me Lachaud. — Je vous prierai, monsieur Brame, de dire si, devant vous, M. le général Trochu n'a pas affirmé son dévouement à l'Assemblée nationale et à l'Impératrice.

M. Brame. — Je dois dire que le conseil des ministres avait quelques doutes au sujet de l'attitude et du dévouement de M. le général Trochu. Un jour, il y eut commencement de rassemblement aux environs de l'Assemblée ; on craignit un envahissement. Le lendemain, le général Trochu est arrivé au conseil, et un des ministres a cru devoir lui demander quelles mesures il avait prises et jusqu'à quel point on pouvait compter sur lui.

Le général Trochu n'a pas immédiatement répondu. La question lui a été posée une seconde fois, et il a dit alors : « Je ne comprends pas qu'on puisse faire une semblable question à un général français ; mais, puisqu'on me l'adresse, je dirai : « Si la Chambre était envahie ou la dynastie menacée, je me ferais tuer pour les défendre. »

Me Lachaud. — Vous souvenez-vous que le conseil des ministres ait eu à s'occuper du retour des mobiles à Paris ?

M. Brame. — Il y a eu quelques explications assez vives entre le général Trochu et le général de Palikao. Le général Trochu était parti avec des fonctions actives, et quelques jours après il revint comme gouverneur de Paris. Ce qui nous surprit, c'est qu'il avait ramené avec lui 14,000 mobiles qui étaient appelés à combattre en rase campagne et qui pouvaient être à Paris une cause de désordre. Le ministre de la guerre lui en fit les plus graves reproches. Voilà tout ce que je sais à ce sujet.

Le témoin qui succède à M. Brame est M. Eugène Rouher, membre de l'Assemblée nationale, ancien ministre.

M. Rouher.

C'est la première fois que M. Rouher parle en public depuis la chute de l'Empire. Ses cheveux ont blanchi ; il est très pâle ; mais il a toujours, malgré son grasseyement, la voix forte, l'élocution facile, une forme claire et élégante.

Me Lachaud. — J'aurai d'abord l'honneur de demander à M. Rouher à quelle époque, comme président du Sénat, il a pris part aux délibérations du conseil des ministres.

M. Rouher. — Le 7 août.

Me Lachaud. — Que s'est-il passé dans le conseil des ministres à propos du retour des mobiles que le général Trochu avait ramenés.

Me Mathieu. — Je prierai d'abord M. Rouher de nous dire si, pendant le ministère Ollivier et pendant qu'il assistait au conseil des ministres, il ne s'est pas passé quelque chose en raison de la proposition du général Trochu pour le ministère de la guerre.

M. Rouher. — M. Dejean était ministre de la guerre provisoire, et ce général ayant demandé à servir devant l'ennemi, on prononça pour le remplacer le nom du général Trochu.

M. Schneider, au nom de M. Trochu, prit la parole et dit : « Je ne crois pas devoir conseiller à Votre Majesté de prendre M. Trochu pour ministre de la guerre. D'ailleurs, il n'accepterait pas. » M. le garde des sceaux tint le même langage, et l'on passa outre, pour s'arrêter au nom du général de Palikao, qui fut appelé le lendemain.

Pour être sincère, je dois ajouter que je m'étonnai que le général Trochu ne fût pas à l'armée. Le lendemain, du reste, on lui donna un commandement.

En ce qui concerne les mobiles, nous fûmes très émus de leur retour. Ils avaient commis un acte d'indiscipline grave envers le maréchal Canrobert, et le général de Palikao fut très froissé de leur retour. Il était inquiet des idées turbulentes de ces jeunes gens, qu'il considérait comme les auxiliaires possibles d'un mouvement révolutionnaire.

Il s'en expliqua assez vivement au conseil, et je crois me souvenir que cette explication fut assez grave pour qu'il manifestât l'intention de se retirer.

La discussion se raviva à propos d'une proclamation faite par M. le général Trochu, qui avait dit aux mobiles : « J'ai demandé votre retour à Paris, parce que vous avez le droit d'y venir. » J'ai vu M. Trochu au conseil trois ou quatre fois. La première, au moment de son arrivée comme gouverneur ; la seconde, à propos de l'exécution d'un espion prussien, le lieutenant Hart. Je lui demandai à ce sujet quand il avait connu l'ordre d'exécution. Il me répondit que c'était la veille, et je lui répliquai que c'était alors la veille qu'il aurait dû s'en occuper.

Quant aux serments de fidélité à l'Impératrice, ils se sont produits, à ma connaissance, dans deux circonstances : d'abord, lorsque le *Temps* publia une lettre dans laquelle le général Trochu invoquait comme seul appui la force morale, nous dûmes interroger le général à ce sujet, et il affirma qu'il maintiendrait l'ordre avec la plus grande énergie.

Le second fait est plus récent. Il y avait des rassemblements aux environs du Corps législatif ; nous lui demandâmes les mesures qu'il comptait prendre pour sauvegarder l'indépendance et la liberté de la représentation nationale.

Il répondit par des considérations générales assez étendues. Je devins plus pressant, et il se tourna alors vers l'Impératrice et lui dit :

— Puisqu'on demande une explication à un général français, je réponds que je me ferai tuer pour l'impératrice régente et la dynastie.

Voilà tout été mes rapports avec le général Trochu ; je ne l'avais vu qu'une ou deux fois seulement avant ces événements.

Me Lachaud. — Savez-vous si le général Trochu, lorsqu'il a affirmé son dévouement, a employé ces mots : « Je serai fidèle comme Breton, catholique et soldat. »

M. Rouher. — Ces expressions n'ont pas été prononcées devant moi ; c'est l'Impératrice qui me les a rapportées elle-même en Angleterre : car, n'ayant pas assisté à son départ, je me suis empressé de lui demander tous les détails de ses derniers moments aux Tuileries. L'Impératrice me répondit entre autres choses :

— Je comptais sur lui : car, quelques jours auparavant il s'était présenté aux Tuileries et m'avait dit en tête-à-tête : « Madame, si votre police est bien faite, vous devez savoir que j'ai ces rapports avec les membres de l'opposition; il est de mon devoir de connaître l'état de l'opinion, de tâter le pouls de l'opinion; mais Votre Majesté ne doit nullement douter de mon dévouement. Il lui appartient à un triple titre : je suis soldat, catholique et breton. »Voilà ce que m'a dit Sa Majesté en exil.

Me Lachaud. — M. Rouher connaît-il le rôle qu'a joué le général Trochu dans le comité de défense?

M. Rouher. — On se préoccupa, à ce moment, d'adjoindre au comité de la défense des membres du Sénat. On choisit M. Béhic. Tout naturellement, M. Béhic, étant secrétaire au Sénat, venait journellement dans mon cabinet et me rapportait ce qui se passait. Un jour il me dit :

— J'ai été témoin d'une scène pénible. M. le général Trochu ayant prononcé un discours assez long, M. le général d'artillerie Guiod croisa ses bras sur sa poitrine et dit au général Trochu : « Sommes-nous ici le comité de la défense ou celui de la défaillance? »

Je demandai à M. Béhic ce que cela signifiait, et nous échangeâmes à ce sujet diverses appréciations qui n'appartiennent pas aux débats.

Me Allou. — D'après les explications de M. Rouher, il y aurait eu deux propositions différentes du général Trochu pour le ministère de la guerre.

M. Rouher. — Je dois déclarer que les observations faites par MM. Schneider et Emile Ollivier dans le conseil ont été faites à la même heure et pour le même fait, et que tous deux ont été d'accord pour ne pas donner à Sa Majesté le conseil de prendre le général Trochu pour ministre de la guerre.

M. Eugène Schneider.

Maître de forges, domicilié au Creuzot. Telle est la déclaration d'identité que fait M. Schneider, après s'être avancé vers la barre d'un pas assuré.

L'ancien président du Corps législatif est un homme de petite taille, au teint coloré, aux cheveux blancs. Il n'a pas une voix puissante, au contraire; mais il parle avec une extrême lenteur, articule habilement.

Me Lachaud. — Je désirerais savoir d'abord de M. Schneider s'il n'a pas eu avec M. le général Trochu une conversation dont il a rendu compte à l'Impératrice, et s'il n'a pas dit à Sa Majesté, lui ou M. le garde des sceaux, qu'il ne croyait pas possible de choisir le général Trochu pour ministre de la guerre?

M. Schneider. — La question est délicate; mais, si M. le président m'invite à communiquer à la cour ce qui a pu se passer en conseil des ministres, j'obéirai avec déférence; dans le cas contraire, je dois avouer que j'éprouve un scrupule. Je puis en tout cas rendre compte de ce qui m'est personnel et des conversations que j'ai eu l'honneur d'avoir avec M. le général Trochu.

Dans un moment où le ministère de la guerre était entre les mains d'un titulaire provisoire, il était nécessaire, les circonstances prenant une gravité que tout le monde connaît, de faire cesser ce provisoire. Mes collègues furent unanimes à me désigner le général Trochu, et quelques-uns me parlèrent du général de Palikao. Je répondis à mes honorables collègues que je tenais compte de leur démarche.

Je me rendis chez M. le général Trochu, que je ne connaissais pas. J'ai eu l'honneur de lui demander de vouloir bien prendre en considération la pensée commune de la Chambre et du public.

Il me fit connaître son désir de ne pas être chargé de cette mission. J'insistai. Je crus devoir le faire avec conviction, et j'eus l'honneur de dire à M. le général Trochu, que dans les circonstances où se trouvait notre pays, il n'é ait permis à personne de décliner une situation, quelque grave et difficile qu'elle fût, si on y était appelé par ses qualités personnelles, et si l'on pouvait y rendre des services.

Cette conversation fut suivie de réponses très longues et très développées. M. le général Trochu me fit des critiques graves sur tout ce qui s'était passé dans l'organisation de la guerre, et il y mêla ses griefs personnels.

Il ne me cacha pas que son premier acte, en arrivant à la Chambre, serait de développer, dans un discours très accentué, tout ce qu'il venait de me dire.

Je lui fis observer que ce serait là de sa part un acte d'accusation en règle contre un gouvernement dont il serait devenu ministre. Cette situation me paraissait fort anormale. En présence de notre situation devant l'étranger, nous avions besoin d'unité, et témoigner publiquement de notre faiblesse pouvait être un acte imprudent. J'insistai, il persista dans son refus. En le quittant, je lui dis : « Il est entendu que vous refusez le ministère de la guerre, et que je ne puis porter à l'Impératrice ni une acceptation ni une espérance. »

Je rentrai chez moi; j'y trouvai une cinquantaine de mes collègues, je leur appris le refus du général Trochu, sans entrer dans aucun détail. Plusieurs de ces messieurs m'objectèrent qu'ils doutaient que le refus du général Trochu fût aussi formel, et qu'il accepterait le ministère à certaines conditions.

Je fus rendre compte à l'Impératrice de la généralité du vœu des députés, je lui parlai de la popularité si éclatante du général Trochu, de l'importance qu'il y aurait à utiliser ses talents élevés. Je ne dissimulai pas cependant à Sa Majesté le refus du général, ses causes et les graves dangers que pouvait présenter sa nomination, et je lui demandai de faire appeler le général, afin qu'elle pût s'assurer par elle-même de ses dispositions. Cette convocation eut lieu, et le général Trochu répondit qu'il ne pouvait se rendre auprès de l'Impératrice, ne voulant pas avoir à réitérer à une femme le refus qu'il m'avait fait.

Voilà ce que je suis autorisé à dire. Quant à ce qui s'est passé le lendemain dans le conseil, je demande à n'en dire qu'un mot. La question fut effectivement posée, et je répondis : « Le général Trochu refusera, car il m'a déjà refusé. »

Me Lachaud. — Auriez-vous la bonté, M. le président de demander à M. Schneider quelles sont les mesures qui ont été prises, les 3 et 4 septembre pour sauvegarder l'Assemblée, et quelles communications il a faites à ce sujet à M. le général Trochu.

M. Schneider. — Mon devoir était d'être essentiellement soucieux de la sécurité du Corps législatif. J'étais inquiet; mais le règlement ne me permettait pas de m'adresser à M. le gouverneur de Paris ; je devais communiquer seulement avec ministre de la guerre.

J'ai donc prévenu d'abord M. le général de Palikao, qui me donna les assurances les plus explicites. Ce n'était pas assez pour moi ; et il me parut de prudence et de convenance même d'envoyer, dans l'après-midi du 3, le secrétaire général du Corps législatif chez le gouverneur, pour le prévenir que je n'étais pas sans inquiétude.

Cette démarche fut faite ; mais M. Valette ne trouva que le général Schmitz.

Le lendemain matin, je fis renouveler ma démarche par M. Valette. Cependant, à dix heures et demie, ne voyant pas arriver de troupes, j'envoyai deux questeurs, l'un au gouverneur de Paris, l'autre au ministère de la guerre ; je ne reçus aucune réponse à ma communication. Les troupes sont venues ; comment ? je l'ignore. M. le général Trochu ne m'a rien fait savoir, et j'ajouterai : il y avait dans l'intérieur du Corps législatif des troupes assez faibles.

Je n'en avais pas demandé davantage : car, une fois le Corps législatif envahi, il eût été trop tard. Selon moi, le Corps législatif devait être défendu par le barrage des ponts. Je faisais là quelque chose qui n'était pas de mon métier ; j'en demande pardon à l'autorité militaire ; mais je ne comptais pas sur les forces qui étaient à l'intérieur de l'Assemblée.

Je ne me trompais pas : lorsque j'ai fait d'agir dire au général qui commandait, il m'a fait répondre qu'il n'était pas maître de ses troupes. Je citerai encore un détail : Le général Trochu m'avait fait demander deux cartes permanentes. Je les lui ai remises : ce sont les deux seules qui aient jamais été données et elles étaient pour la tribune du président. Or, le jour du 4 septembre, j'ai des raisons de croire, et j'affirme d'une manière précise, qu'il se trouvait dans cette tribune depuis le commencement de la séance jusqu'au succès complet de l'émeute, un des représentants envoyés habituellement par M. le général Trochu.

Après le départ de M. Schneider, l'huissier introduit M. Piétri, propriétaire, ancien préfet de police.

M. Piétri.

Très élégant de taille et de mise, M. Piétri est chauve ; mais les quelques boucles qui encadrent sa tête, lui donnent un certain air de jeunesse. Il a les traits accentués, le regard droit, le nez busqué, tout le caractère de la plus grande énergie. M. Piétri serait assurément orateur, car il expose avec clarté et démontre avec autorité, si ses forces ne trahissaient son courage, ou plus simplement s'il n'avait pas depuis longtemps une extinction de voix gagnée dans un incendie.

Me Lachaud. — Je voudrais demander à M. Piétri s'il n'a pas remarqué une certaine différence entre les mesures prises par M. le maréchal Baraguay-d'Hilliers pour défendre le Corps législatif et celles qui ont été prises plus tard par M. le général Trochu ?

M. Piétri.—Certainement : le 18 août, M. le maréchal Baraguay-d'Hilliers, bien que les circonstances fussent moins graves, jugea prudent de se rendre lui-même autour du Corps législatif. Son attitude fut très résolue, très nette ; et, en présence de sa volonté de réprimer vigoureusement toute entreprise criminelle, l'opposition abandonna le projet qu'elle avait formé d'envahir le Corps législatif ce jour-là.

Me Lachaud. — Je voudrais aussi interroger M. Piétri sur ce qui s'est passé le 3 septembre à l'hôtel du gouverneur. Il y avait là une foule très nombreuse. Le général Trochu s'est adressé à elle. M. Piétri sait-il ce qu'il lui a dit ?

M. Piétri. — Le 3 septembre, après la nouvelle de la catastrophe de Sedan, la population éprouva une certaine fermentation. Il régnait une grande effervescence dans les rues. Je pris les mesures les plus fermes pour maintenir l'ordre. Dans la nuit du 3 au 4 septembre, sur le boulevard Bonne-Nouvelle, il se produisit une première tentative de sédition ; une bande de trois à quatre cents individus voulaient attaquer le poste. Les sergents de ville en eurent raison. Le même mouvement se produisit plus bas, sur le boulevard Montmartre. Cette fois, la sédition se composait de deux à trois mille émeutiers. Les sergents de ville se mirent en bataille et, après une vive résistance, la bande fut également dispersée. Dans cette bande il y avait des mobiles du camp de Saint-Maur. Un d'eux prétendit avoir reçu une blessure à l'oreille.

Alors, comme dans toutes les insurrections, la foule voulut avoir son cadavre. On prit cet homme et on le transporta au palais du gouverneur. Arrivé là, une députation se présenta chez le général et accusa les agents de l'autorité d'avoir blessé le peuple dans l'émission de sa volonté. Le général Trochu répondit : « Les actes de brutalité cesseront ; justice sera faite. D'ailleurs le peuple sera armé bientôt, et ce sera lui-même qui fera sa police. » La foule se retira alors en criant : « Vive le gouverneur ! vive le général Trochu ! »

Me Mathieu. — N'a-t-il pas été crié également ce soir-là dans la cour du gouverneur : « La déchéance ! » et quelle a été à ces cris l'attitude du général Trochu ?

M. Piétri. — Je n'ai pas connaissance de ce fait. La foule criait surtout : « Vive la République ! » et : « La déchéance ! » dans les rues de Paris.

Me Grandperret. — Quelles ont été les mesures prises, le 4 septembre, pour la protection de l'Assemblée ?

M. Piétri. — J'y avais envoyé 800 agents, dont les questeurs ont demandé la retraite, sur l'interpellation des députés de l'opposition. Des marches du palais, certains membres de cette opposition radicale faisaient des signes pour exciter le peuple Ils voulaient que la garde de l'Assemblée fût confiée à la garde nationale. Les commissaires de police refusèrent de se retirer ; mais ils durent le faire sur l'ordre du général.

Me Lachaud. — Monsieur Piétri voudrait-il nous donner quelques détails sur les derniers moments du séjour de l'Impératrice aux Tuileries, et nous dire si elle y a couru des dangers ?

M. Piétri. — Dès que j'appris ce qui s'était passé, je donnai des ordres pour défendre la préfecture de police ; mais, un quart d'heure après un chambellan vint me demander aux Tuileries, de la part de l'Impératrice. Je m'y rendis. En arrivant autour du palais, j'aperçus une foule menaçante qui cherchait à en forcer les grilles. Je parvins pourtant à y pénétrer je ne sais trop comment, et je montai chez l'Impératrice.

Elle avait auprès d'elle MM. de Metternich et Nigra, qui la suppliaient de partir. L'Impératrice résistait bien nettement à ces supplications. Je suis alors intervenu. Elle me demanda si elle devait rester. Je lui répondis que le palais était envahi, les grilles presque forcées, et que son départ me paraissait nécessaire.

Sa Majesté se décida à ce moment à partir sur mes instances.

Me Allou. — Je désirerais savoir quel général commandait les troupes dont le témoin parlait tout à l'heure.

M. Pietri. — Je crois que c'était le général Caussade.

M. le comte de Cossé-Brissac.

L'ancien chambellan de l'Impératrice est un type du parfait gentilhomme.

On remarquera que c'est dans la déposition de M. de Cossé-Brissac qu'il est question pour la première fois du testament, désormais célèbre, et de Me Ducloux.

Me Lachaud. — Je prierai M. le comte de Cossé-Brissac de rapporter à MM. les jurés la conversation tenue le 7 août par M. le général Trochu, le lendemain de notre désastre de Reischoffen.

M. de Cossé-Brissac. — C'était le 7 au matin, sur les quatre heures ; M. l'amiral Jurien de la Gravière, après la sortie du conseil, amena M. le général Trochu dans le salon de service et lui posa cette question : « Croyez-vous que nous puissions encore sauver la France et arrêter l'invasion allemande ? » Il répondit politique, et M. l'amiral Jurien lui dit : « Je ne parle pas à l'homme politique, mais au soldat, et je lui demande s'il croit que la France peut encore être sauvée. » M. le général Trochu répondit alors à peu près en ces termes : « La guerre est ce que la politique l'a faite. Mais, devant des circonstances aussi graves, j'ai voulu me réserver devant la postérité. Je ne sais ce qui m'est destiné. Je vois devant moi s'élever tristement la pensée du maréchal Marmont et du général Dupont. J'ai voulu prendre les devants et j'ai consigné dans un testament toutes mes prédictions. Ce testament est déposé chez Me Ducloux, notaire à Paris. Je ne l'ai pas fait pour ma fortune : car j'ai cent francs de rente et onze enfants. » Voilà ce que je me rappelle.

M. le marquis d'Andelarre, *représentant du peuple* (ce sont ses propres expressions), dépose après M. le comte de Cossé-Brissac.

M. le marquis d'Andelarre.

Taille intermédiaire entre celle de M. Schneider et celle de M. Thiers. Toupet blanc très prononcé. Tient à l'aristocratie par la naissance et l'éducation, à l'industrie par ses préoccupations et ses goûts. M. d'Andelarre a ce que l'on appelle à la Comédie-Française, une *voix de tabatière*.

Aussi rien d'étrange comme d'entendre le noble personnage se déclarer lui-même

représentant du peuple ; était-ce une épigramme ? on le croirait presque.

M. le marquis d'Andelarre est du reste un homme fort estimable qui, au Corps législatif comme à l'Assemblée nationale, a toujours été très écouté.

Me Lachaud. — M. d'Andelarre se souvient-il avoir causé un jour, dans un couloir de l'Assemblée nationale, avec un de ses collègues importants de l'opposition, qui lui aurait dit ne pas connaître M. Trochu ? M. d'Andelarre ne lui a-t-il pas répondu : Ce n'est pas possible, je vous ai vu chez lui. Je ne nomme pas là personne.

M. d'Andelarre. — En effet, il y a trois mois, j'étais dans un couloir de l'Assemblée nationale. Dans le groupe où je me trouvais, il y avait plusieurs membres de l'opposition radicale du temps du Corps législatif. Un d'eux disait, je crois que c'était lui du moins : Je ne connais pas le général Trochu. Je me retournai et lui fis observer que c'était assez extraordinaire, car je l'avais vu chez lui. Mon collègue me répondit :

— Ah ! vous m'en direz tant qu'il faudra bien que j'en convienne. Ce propos était relatif à un fait qui s'était passé huit jours avant le 4 septembre. J'étais allé voir M. le général Trochu ; il y avait chez lui plusieurs de mes collègues, et je causais avec l'un d'eux, lorsque je vis entrer dans le fond de la salle un certain nombre de membres de l'opposition. Lorsque je suis arrivé auprès du général, je le trouvai très inquiet ; il me dit : Mon cher marquis, l'armée de Bazaine est une armée perdue, je m'occupe de faire revenir à Paris celle du maréchal de Mac-Mahon. J'ai malheureusement contre moi le cabinet tout entier. Demain, si vous entendez dire que le maréchal marche sur Metz, c'est une armée perdue.

Me Lachaud. — Je suis obligé d'être un peu curieux et de demander à l'honorable témoin le nom du membre de la gauche dont il s'agit ici. Je le connais, mais je messieurs les jurés ne le connaissent pas.

M. d'Andelarre. — Je suis ici pour dire la vérité. Le collègue avec qui je causais était M. Picard.

M. Vuitry.

Type parfait de l'homme d'études qui a passé sa vie au milieu des plus grandes affaires. Ancien gouverneur de la Banque, il ne s'est guère occupé de politique, et sa déposition même a le tour académique. C'est plus à l'histoire qu'au procès que M. Vuitry est venu apporter son témoignage.

Me Lachaud. — Je désirerais savoir de M. Vuitry quelle est la conversation qui a été tenue devant lui à Orléans par un personnage très considérable.

M. Vuitry. — J'étais à Orléans vers la fin d'octobre, lorsque M. Thiers revint de Versailles. La ville était occupée par les troupes bavaroises et on était sans nouvelles. Le bruit se répandit que les négociations de M. Thiers avaient eu pour objet non-seulement un armistice, mais la possibilité immédiate de la paix ; que M. de Bismark avait proposé des conditions dures sans doute, mais qu'il eût été sages d'accepter. On disait qu'il s'agissait de la cession de l'Alsace et de deux milliards d'indemnité. On ajoutait que M. Thiers, n'ayant pas de pouvoirs suffisants, avait dû en référer aux membres du gouvernement de Paris, mais qu'il n'avait pu vaincre leur résistance.

On disait enfin que M. Thiers en avait éprouvé un grand chagrin, convaincu que plus tard il faudrait céder devant des prétentions plus douloureuses. Les événements sont venus, malheureusement, lui donner raison; et ces faits, qu'on aurait pu contester, il y a quelques mois, se trouvent aujourd'hui pleinement constatés par la déposition que M. le président de la République a faite lui-même devant la commission d'enquête du 18 mars.

M⁰ Mathieu. — Est-ce que M. Vuitry ne se rappellerait pas les conditions plus dures que M. Thiers prévoyait dans son patriotisme et que M. de Bismark aurait formulées dès cette époque ?

Est-ce que M. de Bismark n'aurait pas dit: « Vous n'acceptez pas la paix ? eh bien! à une entrevue prochaine, vous l'accepterez, lorsque Paris, qui ne peut tenir longtemps, aura capitulé. »

M. Vuitry. — C'est exact. M. de Bismark avait dit qu'il demanderait plus tard l'Alsace, la Lorraine et cinq milliards d'indemnité.

M. de Guilloutet.

Très grand, très gros, portant une barbe énorme, d'où jaillissent des moustaches formidables. Ce terrible appareil et une tenue absolument militaire, — redingote serrée à la taille et plissée à la jupe, pantalon à carreaux à la hussarde — lui donnent une allure inquiétante.

Mais on a été rassuré dès qu'on l'a entendu. M. de Guilloutet s'exprime avec douceur et facilité, accompagnant ses phrases d'une petite mesure battue fort régulièrement du pied droit. N'eût été la gravité des circonstances, on eût ri quand l'honorable témoin a dû, sur la demande de M⁰ Lachaud, franchir le fameux mur qu'il a élevé de ses propres mains.

M⁰ Lachaud. — Je prierai Monsieur le président d'interroger M. de Guilloutet sur la conversation qu'il aurait eue à Bordeaux avec un très éminent personnage, et de lui demander ce qu'il aurait appris à ce moment-là.

M. de Guilloutet. — Il y a certains détails de conversation qui ne peuvent pas être répétés.

M⁰ Lachaud. — Ne dites, Monsieur, que ce qu'il vous conviendra de dire: nous nous en rapportons à votre délicatesse.

M. de Guilloutet. — A la suite d'une conversation avec M. Thiers, celui-ci se résuma en me disant qu'il regrettait de ne pas avoir pu faire accepter l'armistice, car il était acceptable, et la paix n'eût coûté à la France que deux milliards au plus et une bande de territoire en Alsace. M. Thiers ajouta qu'il n'avait pas trouvé le gouvernement disposé à accepter les négociations ; qu'on s'était attaché à des choses qui ne méritaient pas, selon lui, l'importance qu'on leur attribuait.

M⁰ Allou. — M. Thiers n'a-t-il pas ajouté que le 31 octobre avait pu être pour quelque chose dans la rupture des négociations ?

M. de Guilloutet. — Non ; je puis ajouter ceci:

M. Thiers paraissait animé par une ardeur toute patriotique et un profond regret.

M. Camille Doucet.

L'auditoire est sympathique au spirituel académicien, dont on se rappelle le joli discours à l'occasion de la réception de M. Jules Janin. Il s'avance souriant, comme aux jours de sa toute-puissance, et c'est avec des réserves charmantes qu'il fait sa petite déposition.

M⁰ Lachaud. — Nous avons intérêt à dire que M. Camille Doucet, se rendant un jour auprès de M. le président de la République pour lui présenter un nouvel académicien, aurait entendu M. Thiers s'exprimer sur l'armistice et regretter qu'à ce moment-là on n'eût pas accepté certaines propositions.

M. Camille Doucet. — La question ne m'embarrasse pas ; cependant elle m'expose à paraître un peu indiscret. Il est vrai qu'un jour, à Versailles, ayant eu l'honneur d'aller, comme membre du bureau de l'Institut, présenter un nouvel élu à M. le président de la République, celui-ci voulut bien se souvenir qu'il était aussi des nôtres, et il invita ses confrères à déjeuner avec lui.

Pendant ce déjeuner, ne se méfiant pas de nous, — il a peut-être eu tort, — M. Thiers parla de la guerre d'une manière très honorable pour lui, et dit qu'au 31 octobre il aurait pu obtenir des conditions infiniment meilleures. Voilà tout.

Après M. Camille Doucet, M. Théodore de Grave, homme de lettres, ancien collaborateur du *Figaro*, type du parfait gentleman.

M. Théodore de Grave.

M⁰ Lachaud. — M. le président voudrait-il demander à M. de Grave de rapporter à MM. les jurés l'observation faite par M. le général Pélissier au sujet de la bataille de Buzenval ?

M. de Grave. — Voici comment a eu lieu par hasard ma conversation avec M. le général Pélissier. J'étais dans le train de Versailles; je ne connaissais pas le général et il ne me connaissait pas non plus. C'était l'an dernier, à peu près à cette époque. On parlait de la bataille de Buzenval.

Le général en parlait avec chaleur, et il critiquait sévèrement les faits d'armes du général Trochu, à ce point qu'un moment je crus devoir l'interroger. Il me dit qu'il était général d'artillerie. Nous l'écoutâmes alors avec le plus grand intérêt, et bien que je n'aie pas présent à la mémoire le texte exact de ses paroles, l'impression de ce que j'ai entendu a été tellement vive, que je peux affirmer que la critique du général Pélissier, à propos de la bataille de Buzenval, était des plus sévères. C'est à ce point que la conduite du général Trochu passait à ses yeux pour une imprévoyance coupable. Je me souviens qu'il a dit s'être trouvé le 19 janvier dans une pièce du Mont-Valérien. Il était là avec d'autres officiers composant l'état-major du général Trochu ; le général était appuyé contre une cheminée. Il était midi.

M. Pélissier se serait alors avancé vers lui et lui aurait dit:

— Que pensez-vous ou que pensez-tu? —
je crois qu'il nous a dit qu'il le tutoyait —
qu'allez-vous faire de la bataille?
Le général Trochu aurait répondu :
— Je n'en sais rien.
Cela sur le ton d'un homme qui n'avait pas
prévu que notre armée pouvait avoir l'avan-
tage jusqu'à midi, et qui n'aurait pris aucune
disposition en cas de victoire.
Voilà l'impression qui m'est restée de cette
conversation. En descendant de chemin de fer

seulement, j'appris que j'avais eu affaire au
général Pélissier, le frère du maréchal.

Après ces derniers mots de M. Théodore
de Grave, la séance est brusquement terminée : car aucun des témoins de M. le
général Trochu ne répond à l'appel de son
nom. Ces messieurs ont supposé qu'ils ne
pourraient être entendus que demain, et
ils sont tous *sortis*.

Audience du 28 mars 1872

L'audience est ouverte à dix heures et
demie, et elle offre le même coup d'œil
que celle d'hier. Les bancs réservés aux
témoins sont vides pour la plupart, ces
messieurs n'ayant pas encore été tous entendus, et derrière la cour, se pressent
toujours un grand nombre de personnages importants de la magistrature et
du barreau.

La partie de la salle consacrée au public debout est occupée depuis longtemps
déjà lorsque les magistrats font leur entrée; et, inutile de le dire, aujourd'hui, pas
plus qu'à l'audience précédente, il ne se
trouve une seule dame dans l'assemblée.

La séance devait débuter par l'audition
des trois derniers témoins cités à la requête de M. Vitu; mais, Me Allou ayant
parmi ses témoins à lui quatre personnes
rappelées à Versailles par leurs fonctions, Me Lachaud cède empressé-
ment son tour à son honorable confrère,
et M. le président Legendre ordonne à
l'huissier d'introduire successivement M.
le maréchal de Mac-Mahon, M. le général
Changarnier, M. Baze et M. le comte de
Maillé.

Déposition de M. le Maréchal de Mac-Mahon.

L'illustre maréchal s'avance à pas lents.
Son entrée dans la salle d'audience excite
les murmures sympathiques de l'auditoire. Il répond avec fermeté aux questions de M. le président et se retourne vers
les jurés.

Jamais on ne vit physionomie plus se-
reine. L'œil est bleu, le regard ferme.

Le maréchal est de taille moyenne. Il
est vêtu d'une redingote noire, boutonnée militairement. Il se tient très droit, et
accompagne ses paroles d'un geste simple.
Sa voix n'est pas très puissante, mais fort
distincte. Il n'éprouve aucune hésitation
à répondre aux questions de Me Allou; il
s'exprime en ces termes :

Pour m'expliquer sur les circonstances dans
lesquelles j'ai recommandé M. le général Trochu à l'Empereur, je n'ai qu'à rappeler ma
déposition dans l'enquête du 4 septembre.

J'étais arrivé à Châlons le 17 août, d'assez
bonne heure, sur les huit heures. L'Empereur
me fit demander à son quartier général. Là, il
y avait à côté de lui, causant avec lui, le
prince Napoléon, les généraux Trochu,
Schmitz et Bertaut.

D'après ce que j'ai appris depuis, il y avait
déjà quelque temps que l'Empereur causait
avec ces messieurs. Au moment où je suis
arrivé, le prince Napoléon disait à l'Empereur qu'il craignait une révolution à Paris, et
que le général Trochu, par ses antécédents et
sa manière d'être, était le seul homme qui
fût en état d'arrêter ce mouvement.

Cette demande faite par le prince étonna
l'empereur, et il me fit signe de venir lui parler. Nous passâmes dans la pièce voisine, où
il me demanda mon opinion sur le général. Je
lui répondis que c'était un homme de cœur,
un homme d'honneur : que c'était mon opinion. Je n'ai pas dit autre chose.

Me Allou. — Ces expressions ont-elles été
rétractées plus tard.

Le maréchal de Mac-Mahon. — Je ne comprends pas la question. Je viens de dire que
j'ai exprimé à l'empereur ma pensée et rien
de plus.

Me Lachaud. — M. le président, voulez-vous,
je vous prie, demander à M. le maréchal si
le général Trochu n'a pas fait du départ des
mobiles une condition de son retour à Paris.

M. le maréchal de Mac-Mahon.—Je sais que
M. le général Trochu a demandé à emmener
ces mobiles, et que l'Empereur n'approuvait
pas ce projet; mais le général Bertaut, qui
les commandait, en répondit, et, malgré la
répugnance de Sa Majesté, Elle consentit à
leur départ.

Me Lachaud. — Etait-il entendu entre le
maréchal et M. le général Trochu que l'armée de Châlons devait revenir sous Paris?

M. le maréchal de Mac-Mahon. — Non pas.
Dans ce moment, je n'avais aucune opinion.
J'avais été nommé commandant de l'armée de
Châlons et j'étais sous les ordres du maréchal Bazaine, que je devais rejoindre. J'envoyai un de mes aides de camp pour prendre
ses instructions.

Me Lachaud. — L'Empereur exerçait-il encore en ce moment un commandement militaire?

M. le maréchal de Mac-Mahon.—Non, lorsqu'il
m'a nommé au commandement de l'armée de
Châlons, je suis allé trouver l'empereur et je
lui ai demandé quels rapports devaient exister
entre lui, le souverain, et le commandant en
chef de cette armée. Il m'a répondu, par des
considérations que je n'ai pas à faire connaître, qu'il était décidé à faire abstraction de

sa personnalité, qu'il me remettait le commandement de cette armée et que j'étais complètement libre de faire ce que j'entendrais. Il ne s'est pas du tout occupé des mouvements que j'ai ordonnés. Au contraire même, dans plusieurs cas, il voulait me faire faire l'inverse de ce que j'ai fait.

Cette déclaration si loyale de l'illustre maréchal cause une émotion profonde dans l'auditoire qui vient d'être tout à coup éclairé, sur des faits si mal interprétés jusqu'ici.

Me Allou. — M. le maréchal dit qu'il était arrivé au milieu de la conversation entre l'Empereur et les généraux ; il ignore donc le commencement de cette conversation, que le général Bertaut nous fera connaître tout à l'heure.

En revenant à sa place, le maréchal passe devant M. le général comte de Palikao, qui le félicite et lui serre affectueusement la main.

M. le général Changarnier

«Je me nomme Changarnier (Théodule). Je suis âgé de soixante-dix-huit ans. Je suis maintenant député à l'Assemblée nationale. »

C'est ainsi que se présente le vénérable général, qui oublie absolument de parler de son rang dans l'armée. Il ne parle haut qu'avec difficulté ; mais il se tient fort droit. On remarque que sa boutonnière est absolument vierge.

Le général Changarnier était depuis dix-huit ans dans la retraite, quand la nouvelle de nos premiers malheurs lui inspira l'idée généreuse d'oublier ses rancunes assez justifiées, pour se remettre au service du pays. On se rappelle qu'au quartier général de Metz, il se présenta comme s'il n'avait jamais quitté l'armée.

Seul, il a fait entendre, respectueux pour l'uniforme qu'il a porté, quelques paroles de blâme au sujet des accusations qu'on se pressait peut-être un peu trop de jeter à la face de nos généraux malheureux.

Me Allou lui pose cette question :

Je désirerais que M. le général Changarnier voulût bien nous dire s'il s'est servi à propos de M. le général Trochu de ces expressions : C'est Tartufe coiffé du casque de Mangin.

M. le général Changarnier. — La société serait bien malade si on répétait ainsi tous les propos de salon, les choses qui se disent en l'air.

Je suis ici pour déposer sur des faits et non pour exprimer mes opinions. Je refuse absolument de répondre à la question qui m'est adressée. J'ai l'habitude de ne pas me servir d'expressions grossières, c'est là ce que je puis affirmer.

Me Allou. — Ainsi ces paroles n'ont pas été prononcées par le général Changarnier. C'est là ce qu'il faut conclure de ses explications.

M. le général Changarnier. — Je prie M. Allou de se rappeler que j'étais loin de Paris, et je ne puis me souvenir de ce qui touche aux événements du 4 septembre. J'étais bloqué sous les murs de Metz ; les choses de Paris ne m'arrivaient que par ouï-dire, par des propos de salon.

Me Allou. — Je demande bien pardon à la Cour ; il ne s'agit pas ici d'un propos de salon, mais d'un fait.

M. le général Changarnier. — A quelle époque aurais-je prononcé ces mots ? Est-ce que j'enregistre mes paroles ? est-ce que je puis répéter devant la justice des propos de salon, prononcés en l'air ? Non, ce n'est pas possible ; je ne le ferai pas.

Me Allou. — Je demanderai alors à M. le général de dire à la cour quels ont été ses rapports avec M. le général Trochu.

R. Mes premières relations avec M. le général Trochu ont été indirectes, et j'ai éprouvé pour ses talents et pour lui de l'estime. Puis ces relations ont été interrompues ; je ne revis le général qu'après ma rentrée en France. Je l'ai rencontré dans le monde ; mais, je le répète, je suis étonné d'avoir été appelé pour déposer sur des choses que j'ignore.

Me Allou. — Nous n'avons plus rien à demander au général ; il vient de dire qu'il n'avait pas prononcé les paroles dont il est question.

Me Lachaud. — Prenez garde ! M. le général Changarnier n'a rien dit de semblable ; il se refuse de s'expliquer par un sentiment de convenance qui se comprend.

Un juré. — J'en demande pardon à M. le général Changarnier, mais la chose est tellement importante, que je le prie, au nom du jury, de nous répondre d'une façon plus complète. A-t-il tenu, oui ou non, le propos rapporté par le Figaro ?

M. le président. — M. le général Changarnier, ne pouvez-vous répondre oui ou non ?

M. le général Changarnier. — J'honore le courage avec lequel le Figaro défend les principes conservateurs qui, jusqu'à un certain point sont les miens ; mais je suis si occupé, que je le parcours rarement, bien qu'il soit fort intéressant. J'étonnerai la cour peut-être, en lui disant que l'article signé Minos, dans lequel se trouvent les paroles qui me sont attribuées, je l'aurais ignoré si le général Trochu ne l'avait découpé lui-même et ne me l'avait envoyé dans une lettre. Mais comment voulez-vous que je répète des conversations. Le Figaro a tant d'esprit qu'il en prête souvent aux autres. Il m'en a prêté plus que je n'en ai.

Un autre juré. — Je fais mes excuses à M. le général Changarnier, mais il est ici comme témoin ; ne pourrions-nous pas savoir de lui s'il a émis, à quelque moment que ce soit, une opinion défavorable sur le général Trochu ?

M. le président. — La question est un peu trop générale.

M. le général Changarnier. — Vous voulez que je vous donne mon opinion sur le général Trochu ? Je l'ai toujours considéré comme un galant homme, et quant à vous dire mes appréciations sur la défense de Paris, sur des faits que j'ignore, je ne le ferai pas : je ne suis pas une vieille commère.

M. Baze

On n'applaudit pas précisément à l'entrée de M. Baze. Il y a tant de journalistes dans la salle !

Le témoin se déclare député du Lot-et-Garonne à l'Assemblée nationale et questeur de cette Assemblée.

C'est un petit homme un peu voûté, gros, chauve, portant les favoris en côtelettes chers aux parlementaires d'avant 1848.

M⁰ Allou. — Une des insinuations des plus graves du *Figaro* contre le général Trochu, est celle qui le désigne comme un des auxiliaires du coup d'État. M. Baze peut édifier la cour à ce sujet.

M. Baze commence par un long exposé des revues de Satory, où il n'est pas du tout question du général Trochu, et il termine en disant que, le général Neumayer lui ayant confié des papiers, le général Trochu vint les reprendre plus tard. C'est la seule circonstance où il l'a vu. Il ajoute que M. le général Trochu était hostile au coup d'État.

Ces mots prononcés, M. Baze demande à se retirer. La cour et les défenseurs y consentent; et comme M⁰ Lachaud, sans aucune intention piquante, ajoute : « M. Baze peut même ne pas revenir, » l'irascible questeur réplique vivement :

— Je reviendrai si je veux.

— Certainement, répond M⁰ Lachaud.

Et M. Baze se retire dignement, au milieu de l'hilarité générale.

M. le comte de Maillé.

Ce témoin, qui s'annonce comme propriétaire, aujourd'hui député, est un parfait homme du monde.

Il parle à haute voix, lentement, semblant réciter un discours étudié, et qui pourtant ne peut avoir grande importance dans le procès.

Interrogé sur les conversations politiques qu'il a eues avec le général Trochu, M. le comte de Maillé rapporte qu'il est depuis longtemps l'ami du général, et il fait un panégyrique très chaud de sa moralité, de son dévouement et de son peu de souci de la politique.

M. le comte de Maillé ajoute que le général a servi l'Empire, mais en se réservant de lui dire la vérité; ce qu'il a fait dans son livre : *l'Armée française en 1867.*

M. le comte de Meffray.

Ce témoin a été appelé par M. Vitu. C'est un homme grand et mince, d'une nature énergique. Il est âgé de cinquante-deux ans, a les cheveux coupés ras, une forte moustache qui se confond avec une longue barbiche.

Il parle avec une énergie sombre, fort attristée par les événements. Il est aussi très enrhumé; ce qui fait qu'on l'entend peu.

Je dois dire que nulle opération ne m'a paru plus mal menée que celles qui ont été entreprises pour la défense de Paris. Aucunes dispositions sérieuses n'ont jamais été prises; et quant à la bataille de Buzenval, c'est une satisfaction qu'on a voulu donner à la population parisienne, qu'on avait si imprudemment surexcitée.

Il n'était pas question, par cette bataille, de sauver une ville qui en était à sa dernière bouchée de pain : je ne l'ai jamais pensé, et beaucoup de militaires sont de mon avis.

Vient ensuite M. Delchet, officier d'état-major de la garde nationale.

Ce témoin s'exprime fort bien et déclare avec la plus grande clarté qu'il n'est pas l'officier qu'on croyait assigner. C'est son cousin, dont il donne l'adresse.

M. le général Pélissier.

C'est le frère du maréchal duc de Malakoff. Il est général d'artillerie de marine et il s'exprime très nettement.

C'est le septième témoin qui se présente en redingote noire, boutonnée de haut en bas. Il semble que ce soit une tenue choisie, — fort décente, du reste, — par cette série de témoins qui, tous, appartiennen' ou ont appartenu à l'armée.

M⁰ Lachaud le prie de répéter la conversation qu'il aurait eue en chemin de fer avec plusieurs personnes à propos de la bataille de Buzenval.

M. le général Pélissier. — Je viens de lire, il y a un instant, dans un journal, la conversation que l'on me prête. Elle remonterait au 30 mars 1871. J'éprouvais alors la surexcitation que bien des personnes ressentaient également au sujet des graves et malheureux événements de cette époque. Mon langage a pu être animé; mais mes souvenirs ne sauraient me rappeler les paroles que j'ai prononcées à cette occasion.

Cependant je dois dire que je n'ai en aucune façon rien avancé qui puisse porter atteinte à l'honneur ou au caractère du général Trochu. J'ai pu émettre des opinions générales : j'ai dit que le général Trochu ne croyait pas à la défense de Paris, à son succès; que cela avait pu se traduire dans la direction imprimée aux opérations militaires; qu'il y avait eu peut-être gaspillage de nos forces vives, parce qu'il n'y avait pas eu unité dans leur mise en œuvre. Voilà ce que j'ai pu dire. Quant aux propos qui me sont prêtés et que je viens de lire, je ne les ai pas tenus. J'ai dit, dans la conversation, que le général Trochu considérait le succès de la défense comme impossible, qu'il croyait que le sang qui serait versé serait inutilement répandu.

Quant à Buzenval, j'ai exprimé le regret qu'à une certaine heure de la journée, au moment où l'on était repoussé du côté de la Maison du Curé, on n'ait pas fait avancer une partie de l'armée restée inactive, les réserves qui étaient là. Voilà, je crois, ce que j'ai dit.

Quant à en préciser les termes, je ne saurais le faire, et je crois que la personne qui a provoqué mon intervention dans ces débats est elle-même fort mal servie par ses souvenirs.

Me Allou. — Le témoin tutoie-t-il le général Trochu?

M. le général Pélissier. — Non: j'ai même trouvé cela assez bouffon. C'est là ce qui prouve que la personne qui m'a fait appeler est dans l'erreur.

Me Lachaud. — La personne qui a rapporté ces conversations n'a pas affirmé si le témoin avait dit *tu* ou *vous*.

M. de Grave. — J'ai eu le bonheur insigne de rencontrer une des personnes qui se trouvaient avec moi dans le compartiment le jour où le général Pélissier a eu, avec nous, la conversation que j'ai citée. Si la cour désire le faire appeler, c'est M. Casanova, ancien capitaine de la garde impériale.

M. le général Lebrun

Le général a commandé le 12e corps de l'armée de Châlons après M. Trochu.

C'est, selon l'expression d'un militaire, un Chanzy blanchi, Il a la taille, l'allure, le visage du commandant en chef de l'armée de la Loire. Comme son sosie, il s'exprime avec une grande facilité. Seulement il porte des lunettes bleues, ce qui enlève à sa physionomie un peu de sa mâle énergie.

Me Lachaud. — On nous a dit que le témoin était à Châlons au moment de la nomination de M. le général Trochu : pourrait-il nous donner quelques renseignements à ce sujet ?

M. le général Lebrun. — Je suis arrivé au camp de Châlons avec l'Empereur. Le lendemain, il y a eu un conseil, à la suite duquel le général Trochu a été nommé gouverneur de Paris. Je me suis félicité de ce choix; mais j'ai été désapprouvé une autre décision prise également le même jour : celle du retour des mobiles à Paris. J'y voyais un danger. Le général Trochu partit le soir même. Quant à l'armée de Châlons; il avait été décidé qu'elle prendrait la direction de Paris, pour arrêter la marche de l'ennemi.

J'ai entendu dire que le général Trochu avait été l'un des auxiliaires du coup d'État; je n'en crois rien : il y était au contraire opposé. Il quitta à ce moment la position qu'il occupait auprès du général Neumayer.

Me Lachaud. — Nous prouverons qu'il n'est pas un officier de l'armée française qui ait fait sous l'Empire une carrière aussi rapide que le général Trochu. C'était mérité, sans doute; mais le fait est exact.

Me Allou. — Le général a refusé sous l'Empire plus d'honneurs qu'il n'en a reçus.

L'auditoire n'accueille cette supposition de l'honorable défenseur qu'avec des éclats de rire; et M. le général Lebrun continue :

Il y a une question que les camarades de M. Trochu se sont posée : Pourquoi le gouverneur de Paris ne s'est-il pas présenté aux Tuileries le 3 septembre ? Il n'y a personne dans l'armée qui n'y fût allé, surtout après les engagements d'honneur qu'il avait pris. Autre question. Lorsque M. Trochu est sorti le 4, pourquoi, en allant au Corps législatif, ne s'est-il pas arrêté aux Tuileries ? De plus, ayant appris de Me Jules Favre qu'il était trop tard pour défendre le Corps législatif, pourquoi ne s'est-il pas rendu alors aux Tuileries pour sauvegarder l'Impératrice ?

M. le président. — Je crois que vous entrez là dans des détails qui ne vous sont pas personnels.

M. le général Lebrun. — Je dis mon impression.

M. le président. — Nous n'avons à vous demander que ce qui est à votre connaissance.

M. le général Lebrun. — J'ai voulu seulement fournir à M. le général Trochu le moyen de s'expliquer là-dessus; car je croyais qu'il y avait à cela un intérêt au-dessus même du sien, l'intérêt de l'armée tout entière.

Me Lachaud. — M. Trochu a l'avocat le plus éminent du barreau qui nous dira cela bien certainement.

Les trois témoins qui suivent viennent seulement affirmer qu'il résulte de leurs souvenirs que M. le général Trochu était fort opposé au coup d'État de Décembre.

Le premier est le général de Mangon de la Lande, âgé de soixante-dix-neuf ans. Ce témoin ressemble beaucoup à notre regretté Paul de Kock.

M. Lacroix Saint-Ange, colonel d'état-major en retraite, lui succède, et est bientôt remplacé à la barre par M. le général de Place, chef d'état-major du 1er corps.

Ce dernier ajoute qu'après le 2 Décembre, le colonel Trochu était en disponibilité, et qu'il n'a accepté les fonctions de directeur du personnel à la guerre que sur l'ordre du maréchal Saint-Arnaud, ministre à cette époque.

M. le général Gaubert de Genlis

Ce témoin, âgé de cinquante-sept ans, et qui n'en paraît guère plus de quarante, rapporte à la cour que le général Trochu a refusé un jour 20,000 fr. que l'Empereur lui avait envoyés après la mort de son frère, dont il avait recueilli la nombreuse famille.

Me Lachaud. — M. le général Gaubert pourrait peut-être compléter sa déposition en nous disant, ce qui honore tout à la fois l'Empereur et le général Trochu, si Sa Majesté n'est pas parvenue à remplacer par un don utile l'offre des 20,000 fr.

M. le général Gaubert. — C'est vrai; l'Empereur a fait donner un bureau de tabac dans Paris à la veuve du frère du général.

M. l'amiral Jurien de la Gravière.

L'amiral excite un vif mouvement de curiosité. On est encore tout plein du souvenir de la déposition d'hier, dans laquelle M. Henri Chevreau a rendu hommage à son dévouement, à son énergie.

M. Jurien de la Gravière a cinquante-neuf ans. Il est de taille moyenne, mince, nerveux. Il a les cheveux gris, et porte un collier de barbe blanche. Sa parole est lente, nette, claire. Il trouve facilement l'expression juste.

Le vaillant marin rapporte dans quelles circonstances le général Trochu refusa le ministère de la guerre. Le général voulait débuter par une sortie violente contre les institutions militaires de l'Empire, et l'amiral Jurien lui fit observer que, si telles étaient ses intentions, il était préférable qu'il refusât le ministère.

Mᵉ Allou. — Le témoin a assisté à l'entretien qui a eu lieu entre le général Trochu et l'Impératrice dans la nuit du 17 au 18 août. Je désirerais qu'il nous dise dans quelles circonstances cette entrevue a eu lieu.

R. Je fus réveillé à trois heures du matin, par la nouvelle du retour de l'Empereur à Paris. Je ne pus y croire. Pour nous, son poste était à la tête de ses troupes ; nous savions que, dans une grande bataille, Sa Majesté tiendrait bien sa place. L'Impératrice était de cet avis, et elle fit part à M. le général Trochu de la dépêche qui annonçait le succès de la bataille de Rezonville. Le général comprit et n'insista plus sur le retour de l'Empereur.

A ce moment, M. le vice-amiral Jurien de la Gravière est tellement ému, qu'il est obligé de s'arrêter quelques instants. La plus vive sympathie du public accueille cette émotion si naturelle. Il parvient enfin à se rendre maître de lui, et il continue :

Lorsque Sa Majesté vit qu'on renonçait à faire revenir l'Empereur, elle en fut bien heureuse et elle reprit tout son courage.

Mᵉ Allou. — Le témoin ne sait-il pas que l'Impératrice a parlé de rappeler les princes d'Orléans ?

M. l'amiral Jurien de la Gravière. — C'est vrai : l'Impératrice a pensé qu'au moment où l'on mettait à la tête de Paris un homme populaire, il serait d'une bonne politique de rappeler en France les princes d'Orléans, dont elle avait toujours regretté l'exil.

Mᵉ Allou. — M. le général Trochu a-t-il, à l'égard de sa nomination, pressé l'Impératrice comme on l'a dit ?

M. l'amiral Jurien. — Non, je ne m'en suis pas aperçu. Je n'ai vu que l'hésitation de M. Chevreau, qui n'avait pas la même confiance que moi.

Mᵉ Lachaud. — M. l'amiral Jurien ne sait-il pas que M. le général Trochu a souvent protesté de son dévouement à l'Impératrice ?

L'amiral Jurien. — Certainement.

Mᵉ Allou. — Je tiens à faire constater qu'après le départ de l'Impératrice, M. l'amiral Jurien s'est présenté au Louvre chez le général Trochu.

M. l'amiral Jurien de la Gravière. — C'est vrai.

Mᵉ Allou. — Et que ces bons rapports ont continué.

M. l'amiral Jurien de la Gravière. — Oh ! mon Dieu, le dernier mot de l'Impératrice à été celui-ci : «Restez pour défendre le pays.» Je n'ai vu alors dans M. le général Trochu que le gouverneur de Paris, qui devait nous aider à repousser l'étranger.

M. le général Bertaut.

Le général, qui commandait à Châlons les mobiles de la Seine, s'avance à la barre. Il est grand et gros. C'est un de nos plus jeunes généraux de division. Il s'exprime avec une grande facilité.

D'abord il s'étend longuement sur ce qu'il eût fallu faire pour défendre le camp de Châlons, puis sur le parti qu'on aurait pu tirer de la garde mobile.

C'est à la suite de cette conversation, poursuit le général Bertaut, que l'Empereur jugea convenable de faire rentrer la garde mobile à Paris, où elle serait en excellente situation pour se rendre utile : car à Paris elle aurait à défendre ses foyers. Il m'en donna l'ordre, et je partis avec mes hommes.

Une discussion s'élevant à ce moment entre Mᵉ Allou et Mᵉ Lachaud, à propos des armes que possédaient ces mobiles, M. le comte de Palikao est rappelé, et l'honorable général affirme que les armes nécessaires aux mobiles avaient été expédiées à Châlons. Il ajoute que l'ordre verbal de l'Empereur n'eût pas été suffisant pour autoriser leur retour à Paris, et que M. le général Bertaut aurait dû demander un ordre écrit.

M. le général Palikao revient ensuite sur sa déposition d'hier ; il la retrace avec une grande exactitude, et termine en disant que depuis longtemps il n'a eu aucun rapport, ni par écrit ni verbalement avec le général Trochu.

Cela déclaré, M. le comte de Palikao se retire, et M. Bertaut donne encore quelques explications sur le retour des mobiles à Paris, retour que l'Empereur aurait jugé utile, selon M. le général Bertaut, mais très regrettable, au contraire, selon M. le maréchal de Mac-Mahon. Celui-ci revient devant la cour pour affirmer de nouveau que, selon lui, ce retour a été imposé à l'Empereur par le général Trochu.

Mᵉ Mathieu appuie cette affirmation par la lecture des premiers mots de la proclamation du général Trochu aux mobiles « J'ai demandé votre retour à Paris parce que c'était votre droit, » et tout l'auditoire applaudit à cette citation si complétement démonstrative.

Mᵉ Allou. — M. le général Bertaut a-t-il vu le général Trochu embrasser l'Empereur ou le lui demander ?

Le général Bertaut : — Je n'ai rien vu de semblable.

M. le général Schmitz

Dès les premiers mots du général, on éprouve une désillusion sur les bancs de la presse. M. Schmitz ne s'appelle pas Paul-Oscar, comme on le croyait généralement, mais Pierre-Isidore. Il est âgé de cinquante et un ans et a l'air d'un jeune homme. Son épaisse chevelure noire, sa démarche élégante, sa vivacité d'allures, sa voix claire et sonore, tout contribue à faire l'illusion.

Et pourtant M. le général Schmitz a plus de trente ans de rudes services. Il a été, en Chine, le second du général Cousin-Montauban et a montré, dans cette fantastique campagne, autant de bravoure que de coup d'œil.

Il commence sa déposition par une longue étude sur le camp de Châlons, puis il parle de l'arrivée de l'Empereur. C'est à ce moment que le prince Napoléon lui demanda si l'Empereur pouvait rentrer à Paris. M. Schmitz fut d'un avis absolument contraire ; et le soir il assista à la discussion qu'il y eut entre l'Empereur et le général Bertaut à propos du sort des mobiles. Ceux-ci ne paraissaient pas devoir tenir en rase campagne, et l'Empereur jugea que leur véritable place était à Paris, où le désir de défendre leurs foyers leur donnerait l'énergie nécessaire.

M. Schmitz raconte ensuite comment il a cru devoir dire à l'Empereur toute la vérité sur la situation de la France, et comment, à la suite de ces explications, le retour de l'Empereur à Paris, ainsi que celui des mobiles, fut décidé.

Quant aux embrassades dont on a parlé, pourquoi auraient-elles eu lieu, dit-il, puisque nous devions nous retrouver tous le lendemain ? Nous nous sommes quittés courtoisement, ainsi que cela se passait toujours.

Mᵉ Allou. — Le témoin pourrait sans doute nous donner quelques détails sur la façon dont M. le général Trochu a rédigé sa proclamation au peuple de Paris et sa conversation du 17 août avec l'Impératrice?

M. Schmitz. — C'est en chemin de fer que M. le général Trochu a commencé à rédiger sa proclamation ; il m'en lut la première ligne : « Je suis nommé gouverneur de Paris. » Je l'arrêtai en lui disant : Mais pardon, mon général ! c'est l'Empereur qui vous a nommé, et vous devez le dire.

— C'est vrai, me répondit le général avec sa bonhommie habituelle, et il corrigea la proclamation pour mettre : «L'Empereur m'a nommé gouverneur de Paris.» Quant à la conversation de M. le général Trochu avec l'Impératrice, je n'en puis rien dire : je suis resté dans un salon voisin et n'y ai pas assisté.

M. le général Schmitz, ensuite, pour répondre aux nombreuses questions qui lui sont adressées, retrace avec une grande vivacité le rôle de M. le général Trochu dans les journées des 3 et 4 septembre, et il le défend tout naturellement avec une grande énergie, si grande même que le public témoigne souvent par ses manifestations qu'il ne partage pas l'enthousiasme de M. le général Schmitz pour le général Trochu.

On vint nous annoncer, dit-il, que le général Trochu était demandé à l'Hôtel de ville. On parlait déjà du drapeau rouge arboré sur ce palais. Il me dit : Adieu, mon cher ami, je ne sais pas si nous reverrons, mais je vais aller faire le Lamartine là-bas !

M. le général Schmitz ne connaît rien des scènes tumultueuses dont a parlé M. Pietri, et qui auraient eu lieu devant l'hôtel du gouverneur.

Mᵉ Allou, au témoin. — Pourquoi et comment a eu lieu la bataille de Buzenval?

M. le général Schmitz. — L'affaire de Châtillon avait donné lieu à une conférence devant 27 ou 28 généraux de division présents à Paris.

Il régnait, au sujet de cette affaire, une certaine opposition ; et, à la suite de la discussion qui s'éleva à cet effet, on décida que l'effort se ferait sur Buzenval. Il fallait que cet effort se fît : on ne pouvait le refuser à des hommes dont les maisons pouvaient être menacées du pillage.

M. Pietri, rappelé à la demande de Mᵉ Lachaud, confirme sa déposition d'hier, ainsi que les mots adressés à la foule par le général Trochu : « Le peuple sera bientôt armé et fera sa police lui-même. »

Mais M. le général Schmitz, sans mettre un instant en doute la parole de M. Pietri, dit que tout ce récit n'est qu'un rapport de police dans lequel il n'a aucune confiance ; puis il termine par une déclaration très nettement articulée de son respect pour l'Empereur et de sa foi pleine et entière dans l'honneur du général Trochu.

Si je n'étais certain du général Trochu, dit en finissant M. le général Schmitz, je ne serais pas ici pour le défendre, mais au contraire, pour l'accuser.

Ces mots à effet terminent cette première partie de l'audience, qui, à ce moment, est suspendue pour vingt minutes.

———

Pendant la suspension, on improvise, dans la salle des accusés — détenus — inoccupée en ce moment, — un buffet suffisamment approvisionné. Les dissentiments politiques s'effacent, les haines s'apaisent pour un instant, et juges, jurés, accusés, témoins, avocats et reporters, ne songent plus qu'à déjeuner. Toutefois, les jurés restent enfermés conformément à la loi. L'autorité suprême est à la petite table.

Dans la salle d'audience, l'immense tribune des accusés, occupée par les avocats en robes, est en proie à l'anarchie : on se dispute les places avec une ardeur que la rentrée de la cour suffit seule à calmer.

Reprise de l'audience

Mᵉ Lachaud. — Il y a un point que je désire préciser : l'heure à laquelle le général Trochu est sorti en uniforme du Louvre.

Je prie M. le président de rappeler M. Busson-Billault.

M. Busson-Billault. — J'affirme de nouveau ce que j'ai dit hier. Je venais de quitter l'Impératrice qui s'éloignait des Tuileries, il y avait dix minutes, un quart d'heure, pas davantage. Il devait être trois heures et demie environ.

De ma fenêtre, j'ai vu à ce moment M. le général Trochu, dont je connais les traits depuis douze ans, Il était entouré d'un état-major et précédé de gardes mobiles qui criaient : Vive Trochu! vive la République! A ces acclamations, le général répondait par des saluts, et je l'ai vu suivre la rue de Rivoli, puis prendre la rue Castiglione. Je l'ai raconté le soir à plusieurs députés. Il y a en ce moment dans l'auditoire une personne qui a vu ce que j'ai vu et ce que je maintiens, M. Wachter.

M. Wachter, homme de lettres, ancien chef d'état-major de la garde mobile, confirme cette déposition. Il déclare en outre que le général Trochu a dit au général Schmitz qu'il était très ennuyé des manifestations faites par les mobiles dans les rues de Paris.

Sur la demande de Mᵉ Lachaud, M. Rouher vient confirmer le fait du rassemblement, le 3, devant l'hôtel de M. Trochu, au sujet duquel il s'est rendu au ministère de la guerre.

Je me rappelle à ce sujet, dit M. Rouher, un des souvenirs les plus douloureux de ce temps. Le 3 septembre, j'ai eu à dîner un de mes amis, M. le commandant Saillard, qui est mort depuis, à la tête d'un de ces bataillons de mobiles, dans la lutte contre les Prussiens. M. Saillard exprima les appréhensions les plus douloureuses sur le rôle que pouvait jouer cette troupe, dans les circonstances terribles qui s'annonçaient.

M. Lair

M. Lair se déclare sous-directeur des entrepôts et magasins de Paris. Il omettait avec modestie, et Mᵉ Allou le fait remarquer, son titre de capitaine de la garde mobile attaché à l'état-major du gouverneur.

Mᵉ Allou. — Dans la soirée du 3 septembre, y a-t-il eu des scènes violentes à l'hôtel du gouverneur? et quelle a été l'attitude du général Trochu à ce moment?

M. Lair. — A six heures du soir, M. le général Trochu était sorti lorsqu'arriva la nouvelle du désastre de Sedan, que M. Schmitz reçut le premier La foule était déjà très compacte devant l'hôtel.

Vers neuf heures, la manifestation devint si considérable qu'on crut bon d'adresser quelques mots à la foule et de l'autoriser à envoyer des délégués qui seraient admis auprès du gouverneur. Il est entré dix à quinze personnes, parmi lesquelles beaucoup d'officiers de la garde nationale. Ces personnes étaient très exaltées. Elles dirent au général qu'il n'y avait plus d'espoir qu'en lui, qu'il fallait qu'il se saisît du pouvoir, qu'il prît la dictature. En même temps on criait au dehors : Trochu dictateur! vive Trochu!

Le général leur répondit qu'il n'entendait pas se laisser dicter de ligne de conduite; que, s'ils parlaient de liberté, ils devaient commencer par respecter la sienne.

On lui annonça une manifestation en armes, parce qu'on avait blessé des personnes sur les boulevards. Le général répondit qu'on ne devait pas prendre d'armes : car cela pourrait amener des conflits. Les officiers se retirèrent.

Voilà tout ce que je sais sur la manifestation du 3.

Mᵉ Allou. — Le témoin sait-il quelque chose de la sortie du général Trochu, se rendant, le 4, au Corps législatif?

M. Lair. — Le général est sorti avec deux ou trois officiers seulement. Il y avait une grande foule. Le général a été séparé d'un des officiers, M. Brunet. Je suis moi-même sorti dans la cour des Tuileries, où il y avait une foule énorme.

Mᵉ Allou. — A quelle heure le général serait-il monté à cheval?

M. Lair. — Autant que je le crois, cela devait être vers deux heures et demie ; mais je n'ai pas pensé, à ce moment, à prendre l'heure.

Mᵉ Allou. — En tout cas, le général était sorti par les quais, et non pas par la rue de Rivoli, vers la rue de Castiglione?

M. Lair. — Nullement. Il a traversé la place du Carrousel, et c'est là que la foule l'a séparé du capitaine Brunet.

Mᵉ Allou. — Le témoin sait-il dans quelles circonstances le général Trochu a fait la proclamation dans laquelle il a déclaré que le gouverneur de Paris ne capitulerait pas?

M. Lair. — C'était, je crois, vers le 5 ou le 6 janvier dans la matinée. M. le préfet de police est arrivé très préoccupé. Il y avait, paraît-il, une grande agitation à Belleville, par suite d'une affiche qu'on appelait l'affiche rouge, et qui était signée de plusieurs des futurs membres de la Commune.

M. Cresson pensait qu'une proclamation du gouverneur pouvait aider à calmer les esprits. Il sortit du cabinet du général un instant après, porteur du texte de la proclamation dans laquelle se trouvait ces mots : « Le gouverneur de Paris ne capitulera pas. »

Mᵉ Allou. — Pensez-vous que ce soit à l'occasion des faits de Buzenval que le général Trochu a donné sa démission?

M. Lair. — Je crois savoir que le général n'a pas donné sa démission. On a exigé son départ. Il y a eu même une première réclamation dans ce sens-là.

M. L.-A. Brunet

M. Louis-Arthur Brunet, 35 ans, capitaine d'état-major, a une singulière façon de déposer. Tout son récit ressemble à une leçon apprise par cœur et débitée sur un ton uniforme. A chaque question de Mᵉ Allou, il abandonne un instant ce débit monotone, puis cherche le joint. Quand il l'a trouvé, il reprend sa psalmodie.

Tenue excellente du reste. On ne peut accuser M. Louis-Arthur Brunet que d'un excès de déférence pour la justice, à laquelle il pense sans doute qu'il ne faut pas parler avec sa voix ordinaire.

M⁰ Allou lui adresse les mêmes questions qu'au témoin précédent, et M. Brunet lui fait des réponses analogues. Il n'y a que le diapason qui diffère. Suit un incident.

M⁰ Allou. — Le 4 septembre, n'y a-t-il pas eu des adieux de M. le général Trochu à ses officiers?

M. Brunet. — Voici les paroles textuelles que nous a adressées M. le général Trochu. Il a réuni les trois officiers de son entourage intime : MM. Nicolas Bibesco, Febvre et moi. Il nous a dit textuellement : « Vous êtes tous les trois mes amis, des maris, des pères de famille. Je ne me sens pas le droit de vous entraîner avec moi dans le gouffre où je vais être précipité, sans vous donner les moyens d'en sortir.

» Vous savez dans quelle situation nous sommes ici, en présence d'un bouleversement de la société et dans des conditions très différentes d'autrefois pour défendre Paris. Ce que je vais tenter est un effort effroyable, dans lequel je suis assuré de périr, et je ne veux pas vous y engager avant de vous donner un moyen honorable de vous en délivrer. »

Quoique ce discours n'ait rien d'académique, M. le général Trochu le reconnaît comme exactement reporté : car ce souvenir lui arrache des larmes.

Le témoin termine sa déposition en combattant la déclaration de M. Busson-Billault.

M. le général Soumain.

M. le général Soumain, âgé de soixante-sept ans, est un homme fort honorable, qui pousse la sincérité jusqu'à l'aveu de ses fautes.

Il reconnaît qu'il adressait ses situations journalières à M. le général Trochu. Le 3 septembre, il a reçu les ordres de M. le comte de Palikao, ministre de la guerre, qui lui prescrivait de ne recevoir d'instructions que de lui. Le général Soumain remet la lettre du ministre à M. le président Legendre, qui en donne lecture en vertu de son pouvoir discrétionnaire.

Général,

Je sais d'une source certaine qu'une manifestation se prépare pour ce soir dans Paris. Cette affaire étant entièrement en dehors de la défense, veuillez me faire savoir directement les mesures que vous aurez prises pour assurer la tranquillité publique. Vous recevrez également mes ordres directs pour la répression des désordres, s'il s'en produit.

Le général Mellinet sera également prévenu par vous qu'il sera à votre disposition avec les dépôts de la garde.

Agréez, etc.

COMTE DE PALIKAO.

M. le général Soumain explique alors le mécanisme de la correspondance entre les officiers généraux.

M. de Palikao interrompt les débats, à la demande de M⁰ Lachaud, et répète, de la manière plus nette, qu'il s'est adressé au général Soumain, parce qu'il n'avait

reçu aucun rapport du général Trochu. Il fait reconnaître au général Soumain qu'il était fautif comme le général Trochu, en n'adressant pas à ce dernier un rapport sur les événements qui se passaient dans la capitale, — rapport que le général Trochu eût dû envoyer à son tour au ministre.

M⁰ Allou. — M. le général Soumain reconnaît-il qu'il y ait eu là une irrégularité de sa part ?

M. le général Soumain. — Je crois que c'était une irrégularité, parfaitement.

La déposition du général de Malroy, qui vient ensuite, ne fait que confirmer celle du général Soumain.

M. le général de Chabaud-Latour.

Edme-François-Henri , baron de Chabaud-Latour, soixante-huit ans, général de division, président du comité des fortifications, membre de l'Assemblée nationale.

Telle est la déclaration du témoin suivant, qui parle haut et ferme, et déclare que M. le général Trochu n'a nullement sollicité la présidence du comité de défense, qui pourtant lui revenait de droit; qu'il a trouvé toujours en lui un ferme soutien pour les mesures à prendre pour la défense , mesures que l'honorable témoin énumère longuement.

Dans ce comité, dit le témoin, M. Thiers, M. le général Trochu, M. Jérôme David et moi, nous avons insisté de la manière la plus vive, je dirai presque avec les larmes aux yeux, pour que l'armée du maréchal de Mac-Mahon revînt de Châlons à Paris.

Nous avions la confiance que, dans ces conditions, Paris aurait pu être indéfiniment défendu.

M⁰ Allou. — Ainsi donc, M. le général Trochu s'est associé à ce sentiment ?

Et l'avocat se tourne vers son client, qui est en proie à l'émotion la plus vive.

Le général de Chabaud-Latour. — Dans la nuit du 7 au 8 août, cette nuit fatale où l'on a reçu à Paris la nouvelle des batailles de Reischoffen et de Forbach, nous fûmes appelés aux Tuileries devant l'Impératrice. Le général Trochu y était avec nous et tous les chefs d'armée.

L'Impératrice tint le langage le plus noble, le plus digne, et je regarde comme un devoir sacré de lui rendre ce témoignage. Elle nous dit : « Messieurs, il ne s'agit pas de sauver l'empire; il s'agit de sauver la France. » L'état de siège fut décidé.

J'ai toujours trouvé chez le général Trochu le concours le plus entier pour tous les travaux que j'ai été appelé à diriger.

Après cette déposition, MM. Emile Keller et Charles de la Monneraye viennent déclarer que, pendant les derniers jours de l'Empire, ils sont allés plusieurs fois chez le général Trochu pour demander des nouvelles, comme le faisaient beaucoup de députés de toutes les fractions de la Chambre. Ils ne se sont pas aperçus qu'il y ait eu des conciliabules entre le gouverneur et plusieurs membres de l'opposition.

M. Jules Favre.

Cette déposition est une des plus importantes de celles qui ont été entendues dans l'audience d'hier.

Nous ne sommes pas suspect de sympathies exagérées pour M. Jules Favre; mais nous croyons devoir recommander la lecture de sa déposition, toute de sentiment et de nuances, et qui précise nettement le rôle de M. le général Trochu à l'Hôtel de ville.

Me Allou. — Nous n'avons que deux questions à adresser au témoin. Le témoin sait dans quelles circonstances une contradiction apparente s'est manifestée entre le langage tenu à la Chambre par le général Trochu, et un passage du volume qui a été publié par M. Jules Favre sur les événements.

M. le général Trochu prétendait qu'il n'avait pas connu M. Jules Favre avant la rencontre qu'il en avait faite au pont de Solférino; et M. Jules Favre a rappelé plus tard qu'il avait conservé un souvenir très vif de l'entrevue qu'il avait eue avec M. le général Trochu à une époque antérieure au 4 septembre.

Je le prie de vouloir bien nous dire dans quelles circonstances elle a eu lieu, si elle a été précédée ou suivie par d'autres, et si M. le général Trochu ne pouvait pas penser l'avoir vu le 4 septembre pour la première fois. Je lui pose de suite la seconde question : savoir dans quelles conditions M. le général Trochu a quitté le gouvernement à l'Hôtel de ville, annonçant qu'il allait se présenter chez M. le ministre de la guerre pour dégager sa liberté, avant d'accepter la position qu'on lui proposait.

M. Jules Favre. — Ma réponse, monsieur le président, sera très simple. Je n'ai pas à m'expliquer sur les causes qui ont pu effacer des souvenirs de M. le général Trochu la visite que j'ai eu l'honneur de lui rendre. M. le général Trochu l'a reconnu lorsque je lui ai rappelé qu'il avait involontairement commis une erreur; mais cette erreur peut s'expliquer par cette raison que je n'ai pas eu l'honneur de voir M. le général Trochu seul.

Dans la situation où nous étions,—c'était, je crois, vers le 20 août — il était tout naturel que, comprenant trrs bien la gravité des dangers qui nous menaçaient, nous nous missions en rapport avec un homme qui, par ses antécédents, par son caractère, par son autorité et surtout par sa réputation, très légitime, de loyauté, devait nous inspirer une entière confiance.

Je me suis donc entendu avec deux de mes collègues ; à ces deux collègues se sont adjointes des personnes honorables de Paris, et, si je ne me trompe, nous étions six, ou sept, ou huit ; je ne me rappelle pas bien exactement le nombre. Nous nous sommes rendus chez M. le général Trochu, après l'avoir prévenu cependant. Nous comprenions très bien qu'étant fort occupé, il ne fallait pas qu'il fût pris à l'improviste, et l'un de nous, ce n'est pas moi, avait écrit à M. le général Trochu.

J'ai eu connaissance du billet écrit à M. le général Trochu ; mais très certainement ce billet ne lui nommait pas les personnes qui devaient se rendre chez lui. C'étaient des députés, c'étaient des bourgeois de Paris. Nous avons été reçus ; la conversation a été générale. Je ne connaissais pas M. le général Trochu, et je ne l'ai vu que cette fois avant le 4 septembre. Nous avons causé de la situation de Paris. Vous savez fort bien qu'à cette époque nos armées avaient déjà subi des désastres trop connus, et il était très naturel qu'on s'attendît à de nouveaux périls.

C'est là-dessus que la conversation s'est engagée. Je ne pense pas que M. le général Trochu que la cour et MM. les jurés désirent que je m'en explique ici : cette conversation est publique aujourd'hui.

Me Allou. — Il y a eu à cette date une espèce de manifeste d'adresse, signée par des électeurs des 3e et 4e arrondissements, sont-ce ces électeurs qu'accompagnait M. Jules Favre ?

M. Jules Favre. — En aucune façon. Nous nous sommes présentés chez M. le général Trochu pour connaître son opinion sur la situation de Paris, qui nous inquiétait très fort ; et à ce moment, M. le président, vous pouvez vous le rappeler, il y avait une très grande scission dans l'opinion de Paris : il y avait beaucoup de gens qui affirmaient qu'ils ne se défendraient pas si l'Empereur restait à la tête des affaires. C'était là, pour nous, un très grave sujet d'inquiétudes, vous le comprenez très bien ; et j'ai toujours, pour ma part, très énergiquement réclamé qu'il ne conservât pas le commandement de l'armée : car j'étais convaincu que son commandement perdait la France.

Je l'ai dit dans nos bureaux : « Si nous engageons la guerre, nous serons battus : car nous n'avons pas d'alliance, et vous abandonnez le commandement à un homme profondément incapable de conduire une armée ! »

Je voulais connaître l'opinion du général, et c'est sur ce sujet si grave et si digne d'intéresser les patriotes que nous nous sommes expliqués avec M. le général Trochu.

Me Allou. — Quelles sont les personnes qui ont accompagné le témoin ?

M. Jules Favre. — Je les connaissais, mais je n'ai pas retenu tous les noms. Il y avait M. Tirard, M. le docteur Montanier, M. Ferry et M. Picard. Voilà les personnes que je me rappelle avoir accompagnées.

Me Allou. — M. Jules Favre voudrait-il répondre à la seconde question que je lui ai adressée ?

M. Jules Favre. — Sur ce point, mes souvenirs sont moins fermes. M. le général Trochu est venu à l'Hôtel de ville. Il nous a dit qu'il se rendait au ministère de la guerre, ce qui était tout simple, mais je ne me rappelle pas que ceci ait été une condition de son acceptation des fonctions qui lui ont été offertes.

Me Allou. — Mais en se présentant à l'Hôtel de ville, M. le général Trochu n'est pas resté sans interruption ; il est arrivé, il est reparti ?

M. Jules Favre. — M. le général Trochu est arrivé à l'Hôtel de ville ; il y a fait une déclaration ; cette déclaration, nous l'avons acceptée et à partir de ce moment, je le déclare ici, j'ai considéré M. le général Trochu comme président du gouvernement qui était établi.

Mᵉ Allou.— M. le général Trochu est venu une première fois à l'Hôtel de ville; il a demandé à voir le ministre de la guerre et s'est retiré.

C'est la seconde fois qu'il est revenu qu'il aurait posé au gouvernement, qui s'était complété par l'adjonction de M. Rochefort, cette question : « Vous promettez de défendre la religion, la famille et la propriété ? »

M. Jules Favre. — Je ne crois pas que ceci se soit ainsi passé; mais mon attention n'y a pas été spécialement appelée. Je ne connais qu'un fait, celui-ci : M. le général Trochu est venu à nous dans les conditions que je n'ai pas besoin de rappeler; et c'est à ce moment que le général Trochu, quand ses conditions ont été acceptées, s'est rendu à la guerre, comme M. Picard à l'intérieur, comme d'autres se sont rendus dans les différents ministères.

Mᵉ Lachaud. — Nous sommes parfaitement d'accord avec le livre de M. Jules Favre.

Vient ensuite M. le lieutenant-colonel Usquin, qui fait une déclaration en tout conforme à celle de M. le capitaine Brunet. Il a toutefois suivi seulement de ses regards le général Trochu dans sa sortie du 4 septembre.

M. Paulet

Le témoin est revêtu de l'habit noir de cérémonie, et il arbore une solennelle cravate blanche. Il est commissaire de police de la ville de Paris, et, en cette qualité, il était attaché au cabinet de M. Trochu quand celui-ci était gouverneur de Paris.

Mᵉ Allou.—Ce que nous voudrions apprendre du témoin, c'est ce qu'il sait sur les conciliabules qui auraient eu lieu au Louvre, aussi bien que sur les mouvements tumultueux qui s'y seraient produits.

M. Paulet. — J'ai été désigné par M. Pietri le 25 août. Ma surveillance s'arrêtait au seuil de la demeure du gouverneur; j'ai vu les rassemblements qui se sont produits devant l'hôtel; j'ai vu beaucoup de gens y arriver en voiture, mais c'est tout. Ma préoccupation était de maintenir l'ordre à l'extérieur et de veiller à la sûreté du général.

Mᵉ Allou. — Le témoin a-t-il vu le général Trochu au milieu des rassemblements ou des députations?

R. J'ai vu, dans la soirée du 3 septembre, une députation d'officiers de la garde nationale qui ont été reçus, et aussi une autre députation ou plutôt un flot de population qui amenait un garde mobile, ou un fantôme de garde mobile blessé. Le gouverneur a adressé quelques mots à la foule; il lui a dit qu'on rendrait justice.

Mᵉ Allou.—Les cris de : la déchéance! ont-ils été prononcés.

M. Paulet. — Ils ont été prononcés principalement dans la rue.

Mᵉ Allou. — Est-ce le témoin qui a adressé un rapport à M. Pietri au sujet des paroles du général Trochu ?

M. Paulet. — Je me rappelle que le général a dit : La garde nationale sera armée.

M. l'amiral Fourichon

Tout le portrait de Berlioz. M. l'amiral Fourichon a une épaisse chevelure gris-pommelé et porte très gaillardement ses soixante-un ans.

On se souvient que l'amiral fut nommé ministre de la marine au 4 septembre. Il ne put arriver à Paris avant l'investissement et alla joindre à Tours la délégation du gouvernement de la défense.

Mᵉ Allou. — Lorsque le général Trochu a été appelé au gouvernement de Paris, M. l'amiral Fourichon reçut de lui une lettre et des communications dont je lui demanderai de donner connaissance à la cour.

M. l'amiral Fourichon. — J'étais, dans la mer du Nord, commandant en chef l'escadre, chargé de bloquer les ports allemands de cette mer, lorsque je reçus, en date du 5 septembre, la lettre du général Trochu. La voici :

M. le président donne lecture de cette lettre; elle est ainsi conçue :

Paris, 5 septembre 1872.

Mon cher ami,

Les événements se succèdent autour de nous, terribles et inévitables, créant à chacun des périls et des devoirs qui passent toute prévision et toute proportion. Voilà comment, à la veille d'un siége, qui sera sans précédent dans l'histoire des siéges et que de grands efforts n'ont qu'incomplétement préparé, je me trouve à la tête d'un gouvernement républicain. Le sentiment unanime de ce gouvernement a été pour la résistance.

Il n'est plus permis à aucun de nous de choisir la voie et le genre de fin qui lui conviendrait. Votre dévouement aux intérêts de la patrie, et je crois aussi votre dévouement à un vieil ami dont vous trouverez quelque satisfaction à partager la fortune, vous conduiront à accepter la destinée que je vous offre.

Mille amitiés.

TROCHU.

Après cette lecture, M. l'amiral Fourichon poursuit sa déposition en ces termes :

Quelques regrets que j'éprouvasse à quitter le commandement de l'escadre, je ne pouvais pas répondre par un refus à un appel fait dans ces termes par un homme en qui j'ai toujours vu le modèle de l'honneur dans la vie publique et de la vertu dans la vie privée. Je n'hésitai donc pas; et ce ne sont pas les accusations dirigées aujourd'hui contre le général Trochu, accusations aveugles ou intéressées, qui peuvent altérer mon respect pour son caractère et ma vieille amitié pour sa personne.

M. le président.— La défense a-t-elle quelques observations à présenter?

Mᵉ Lachaud. — Oh! je n'ai rien à dire, c'est un ami qui parle.

M. R. Brunet

Ce témoin, actuellement chef de bureau au ministère de l'intérieur, était attaché au cabinet du gouverneur de Paris. C'est un homme de trente-cinq ans, qui parle avec aisance et paraît très énergique.

M⁰ Allou. — Je désirerais que le témoin fût interrogé à propos de ces deux cartes permanentes que M. Schneider dit avoir données à M. le général Trochu.

M. R. Brunet. — Je fus attaché dès le 20 août au cabinet du général Trochu. J'avais pour mission de suivre les séances de la Chambre. J'y allais dans l'après-midi. M. le président du Corps législatif avait donné deux cartes. Etaient-elles permanentes? Je ne le crois pas. M. le général Schmitz pourrait renseigner la cour. Le 4 septembre, je fus à la Chambre. Il y avait une très grande affluence aux environs. Au milieu de la séance, nous sortîmes, et ne pouvant rejoindre l'hôtel du gouverneur, nous rentrâmes à la Chambre, où nous restâmes jusqu'au moment de son envahissement. C'est alors que nous sortîmes une seconde fois. Nous prîmes par la berge; et c'est en remontant sur le quai que j'aperçus le général, très pressé par la foule. Je ne pus m'approcher de lui, et je rentrai à l'hôtel du gouverneur, où il revint bientôt lui-même.

M⁰ Allou. — Le témoin a-t-il assisté à ces scènes du 3 septembre, et a-t-il entendu le général Trochu parler à la foule ?

M. Brunet. — Ce jour-là, le gouverneur avait fait une tournée dans les forts; il rentra vers sept ou huit heures. Il y avait dans la rue une foule extrêmement nombreuse qui cherchait à entrer dans la cour de l'hôtel. Le gouverneur en a détaché un de ses officiers, M. Febvre, pour dire à la foule de lui envoyer des délégués. Une quinzaine d'individus sont montés dans le cabinet du gouverneur. Je me souviens qu'ils exprimaient les plus violentes angoisses à propos des événements. Le gouverneur les a calmés, les a engagés à ne pas faire de violences.

Voilà le sens de son allocution. Je m'en souviens parfaitement.

M. Cresson.

M. Cresson est un avocat qui fut quelque temps préfet de police, à un moment où il fallait un bien grand dévouement pour accepter de telles fonctions. C'est, du reste, un homme fort sympathique, et qui a une réputation bien établie d'homme d'esprit.

M. Cresson a la tête fine. Il est blond et son profil rappelle assez celui de l'acteur Montrouge.

M⁰ Allou. - Nous avons à appeler l'attention du témoin sur un seul point : il s'agit de la proclamation qui se terminait par ces mots : «Le gouverneur de Paris ne capitulera pas.»

M. Cresson. — J'ai assisté à une partie seulement du conseil de guerre qui s'est réuni au commencement de janvier. Je n'ai donc entendu qu'une partie des opinions qui y ont été émises. Je me souviens que le général Trochu, répondant aux sentiments de tous, s'écria : «Le général Trochu ne capitulera pas.»

On le remercia vivement, et je me retirai très ému et très glorieux de prendre part à des faits qui se produisaient avec cette déci-

sion et cette vigueur, voyant qu'on était résolu à se battre jusqu'à la dernière extrémité.

Quelques jours après, j'eus l'occasion de revoir le général Trochu. Les bruits de sa trahison et de celle de son entourage, d'abord partis des clubs, étaient partis universels.

Ils étaient sortis d'une presse que tout le monde connaît. Une femme avait même dit dans un club que le général serait assassiné à l'aide d'une bombe Orsini. Je dis tout cela au général Trochu, en lui confiant que ces bruits se répandaient non-seulement dans la garde nationale, mais encore aux avant-postes, et je lui demandai pourquoi il ne faisait pas à la population de Paris la déclaration si ferme qu'il avait faite devant le conseil. J'étais dans son cabinet avec le commandant Bibesco, son aide de camp. Le général prit une feuille de papier; je le priai de réduire sa proclamation à fort peu de lignes, et le général, M. Bibesco et moi, nous avons rédigé en trois lignes cette proclamation, qui fut alors imprimée et publiée.

Cela fait, — le calcul est facile, — une ligne pour chacun des trois auteurs.

M. Vacherot.

M. Vacherot, âgé de soixante-deux ans, membre de l'Institut, député de Paris à l'Assemblée nationale, maire du cinquième arrondissement.

C'est un maître de la parole, qui pourtant, au début, paraît intimidé. Il s'échauffe toutefois par degrés, et, après avoir commencé à la manière de Lafont dans *Montjoie*, il poursuit en imitant — involontairement sans doute, — Chilly dans le rôle de Rodin.

M. Vacherot est un homme d'études. Le travail a creusé sur ses traits ses sillons brûlants. Il a les yeux enfoncés dans leurs orbites, le nez busqué. Il accompagne sa déposition d'un geste de professeur, le pouce et l'index en avant, les trois autres doigts relevés.

M⁰ Allou. — M. Vacherot a connu les réunions dans lesquelles se trouvaient les maires de Paris, et les efforts que ces messieurs ont fait pour obtenir du gouverneur un mouvement militaire. Il s'est trouvé également à une autre réunion où l'on a demandé la démission du général Trochu.

M. Vacherot. — J'ai eu l'occasion de voir M. le général Trochu dans deux circonstances douloureuses. La première fois, c'est à l'occasion des inquiétudes qui se manifestaient sur la manière dont était conduite la défense de Paris. On ne se défiait pas de M. le général Trochu ; mais il semblait que dans son entourage il n'y avait pas cette confiance et cette foi au succès nécessaires pour qu'il fût obtenu. On avait pensé à proposer à M. Jules Favre d'imposer au général une espèce de conseil de surveillance ; je ne dirai pas de direction, à coup sûr, mais un conseil mi-partie militaire, mi-partie civile. M. Jules Favre a répondu à la réunion des maires : Venez avec moi, le général vous donnera les explications que vous désirez. Nous y fûmes, et le général nous fit connaître très éloquemment et avec une grande lucidité la conduite des opérations faites jusque là.

Nous sommes sortis de cette réunion pénétrés de sympathie et d'estime pour le général; mais, je l'avoue, peut-être peu rassurés sur la situation que, du reste, il n'avait pas cherché à nous voiler.

Ceci se passait quinze jours à peu près avant Buzenval.

A une seconde réunion au ministère de l'intérieur, après la bataille de Buzenval, nous trouvâmes tous les maires. Tous comprirent ce dont il s'agissait. Le mot « capitulation » n'a été dans aucune bouche, mais malheureusement il était dans la nécessité des choses.

Le général a fait un récit de la bataille, il a exposé la situation; et, même après ce récit, qui n'avait, à coup sûr, rien d'encourageant, les maires de Paris, à l'unanimité, je crois, étaient d'avis de poursuivre la lutte à outrance. Moi, qui ai l'honneur de parler ici, je suis de ceux qui ont dit que la population de Paris, qui ne savait rien, qui avait encore de ces illusions que la presse a contribuées à répandre, voulait la lutte. Nous étions tous de cet avis: nous voulions qu'un suprême effort fût tenté; mais ni le général, ni M. Jules Favre, ni M. Picard ne partageaient cette opinion.

Nous sentions qu'au premier mot de capitulation la guerre civile éclaterait et que sa conséquence serait l'entrée des Prussiens à Paris.

Le général Trochu, tout en disant qu'il comprenait cela, a déclaré que, pour sa part, il ne pourrait ordonner un carnage qu'il pressentait inutile; et c'est alors que l'un des maires, non pas moi, mais M. Desmarets, a demandé au général de donner sa démission s'il ne pouvait diriger une dernière action.

Le général a dit : Ma démission, non, je ne la donnerai pas. Si le gouvernement trouve un autre général pour tenter un suprême effort, je ferai mon métier de soldat. Quant à ma démission, non : je conserverai mon poste, si douloureux qu'il soit. Il n'est pas dans mon caractère d'échapper à la responsabilité. J'ai conservé mémoire très fidèle de cette dernière réunion et de ces paroles; je m'en souviendrai toute ma vie.

M. Arnaud

A son nom l'honorable député ajoute, — avec une parenthèse dans la prononciation comme dans les écrits, — de l'Ariége, ce qui le distingue des autres Arnault célèbres. Il est maire du 7e arrondissement, député, républicain et catholique.

M. Arnaud (de l'Ariége) est grand, mince, le front fuyant outre mesure, relevé, au-dessus des yeux seulement, en deux petites bosses qui rappellent la fameuse loupe de Garnier-Pagès. Il a sur la tête une sorte d'épais matelas de cheveux blancs, qui descend jusque sur ses épaules : une vraie toison d'argent. La barbe longue est poivre et sel. Le regard est doux comme celui du mouton. Les mains et les pieds sont aristocratiques. C'est par les extrémités que M. Arnaud (de l'Ariége) se recommande au faubourg Saint-Germain qu'il administre.

Il a la voix de l'acteur Tallien dans le *Juif polonais*. C'est le plus croyant des

maires, succédant devant la cour à M. Vacherot, le plus indépendant des libres penseurs.

Me Allou. — Ce que nous demanderons à M. Arnaud, c'est un écho de ces réunions des maires avant et après l'affaire de Buzenval, et la nature de ce dernier combat.

M. Arnaud. — Nous étions fort émus : car la défense ne marchait pas selon les désirs de la population parisienne, et nous avons pensé qu'il serait bon d'obtenir du général Trochu qu'il s'entourât d'un certain nombre d'hommes pour s'en faire une espèce de conseil.

Le général Trochu nous répondit qu'il ne voyait pas trop l'utilité de ce conseil; il a pensé — je parle de la première réunion — qu'il était obligé de garder les éléments qu'il avait sous la main.

On a écarté l'idée des maires, cette bataille a eu lieu; mais je ne sais pas au juste quel est le point sur lequel je dois m'expliquer.

Me Allou. — M. Arnaud a parfaitement répondu à ma première question, sans s'en douter. (Hilarité générale.)

Heureux de cette approbation, M. Arnaud (de l'Ariége) continue :

Quant à la seconde réunion, on y a encore insisté pour obtenir un nouvel effort. On aurait proposé de faire sortir la population avec le gouvernement au milieu d'elle.

Malgré l'insuccès de la bataille de Buzenval, le moral de la population n'était pas abattu, et cependant on commençait déjà à soupçonner que les vivres manquaient. Nous étions un peu dans la confidence du gouvernement: car c'était nous qui étions chargés de nourrir la population par le rationnement.

Nous savions que nous ne pouvions tenir longtemps, mais nous ne laissions percer qu'une partie de la vérité.

Malgré cela, il y avait une telle énergie, un tel ressort, un si grand désespoir, qu'on voulait faire encore une tentative. C'est dans ces dispositions que nous nous sommes mis une seconde fois en rapport avec le général Trochu. Le général commençait peut-être lui-même à manquer de confiance; nous nous en aperçûmes et nous lui conseillâmes de chercher dans les rangs inférieurs quelqu'un qui crût encore à la possibilité d'un suprême effort.

Le général nous répondit : Je n'ai que le personnel que m'a légué l'Empire; mais enfin si vous pouvez trouver dans l'armée l'homme que vous demandez, j'en doute, prenez-le. Je ne vous dissimulerai pas que les généraux m'ont déclaré qu'aucune action n'était plus possible.

C'est ce qui amena pour le lendemain une réunion au ministère de l'instruction publique. Il s'y trouvait quelques officiers. Là plupart critiquèrent ce qui avait été fait; mais ils furent unanimes à regarder comme impossible un dernier effort.

Quant à la démission du général, je dois dire que, répondant toujours aux vœux de la population de Paris, quelques-uns des maires ont supplié le général de se retirer, de donner sa démission. Il a répondu : « J'ai été mis à ce poste par la confiance de la population parisienne, qui, à la suite du 31 octobre, a confirmé les pouvoirs du gouvernement de la défense nationale; je ne puis me retirer au moment où la responsabilité devient complète. » On a vainement insisté, il a toujours refusé.

M. Montagut

Dans la *Cagnotte*, Chambourcy, répondant au magistrat qui lui demande ses nom et prénoms, s'écrie :

— Capitaine des pompiers de la Ferté-sous-Jouarre j'ai donné une pompe à la commune.

Le dernier témoin entendu à cette seconde audience, est le Chambourcy du coup d'Etat.

— Votre nom ? lui dit M. le président Legendre.

— Charles-Gabriel Montagut, âgé de cinquante-sept ans, négociant actuellement, répond-il, mais capitaine d'artillerie, rayé des cadres de l'armée pour refus de service après le 2 décembre...

Il allait continuer, il continuerait encore, si M. le président ne l'interrompait pour le ramener aux formes légales de l'interrogatoire.

M. Montagut doit être prophète, comme le citoyen Jean Brunet. Il a le front dégarni et la barbe inculte, il est maigre et parcheminé. Ce n'est pas pour lui qu'il vient parler, mais pour l'infortuné général Clément Thomas, dont il était le chef d'état-major.

Me Allou. — Nous prions le témoin de nous faire connaître les préparatifs qui ont été faits pour la bataille du Sud, et les conditions sérieuses dans lesquelles elle avait été organisée par M 'e général Trochu : je veux parler de la bataille qui devait avoir lieu à Châtillon, et dont Buzenval a été le théâtre.

M. Montagut — Dans les premiers jours de janvier, j'ai reçu le dispositif d'une bataille pour laquelle je devais livrer 50,000 hommes. Je pris toutes les mesures nécessaires; et, au moment où j'allais remettre aux officiers leurs lettres de service, je reçus de M. Clément Thomas une dépêche ainsi conçue : Affaire ajournée pour motif intéressant la défense nationale.

Je n'ai pas compris de suite les causes de cette dépêche. Je n'avais pas de renseignements à demander ; mais je me doutais bien un peu, à la suite d'un incident auquel j'avais assisté chez le général Vinoy, de ce qui avait pu amener ce contre-ordre.

Me Allou. — Un mot maintenant sur l'affaire de Buzenval, sur les dispositions qui avaient été prises pour la faire réussir, et sur le concours que la garde nationale y a apporté.

M. Montagut. — La garde nationale a été dehors depuis le 3 novembre. Le 21 décembre, elle avait 102 bataillons, et le 22, 117, tant à la bataille qu'aux tranchées. M. le général Trochu n'a pas besoin de mon certificat dans une circonstance pareille.

J'ai eu l'honneur d'assister au conseil de guerre qui a précédé la bataille, et le dernier avis du général a été une adjuration à ses officiers de se servir de la garde nationale ; qu'il s'en portait garant, disant : Cette troupe vaut mieux que vous ne le supposez ; je vous supplie de vous en servir. Je ne m'explique pas que j'aie à témoigner sur un pareil fait ; des officiers ont assisté comme moi aux nombreuses conversations qui ont eu lieu entre le malheureux général Clément Thomas et M. le général Trochu, et ils ont entendu comme moi les désirs réciproques de ces deux généraux d'employer la garde nationale. Ils les ont aussi entendus parfois émettre des plans qui me paraissaient pour mon compte assez pleins d'illusions, au point de vue de l'emploi de la garde nationale. C'est bien étrange 'que je sois appelé pour certifier un pareil fait.

Ces mots de M. Montagut terminent sa déposition et sont les derniers que doivent prononcer aujourd'hui les amis appelés par M. le général Trochu. La liste de ces témoins étant close, M. le président Legendre lève l'audience en renvoyant à sa medi la continuation des débats.

Il est probable alors qu'après-demain nous entendrons d'abord M. le général Trochu, qui doit prendre de nouveau la parole, puis M. l'avocat général Merveilleux-Duvignau et Me Allou. Il pourrait alors se faire que les plaidoiries de MM. Grandperret et Lachaud ne vinssent que lundi prochain.

Audience du 30 mars 1872

Le public est plus nombreux que les jours précédents; la consigne est sans doute un peu moins rigoureusement observée, et l'on ne saurait s'en plaindre, puisqu'aux autres audiences un certain nombre de places étaient restées vides, et qu'elles sont occupées aujourd'hui par les représentants les plus considérables de l'armée. Derrière la cour, les siéges sont insuffisants; lorsque les magistrats font leur entrée, ils sont obligés de se frayer un passage à travers les groupes massés des deux côtés de l'estrade.

Enfin, à dix heures et demie, l'audience est ouverte, mais avant d'en rendre compte, je dois réparer un oubli que j'ai fait. En donnant les noms des membres du jury, j'ai omis, bien involontairement, celui de M. Louis-Adolphe Agis, qui fait également partie des jurés chargés de se prononcer entre nous et M. le général Trochu. Cette rectification faite, je reviens aux débats.

L'ex-gouverneur de Paris et M. Vitu ayant fait assigner deux nouveaux témoins, M. le président Legendre donne l'ordre de les introduire, mais Mᵉ Allou, ayant réclamé de M. le général Bertaut, un supplément d'explications, cet officier se présente à la barre.

Mᵉ Deroulède, avoué de M. le général Trochu.— M. le général Bertaut ne se souvient-il pas qu'il a été question, avant le départ des mobiles de Châlons, de les diviser en deux catégories, dont l'une eût été dirigée sur les villes du Nord?

M. le général Bertaut.—En effet, un officier ayant fait observer que parmi ces hommes quelques-uns étaient animés d'un mauvais esprit, il fut question de cette division dont on parle; mais l'Empereur pensa qu'il pourrait résulter de cette mesure des inconvénients graves, et il n'y fut pas donné suite.

Mᵉ Deroulède. — Est-ce que certains de ces bataillons n'étaient pas sans armes ?

M. le général Bertaut. — Oui, quelques bataillons n'avaient que des fusils à tabatière ; d'autres étaient complétement sans armes. Ce n'est qu'au camp de Saint-Maur qu'ils reçurent des chassepots. Ceux qui étaient réellement armés venaient des places de l'Est.

Mᵉ Lachaud. — Tout cela est certainement exact, mais M. le général Bertaut n'ignore pas que des ordres avaient été donnés pour que toutes les armes nécessaires fussent envoyées au camp.

M. le général Bertaut. — Ces armes étaient annoncées, il est vrai, par le directeur d'artillerie.

Après ces explications, la cour entend les deux nouveaux témoins dont j'ai parlé plus haut. C'est d'abord M. Ernest Delchet, cité à la requête de M. Vitu.

Déposition de M. Delchet

Le témoin, au lieu duquel on avait assigné par erreur un parent portant le même nom, est un homme de trente et un ans. Il est fort distingué de manières et de tenue. Sa voix est à la fois douce et ferme. Il s'exprime fort élégamment.

Mᵉ Lachaud. — M. Delchet était officier d'état-major dans la garde nationale. Je le prierai de nous dire si, le 4 septembre, à un moment qu'il nous indiquera, il n'a pas reçu l'ordre de réunir le bataillon des Blancs-Manteaux, et si, sur son hésitation, on ne lui a pas dit que c'était un là ordre formel du général Trochu.

M. Delchet. — Effectivement, le 4 septembre, vers midi et quart, je reçus cet ordre. Ce bataillon des Blancs-Manteaux était de nouvelle formation. Nous n'avions pas en lui grande confiance. Les cadres d'officiers étaient à peine complets. Je manifestai quelque surprise de cet ordre et il me fut répondu que le bataillon avait été désigné et choisi par le général Trochu, et que même je pouvais le dire aux hommes qui le composaient.

Mᵉ Lachaud. — Autre question. N'a-t-on pas dit au témoin qu'on lui enverrait des instructions sur le lieu où il devait se rendre avec ce bataillon ? Ces instructions sont-elles venues ?

M. Delchet. — Oui, l'on me dit qu'une fois arrivé place de la Concorde, je recevrais des ordres. J'ai attendu jusqu'à cinq heures du soir et je n'ai rien reçu.

M. Alfred Blanche.

M. Alfred Blanche, ancien secrétaire général de la préfecture de la Seine, et qui remplit les fonctions de préfet tandis que M. Henri Chevreau fut chargé du ministère de l'intérieur, est cité par M. le général Trochu.

Le témoin a, comme on sait, une certaine ressemblance avec le prince Napoléon. Bien qu'il ait passé la plus grande partie de sa vie dans des fonctions administratives, il est avocat et s'en souvient : il parle haut et fort distinctement.

Mᵉ Deroulède. — Le témoin n'a-t-il pas eu de rapports avec le général Trochu, et celui-ci ne lui a-t-il pas fait part de la situation difficile dans laquelle on le mettait ?

M. A. Blanche. — En effet, ainsi que c'était mon devoir, je voyais fréquemment le général Trochu. Je lui fis part des inquiétudes manifestées par le maire de Paris et il me répondit : « La situation est difficile : que voulez-vous que je fasse ? Je suis sans autorité sur la garde nationale. J'ai insisté pour obtenir son concours, » et le général a ajouté : « Comprenez-vous un gouverneur dans une ville qui est le siége du gouvernement, où est le chef de l'Etat ou son représentant, le conseil des ministres et le ministre de la guerre ? »

Après M. Alfred Blanche, la cour devrait entendre M. le général Lebreton ; mais cet officier n'a pu quitter Versailles, et M. le président Legendre donne lecture d'une lettre dans laquelle il s'en excuse sur son grand âge, et confirme la déposition du général Trochu devant l'Assemblée.

M. l'amiral Fourichon

Cette lecture étant terminée, M. l'amiral Fourichon s'avance à la barre et dit :

Permettez-moi de relever certaines paroles que j'ai lues dans le *Figaro*, et qui auraient été prononcées par Mᵉ Lachaud, sans que je les aie entendues. Il aurait dit, lorsque vous lui avez demandé s'il avait quelque question à m'adresser : « Oh ! non ! c'est un ami qui parle. » M. Lachaud, en prononçant ces paroles, a oublié qu'il avait devant lui un témoin qui, à défaut des égards que se doivent entre eux des hommes bien élevés, venait de prêter serment de dire la vérité.

Mᵉ Lachaud. — Voici, messieurs, comment s'est tenu ce propos. Le témoin, en faisant sa déposition et en manifestant les sentiments d'amitié qui l'unissent à M. le général Trochu, a apprécié en dehors de ce témoignage le procès lui-même et a parlé d'attaques intéressées.

M. le président me demandant si j'avais quelques observations à faire, j'ai dit que je n'avais pas à répondre à un mot comme ce-lui-ci, sortant de la bouche du témoin. Tout au re qu'un ami de M. le général Trochu qui serait venu apprécier le procès à l'audience et dire que les articles étaient intéressés, au-rait reçu immédiatement une réponse; je me suis arrêté devant un sentiment que chacun comprend. Je n'ai pas autre chose à dire.

M. le vice-amiral Fourichon. — Je ne sais pas si j'ai commis une faute en disant qu'à mon sens ces accusations étaient aveugles ou intéressées, mais en tout cas ce que M° Lachaud a dit tendait à infirmer ma réponse.

M° Lachaud. — Vous vous trompez : si j'a-vais eu à infirmer vos réponses, je l'aurais fait dans la discussion; seulement, permettez-moi d'insister sur ce point: vous êtes témoin; vous pouvez déposer sur tous les faits qui vous appartiennent; mais, quand vous quali-fiez les articles et que par avance vous dites que l'accusation est aveugle ou intéressée, laissez-moi vous dire, monsieur, que la dé-fense ne peut pas accepter de semblables pas roles, et que, si vous n'aviez pas affirmé vos sentiments d'amitié, je vous aurais immédia-tement combattu.

M. le vice-amiral Fourichon. — Je n'ai au-cune expérience de ces débats...

M. le président. — Messieurs les jurés ont retenu l'explication.

M. le vice-amiral Fourichon. — J'ajouterai ceci: c'est que, dans ce même numéro, la lettre de M. le général Trochu qui a fait l'ob-jet unique de ma déposition, est incomplète-ment reproduite. On devait en reproduire le texte entier, attendu que cette lettre, à mes yeux, met en pleine lumière les sentiments dont a été animée la conduite de M. le géné-ral Trochu.

M. le président. — Votre lettre a été lue textuellement à l'audience; MM. les jurés l'ont entendue; veuillez ne pas vous occuper de ce qui est dit et écrit en dehors de cette enceinte.

M° Lachaud. — Un mot, monsieur le prési-dent. Je suis complétement de l'avis de M. l'a-miral; si la lettre n'a pas été reproduite d'une façon totale, c'est une erreur; ce serait une faute si cela avait été fait d'une façon intéres-sée; mais on a simplement retiré la phrase qui concerne madame Trochu. Dans tous les cas, l'observation faite par M. l'ami-ral sera retenue, et je lui promets que dans le numéro de demain la lettre tout entière paraîtra. Je répète que, dans le passage sup-primé, il s'agissait de madame Trochu, et qu'il a peut-être paru plus convenable de la lais-ser en dehors de ces débats.

Je m'empresse de tenir la promesse faite à M. l'amiral Fourichon par notre éloquent avocat : voici, *in extenso* cette fois, la lettre que le général Trochu lui a adressée :

« Paris, le 5 septembre 1870.

» Mon cher ami,

» Les événements se succèdent autour de nous, terribles et inévitables, créant à cha-cun de nous des périls et des devoirs. Voilà comment à la veille d'un siège qui sera sans précédent dans l'histoire des sièges et que de grands efforts n'ont qu'incomplétement pré-paré, je me trouve à la tête d'un gouverne-ment républicain !

» Le sentiment unanime de ce gouverne-ment a été de vous appeler au ministère de la marine, bien avant que mon propre senti-ment ne fût exprimé à ce sujet. Je ne com-prends que trop la vive contrariété que vous en éprouverez; et Anna, apprenant l'événe-ment, est venue me dire à ce sujet des cho-ses que je savais à l'avance. Mais, cher ami, il n'est plus permis à aucun de nous de choisir la voie et le genre de fin qui nous conviendraient. Votre dévouement aux inté-rêts qui sont en péril, et, je le crois aussi, votre dévouement à un vieil ami dont vous éprouverez quelque satisfaction à partager la fortune, vous conduiront à courber la tête devant la destinée qu'il vous offre.

» Mille amitiés.

» TROCHU. »

Un mot maintenant pour mon propre compte, puisque M. l'amiral Fourichon a paru suspecter mon impartialité. Pense-t-il donc que, dans ce long travail auquel se livrent mes confrères et moi, il ne puisse se glisser, involontairement, aucune er-reur, aucune omission? Quelle impor-tance, d'ailleurs, au point de vue de la dé-fense de M. le général Trochu, présentait la phrase que je n'ai pas recueillie?

L'accusation de M. le vice-amiral Fou-richon est donc bien sévère: le *Figaro* n'a pas à sa disposition, comme M. le général Trochu, toute la sténographie de la Chambre, dont les représentants les plus distingués viennent pour lui de Versailles. Je n'ai, moi, que l'aide obligeante de deux de mes collaborateurs.

Plaidoirie de M° Allou

Il est onze heures moins dix minutes; M° Allou se lève pour prendre la parole.

M° Allou est une des célébrités du bar-reau de Paris. On admire son talent, on estime son caractère. Sa carrière, toute d'étude et de travail, est des plus honora-bles. Bien qu'il ait plaidé souvent dans des affaires où la politique se trouvait mê-lée, il a toujours su, dans l'ardeur de la lutte, garder une attitude qui lui a mé-rité d'être traité avec les plus grands égards par ses adversaires.

M° Allou n'a songé qu'une fois à quitter le banc des avocats pour la tribune. Le peuple de Paris lui a préféré M. Glais-Bi-zoin !... C'était aux élections de 1869. Pa-ris ne pouvait, ne voulait élire qu'un dé-puté d'opposition recommandé par les ti-tulaires de l'emploi déjà vacante. Ces messieurs, avocats pour la plupart, préfé-rèrent patronner l'interrupteur comique de la précédente législature, que de sou-tenir leur éminent confrère, un homme qui eût, au jour du suprême péril, mis bien certainement l'intérêt du salut de la patrie au-dessus de l'intérêt d'un parti ambitieux de pouvoir.

Comme avocat, M° Allou a attaché son nom à de grandes causes, qui ont fourni à son large talent l'occasion de se mon-trer tout entier : il a plaidé dans l'affaire

Poullman, dans le procès Bonaparte-Patterson, où il avait le prince Napoléon pour client, dans l'affaire Mirès, et tout récemment dans le procès Bauffremont.

Me Allou est d'une stature athlétique. Son visage, naturellement bienveillant et doux, ne manifeste à l'occasion qu'un sentiment extrême : le dédain. Nul ne sait mieux que lui écraser d'un mot, d'un mouvement de lèvre, d'un regard, un adversaire indigne.

C'est à l'esprit que Me Allou fait appel dans la cause qu'il plaide aujourd'hui. Il n'a presque pas eu besoin de se servir de toute la puissance de sa voix. Il a lu et commenté avec finesse un nombre énorme d'articles du *Figaro*, peut-être un peu trop étrangers à la cause; mais, comme il l'a dit lui-même, il a l'habitude de plaider de façon qu'au sortir de l'audience il puisse échanger un salut avec ses adversaires.

De ce salut échangé nous n'hésitons pas à faire la confidence au public.

Me Allou commence ainsi :

Messieurs de la Cour, messieurs les jurés:

M. le général Trochu sait ce que sont les sacrifices de la vie publique; il sait ce que c'est que d'attacher son nom aux souvenirs des plus effroyables désastres qui peuvent atteindre l'orgueil d'une grande nation. Il sait également que, quand l'ébranlement ou la secousse durent encore, il faut se résigner à toutes les passions, à toutes les colères. Le général l'a bien montré. Depuis un an, personne n'a été plus que lui l'objet d'attaques injurieuses. Son grand crime est de n'avoir pu faire l'impossible, et de n'avoir pu se résoudre à ces immenses hécatombes pour lesquelles les victimes exaltées étaient prêtes, mais dont sa conscience ne lui permettait pas de consentir l'inutile sacrifice.

Les insultes ont été de tous les jours; les insultes ont été de toute heure; le général est resté calme. Une seule fois, il lui a été permis d'élever la voix pour sa défense dans l'Assemblée des représentants du pays; il l'a fait avec modération, et il conserve un souvenir reconnaissant de l'accueil sympathique qui lui a été fait.

Cette attitude réservée et digne, le général était bien résolu à ne pas en sortir ; mais les résolutions de cette nature ont une limite, et, lorsque le général a vu dans un journal déchirer sa vie tout entière, qu'il a vu flétrir sa carrière de soldat et qu'on avait la prétention de rassembler tous les traits de sa figure militaire pour le clouer au pilori de l'histoire, il s'est décidé, messieurs, à arriver devant vous, bien convaincu d'une chose c'est que les adversaires qu'il allait y rencontrer n'avaient frappé si fort que pour le faire sortir de sa retraite, et avaient cherché avec une sorte d'empressement ce grand débat judiciaire, une tribune du haut de laquelle ils pourraient affirmer hautement leurs regrets et leurs espérances.

Cette tribune, messieurs, il n'a pas craint de la leur donner, et il fait appel avec confiance à votre justice et à celle de tous.

Le journal *le Figaro* a publié deux longs articles consacrés à M. le général Trochu; ils étaient signés Minos. Dès le premier jour où M. le général Trochu a manifesté l'intention

de les poursuivre, M. Vitu s'est loyalement fait connaître comme leur auteur.

Messieurs, l'inspiration des deux articles, leur souffle, n'appartiennent évidemment pas à l'esprit ordinaire de la rédaction du *Figaro*, M. Vitu représente au *Figaro* ce courant bonapartiste qui s'écoule à travers la rédaction légitimiste du journal, comme les eaux du Rhône à travers le grand lac, sans s'y confondre.

Ces articles, messieurs, avaient été précédés d'autres manifestations des sentiments de M. Vitu. M. Vitu est chargé spécialement dans le *Figaro* de la rédaction des articles de théâtre; et déjà même dans ses attributions, qui n'ont rien de politique, il donnait assez librement chaque jour cours à ses rancunes bonapartistes. Tout le monde a gardé le souvenir de sa lettre très vive à M. Victorien Sardou, dont il a dû être embarrassé un peu quand est venu l'heure de Rabagas. (Rires.)

Mais enfin M. Vitu est fait pour une polémique plus haute ; il est habitué à des luttes plus élevées. Il a pris la plume et il a fait deux articles qui sont l'expression des sentiments les plus énergiques, les plus violents contre un homme qui est regardé comme un des adversaires véritables de l'Empire.

L'attaque a été d'une violence qui, j'imagine, n'a jamais été dépassée. Vous ne connaissez que des extraits de ces articles; je me permettrai de vous en donner une lecture plus complète. Il y a trois divisions bien tranchées dans les accusations dirigées contre le général Trochu. Il y a d'abord la part du militaire. C'est un homme médiocre, qui a toujours eu un très grand sentiment de sa valeur personnelle, beaucoup d'orgueil, beaucoup d'ambition, et qui a fait un jour un mauvais livre. Voilà la première attaque.

Il avait été le collaborateur du coup d'État, un des instruments actifs des commissions mixtes; puis après vient l'Empire, et il rêve de le défaire après l'avoir fait. Puis, chose plus grave et plus douloureuse, et dont M. de Villemessant s'indignait, il a trahi une femme. Voilà la seconde partie des accusations du *Figaro*.

La dernière se rattache à un événement du siége : la bataille de Buzenval. Quant au siége, à peine en est-il question. Si le général n'avait été attaqué que pour ses opérations militaires ou sa conduite politique, il n'eût pas même élevé une réclamation : il appartient à ce titre à l'histoire, à ceux qui ont été témoins de ses actes, aux militaires ses frères d'armes qui connaissent son dévouement. Mais on l'appela l'assassin de Buzenval. Buzenval, dit-on, aurait été un assassinat commis pour faire accepter à la population parisienne une capitulation à laquelle elle ne pouvait se résoudre. Ce n'est pas tout.

M. Vitu termine par des choses charmantes : Trochu entre Dumollard et Troppmann ; et ces propos attribués au maréchal de Mac-Mahon, dont la signification vous a été donnée hier, enfin ces paroles du général Changarnier sur lesquelles j'aurai à m'expliquer tout à l'heure, ces paroles du général qui, pour la première fois de sa vie peut-être, a battu en retraite dans les explications qu'il avait à donner aux jurés.

Voilà, messieurs, l'ordre d'idées que j'aurai longuement à parcourir devant vous, et je fais appel à toute votre patience.

Après cet exorde, Me Allou donne lecture du premier article incriminé, article qui se rattache uniquement à la carrière militaire du général, à sa participation au coup d'Etat et au rôle qu'il a joué dans les commissions mixtes.

Me Allou ajoute que ce premier article ne lui cause, somme toute, qu'une émotion médiocre, moins grande que celle qu'en a éprouvée M. de Villemessant lui-même : car, si le rédacteur en chef du *Figaro* a adressé à M. Vitu une dépêche pour lui recommander d'arrondir les angles, on verra bientôt que les angles n'ont pas été arrondis, et que le second article de M. Vitu a été plus violent encore que le premier.

Après ces paroles, Me Allou entreprend l'historique de la carrière militaire du général Trochu, et il lit à ce sujet des lettres du maréchal Bugeaud au ministre de la guerre et au roi Louis-Philippe, lettres qui prouvent que le général s'était attiré la sympathie et l'affection de ses chefs en Afrique; ce qui n'a jamais été discuté.

Voici la lettre au roi, que nous donnons *in extenso* — preuve de notre impartialité — mais en faisant seulement remarquer que M. le général Trochu était à ce moment-là l'unique aide de camp et conséquemment, un peu ou beaucoup, le secrétaire intime de M. le maréchal Bugeaud.

« Alger, le 3 juin 1846.

» Sire,

» En même temps que je demande à M. le ministre de la guerre un avancement pour M. le capitaine Trochu, mon unique aide de camp, confiant dans vos bontés, je m'adresse directement à Votre Majesté pour le supplier de m'accorder cette faveur. Je la regarderai comme une récompense personnelle des services que j'ai pu rendre dans cette crise de huit mois que vient de subir l'Algérie.

» Et cependant, Sire, en demandant le grade de chef d'escadron pour M. Trochu, je crois bien servir l'Etat. Quand on rencontre des hommes de capacités et de vertus militaires hors ligne, il ne faut pas les tenir dans l'ornière commune. En les laissant vieillir dans les grades inférieurs, on prive le pays des grands services qu'ils pourraient lui rendre dans une position plus élevée.

» Trop d'hommes incapables arrivent au sommet en vieillissant; leur nombre dans le cadre de l'état-major général est effrayant pour l'avenir de la patrie : ils peuvent nous ramener plusieurs journées de Waterloo.

» Faisons donc surgir de bonne heure quelques capacités bien démontrées, pour que, jeunes encore quand elles atteindront au grade d'officier général, elles soient une garantie pour la sécurité de la France et l'honneur du drapeau.

» M. le capitaine Trochu répond parfaitement à ces vues d'avenir national.

» S'il n'appartenait pas à une arme spéciale, il n'y aurait rien de plus simple : il a trois ans de grade, six ans de guerre et de distinction en Afrique. Combien de capitaines de cavalerie sont devenus officiers supérieurs, en temps de guerre, avec moins de titres que

cela ! Mais, dans l'état-major, ce serait une exception, largement motivée il est vrai, par les considérations que j'ai exposées à Votre Majesté.

» On ne doit s'adresser à vous, Sire, que pour les choses extraordinaires et d'un grand intérêt public ou privé. Je le fais avec confiance, assuré que je suis d'être bien compris. »

Ces lectures ont pour but de prouver que le général Trochu a bien mérité tous ses grades.

C'est ainsi que Me Allou arrive à 1849, moment où le général Trochu fut nommé officier d'ordonnance du prince-président.

Il refusa, et comme ces fonctions étaient très enviées, on le remplaça facilement. Il devint alors l'aide de camp de son beau-frère Neumayer, et c'est en cette qualité que M. Vitu le fait collaborateur du coup d'Etat.

Or, M. Vitu n'a pu trouver aucun document qui le prouve, aucun témoin qui en dépose, et ceux que nous, nous avons appelés, ont affirmé le contraire.

Puis l'honorable défenseur rappelle les preuves de sympathie que M. Trochu a données au chef de bataillon Meunier, après sa conduite à la Chambre, et le vote *non* de son client lorsqu'il dut, comme ses camarades de l'armée, voter publiquement après le coup d'Etat. Il lit ensuite une lettre de M. le général Trochu à son père; lettre qui n'est pas une lettre de famille, mais un grand discours militaire, moral, politique et religieux.

Donnons encore cette lettre si longue qu'elle soit et si étrange qu'elle puisse paraître pour une lettre simplement filiale. Il est fort probable que M. le général Trochu l'a un peu écrite en vue de la publicité qu'elle a reçue.

« 15 décembre 1851.

» Votre lettre politique du 10 de ce mois exprime, au sujet de la révolution militaire du 2 décembre, un sentiment de satisfaction intérieure et de quasi-enthousiasme que je m'explique sans peine.

» Vous êtes tous ensemble des types bourgeois et accomplis, et vous avez dû conséquemment passer, avec toute la bourgeoisie parisienne que j'ai sous les yeux, par les impressions successives que voici :

» Premier jour (avant la réussite certaine de l'entreprise), consternation et colère.

» Deuxième jour (après la réussite), rassérénement.

» Troisième jour, retour à une sécurité absolue.

» Quatrième jour, enthousiasme.

» Cinquième jour, indignation contre les hommes restés dans l'effroi de l'avenir.

» La Bourse monte de 10 fr.; toutes les valeurs industrielles et commerciales suivent ce mouvement ascensionnel; l'hydre socialiste est anéantie : Vive le président ! vive l'Empereur !

» Est-ce que je n'avais pas vu de mes yeux le préfet de police Caussidière, considéré comme le ferme rempart de l'ordre, caressé, fêté par tous les bourgeois conservateurs de Paris, et, finalement. réunissant, pour entrer à l'Assemblée nationale, le chiffre incroyable de 148,000 voix, que personne n'a atteint depuis ?

» C'est qu'en effet l'absence de croyances religieuses, les longues prospérités de la paix. le culte de l'argent, ont livré la classe intelligente et raisonnante de notre pays à l'homme ou à la chose qui lui assure la sécurité des intérêts matériels et la possession du moment, quel que soit l'homme et quelle que soit la chose.

» Au milieu de tant de naufrages révolutionnaires, un principe avait *cahin caha* surnagé : le principe de la légalité. Des hommes considérables dans le pays, tendant d'ailleurs à des buts politiques très divers, avaient cherché à faire prévaloir ce principe, autour duquel commençait à se faire un certain travail de l'esprit public. Ce travail et la force qu'y pouvait trouver un jour la société en péril sont anéantis en vingt-quatre heures.

» D'autre part, l'armée avait puisé jusqu'ici dans sa mission, qui était d'assurer le règne de la loi, mission pleine de grandeur, d'austérité, et indépendante des personnes et des choses, une ferme confiance en elle-même et un légitime prestige devant la nation. Aujourd'hui, l'armée n'est plus qu'un instrument politique. Elle défait la loi à coups de fusil ; elle la refait le lendemain à coups de vote, et la voilà toute fière de la prétendue importance qu'elle vient d'acquérir dans l'Etat !

» O bonnes gens ! gardez votre joie ! Vous m'avez traité de visionnaire quand je vous dénonçais le retrait par le pouvoir de la loi du 31 mai, en vue de préparer la ruine de l'Assemblée ; d'illuminé, quand je vous révélais l'existence probable d'un complot militaire prêt à éclater dans Paris,

» Aujourd'hui, je vous affirme que, à moins que la Providence ne change, par quelque faveur spéciale, le cours de vos destinées, l'édifice où vous allez vous abriter s'écroulera sur vos têtes et vous écrasera. »

« Lettre de famille, lettre intime, s'écrie Me Allou en terminant cette lecture, mais lettre de voyant, permettez-moi de le dire. »

Me Allou arrive enfin au rôle de M. Trochu sous l'Empire, et il s'attache à démontrer que son client n'a fait que servir son pays, et s'est toujours éloigné de toutes les positions qui l'auraient lié aux institutions, au régime impérial.

Au moment de la guerre de Crimée, M. Trochu a refusé les fonctions de chef d'état-major général et s'est conduit très bravement, et à son retour à Paris on lui offre la position de directeur du personnel ; mais il refuse encore cette position, parce que l'organisation de l'armée était en opposition avec ses idées militaires.

Me Allou signale ensuite la conduite courageuse du général Trochu à Solférino, et il affirme que, sous l'Empire, il a refusé les postes les plus élevés pour ne pas (devenir le partisan de l'Empire) paraître un courtisan. Il ne voulait pas s'engager plus qu'il n'en avait l'intention. Selon Me Allou, tout a été offert à M. le général Trochu, et il a tout refusé, même les 20,000 fr. que l'Empereur envoya à la veuve de son frère, dont il avait recueilli les onze enfants.

L'éloquent défenseur n'ajoute pas que l'Empereur remplaça ces 20,000 fr., qui représentaient 1,000 fr. de rentes, par un bureau de tabac à Paris, qui en valait cinq ou six fois plus peut-être.

Cela fait, Me Allou lit de nombreux extraits du livre du général : *l'Armée française en 1867*, et il en tire cette conséquence que l'auteur de cette brochure ne s'est pas montré seulement un grand écrivain, mais un véritable prophète.

Voici l'un des passages lus par Me Allou :

« Il est, en effet, difficile d'imaginer des efforts mieux dirigés, plus suivis, que ceux que la Prusse a consacrés, depuis les guerres du premier Empire, à la préparation de son armée. Cette préparation, jusqu'en 1860, semblait n'avoir pour but que des améliorations générales à réaliser par la recherche et par l'étude des faits intéressants que les guerres contemporaines avaient révélés ; par la mise en expérience des procédés et des inventions qui s'offraient à l'adoption des armées. Le mieux réussi et le plus fécond des résultats qu'elle obtint, fut à coup sûr l'armement de son infanterie, porté, dans le sens de la rapidité du tir, à un degré de perfection dont les autres puissances militaires de l'Europe n'ont songé à s'assurer les avantages que plus de quinze ans après la Prusse.

«A dater de 1860, la préparation de l'armée prussienne a offert un caractère de spécialité, de suite et d'activité qui aurait suffi à trahir ses desseins et l'objectif qu'elle se proposait, si les détails en avaient été étudiés avec toute l'attention qu'ils méritaient. Le nombre des régiments d'infanterie porté au double ; la distinction définitivement établie entre le rôle, pendant la guerre, des troupes actives et de la landwehr (origine de la lutte du pouvoir exécutif avec le parlement) ; des réserves d'argent, c'est-à-dire des finances prêtes à des efforts que l'Etat, en possession de la direction du budget au lieu et place du parlement, était libre de conduire selon ses vues ; des études de topographie et de statistique faites avec des soins minutieux dans toutes les directions où devait se porter la guerre ; la recherche chez les particuliers et l'inscription en matricule, des chevaux applicables aux divers services de l'armée, etc. etc. : tel fut l'ensemble des dispositions et des faits qui précédèrent et qui présageaient l'orage.

» Ainsi la campagne de Bohême fut comme l'effet explosif de toutes les forces et de tous les moyens réunis par une préparation générale fort ancienne. et par une préparation spéciale vieille elle-même de six ans au moins ! Cette dernière, exempte d'irrésolution comme de scrupules, s'accomplit avec une habileté et une vigueur d'attitude qui lui mériteraient, non pas le nom de préparation, mais de *conspiration* de guerre, si l'homme considérable qui la dirigeait avait fait plus de mystère de ses vues... »

Me Allou retrace ensuite le rôle du général pendant les derniers événements, et il parle du plan, aussi bien que du testament qu'il écrivit des Pyrénées alors qu'il y occupait le commandement ridicule qu'on lui avait donné.

Ce testament, qu'on aurait dû au moins décacheter à l'audience, ainsi que cela se fait généralement pour des pièces de ce genre, est un document assez inintelligible, dont il n'est lu d'ailleurs qu'une partie que voici :

« En fidèle serviteur du prince, de l'Etat et du pays confondus ensemble dans ma pensée, je me suis élevé autant que je l'ai pu contre ces dangereuses erreurs. Dans cette loyale attitude, on a vu l'esprit d'opposition politique. Et (comme font toujours les gouvernements exclusivement préoccupés d'eux-mêmes) on a cherché dans quelle catégorie ennemis de l'Empire il convenait de me classer. La cour a trouvé l'orléanisme.

» Je veux montrer ici à quel point sont vaines, puériles et fausses ces défiances contre lesquelles viennent se heurter une foule d'hommes honorables, dévoués, sincères qui avertissent le pouvoir dans leur propre intérêt autant que dans l'intérêt public. Mon goût pour les principes, particulièrement pour ceux qui sont conservateurs du droit dans les familles, m'interdit absolument d'être orléaniste et je n'incline à aucun degré vers la révolution de 1830 et vers ses conséquences que je considère comme la cause principale du grand déraillement qui a précipité notre pays. Mais il est vrai que j'ai de respectueuses sympathies, sans connaître et sans avoir jamais vu aucun d'eux, pour les princes exilés des deux branches. Je trouve qu'ils ont bien vécu, qu'ils sont respectables autant que malheureux, et *de bonne race française indigène sans mélange*; ce que j'apprécie beaucoup. Toutes mes passions orléanistes et légitimistes se réduisent à cet innocent et théorique sentiment.

» Je crois avoir établi que, par ces déplorables procédés, le gouvernement de l'Empereur a réduit la *France bien pensante* aux ultra d'un parti, comme l'avaient fait avant lui, mais à un moindre degré, les gouvernements de la République, de 1830 et de la Restauration tombés par le fait de l'étroitesse de la base qu'ils s'étaient donnée.

» A l'égard de la guerre qui va commencer, je déclare ici qu'elle me donne de graves inquiétudes et je dirai pourquoi.

» Pour porter la dévastation au milieu des riches provinces du centre de l'Europe, où se sont condensés, depuis cinquante ans, à la faveur de la paix, les efforts de l'agriculture, de l'industrie, du commerce, des sciences et des arts; pour vouer à la destruction des milliers d'hommes et vouer au deuil des milliers de familles; pour raviver partout contre la France les haines ardentes, originaires du premier Empire, que le temps avait apaisées; pour écarter ces luttes terribles qu'il faut soutenir à la fois contre les armées et contre l'esprit public des peuples, il fallait que la France eût cent fois raison devant le monde. Il fallait prouver que son honneur était grièvement atteint ou que l'intégrité de son territoire était en péril. Mais naguère, vis-à-vis de la Prusse, on est resté muet et immobile, quand il y avait des raisons de parler et d'agir.

» Bien plus, à ce moment, on a cherché à montrer à la France, par des déclarations solennelles, que ce qu'avaient fait la politique et les armées prussiennes était conforme à sa propre politique, à ses propres intérêts, aux prévisions de l'empereur Napoléon Ier. Et à présent, sans cause appréciable (la candidature Hohenzollern écartée), sans examen suffisant, par un imprévu coup de tête, la France voit se réaliser la prédiction faite il y a quelques années par un membre de la Chambre des députés : « Si vous n'y prenez garde, on » vous conduira, avant longtemps, à une » guerre du Mexique en Europe. » (M. Jules Favre.)

» Car, je le crains, c'est là ce que nous allons faire, et tout indique qu'une coalition morale des nations se prépare contre nous.

» Mais ce qui remplit mon âme de douloureux pressentiments, c'est que l'armée n'est pas aussi prête qu'on le dit à courir les hasards d'une telle entreprise. Sans doute elle vaut beaucoup, et de grands efforts ont été faits depuis quelques années pour qu'elle valût plus encore. Elle est notamment, ce qui est de haute importance, pourvue d'un bon armement et convenablement approvisionnée. Mais, reconnaissant que l'institution avait vieilli, on l'a troublée par de continuelles transformations de détail, sans programme défini, sans plan d'ensemble. On a ébranlé le vieil édifice, on n'a pas construit le nouveau.

« Il y a beaucoup d'incertitude dans les esprits, que l'enthousiasme du moment tempère, mais qui reparaîtra si les épreuves viennent; et comme dans les guerres précédentes, on part à l'impromptu, dans le pêle-mêle traditionnel que j'ai dépeint ailleurs (*l'Armée française en* 1867). Je sais que notre désordre français se heurtant à l'ordre allemand, qui est compassé, nos chances de premiers succès sont considérables, et c'est beaucoup. Mais les Allemands, soutenus par le sentiment public, seront tenaces, et je n'ai qu'une confiance relative dans le renouvellement longtemps continué de nos efforts. »

La lecture de ce fragment du testament, qui d'abord excite dans l'auditoire une immense curiosité bien vite déçue, provoque à un moment une certaine hilarité : c'est quand le général écrit de la famille d'Orléans : « *Cette bonne race française indigène sans mélange.* » Bonne race, soit! mais « sans mélange » est fort inexact. Que l'on songe en effet aux nombreuses princesses allemandes qu'ont épousées les princes d'Orléans !

Cette lecture terminée, Me Allou place quelques mots agréables pour le prince Napoléon, qui avait fait offrir à M. Trochu le commandement du corps de débarquement de la Baltique; puis il conclut que le premier article est calomnieux et il demande justice.

L'honorable défenseur arrive ensuite au second article incriminé, dont il donne lecture pour indiquer l'ordre d'idées dans lequel il va développer sa plaidoirie. Reprenant une à une les allégations de M. Vitu, il les combat très vivement.

Me Allou repousse d'abord tous les liens de M. Trochu avec l'Empire; car selon lui, il n'a jamais servi l'Empire que de loin, et il rappelle le refus qu'a fait le général du portefeuille de la guerre sous le ministère Ollivier; puis le défenseur lit ensuite la lettre écrite, le 10 août 1870, par M. le général Trochu à M. le général de Vaubert.

Cette lettre est ainsi conçue :

« Paris, 10 août 1870.

» Si haute que soit l'importance des événements qui paraissent devoir se passer entre Metz et Nancy, celle des événements complémentaires qui pourront se passer à Paris, au double point de vue politique et militairez n'est pas le moindre. Il y a là, vous le croire, sans peine, des périls spéciaux, qui peuvent faire explosion d'un jour à l'autre, par suite de la tension infinie de la situation, quand l'ennemi viendra déployer ses masses autour de la capitale. Il faut la défendre à tout prix avec le concours de l'esprit public, qu'il s'agira d'entraîner dans le sens du patriotisme et des grands efforts.

» Si cette défense est active et vigilante, si l'esprit public tient ferme, l'ennemi se repentira de s'être engagé si loin dans le cœur du pays.

« Dans cette idée, j'exprime l'opinion dont le développement suit : le siège de Paris peut être longuement disputé, à la condition nécessaire pour tous les sièges, impérieusement nécessaire pour celui-là, que la lutte soit appuyée par une armée de secours. Son objet serait d'appeler à elle tous les groupes qui seraient ultérieurement organisés dans le pays, d'agir par des attaques répétées contre l'armée prussienne, qui serait par suite incapable d'investissement complet, et de protéger les chemins de fer et les grandes voies du sud par lesquelles se ferait l'approvisionnement de la ville.

» Cette armée de secours existe, dit-on au ministère. Mais ce sont là de futurs contingents tout aussi incertains que ce qu'a espéré des régiments de marche, que ce qu'on a espéré des régiments de mobiles, qui peuvent être et seront d'un grand secours plus tard, mais non pas dans le moment présent et immédiat.

» Je crois qu'il faut que l'armée de secours de Paris soit l'armée qui est réunie devant Metz, et voici comme je l'entends : le répit que nous donne l'ennemi veut dire qu'il évacue ses blessés, fait prendre leur équilibre à ses têtes de colonne et qu'il opère sa concentration définitive. Elle comprendra trois armées, dont l'une au moins aura la mission de vous tourner.

» L'effort lui coûtera cher, mais il sera soutenu par des forces considérables et incessamment renouvelées. Si vous tenez trop longtemps devant Metz, il en sera de cette armée, qui est le dernier espoir de la France, comme il en a été du premier corps, qui a péri après de si magnifiques preuves. *Je crois qu'il faut que cette armée de Metz étudie soigneusement et prépare la ligne d'une retraite échelonnée sur Paris, les têtes de colonnes livrant bataille sans s'engager à fond et arrivant à Paris avec des effectifs qui devront suffire pour remplir l'objet de premier ordre que j'ai indiqué; nous ferons ici le reste.*

» Adieu! bon courage et bon espoir ! »

Est-ce que celui-là, dit Mᵉ Allou après cette lecture, ne voyait pas l'avenir dans son instinct patriotique, dans son dévouement au pays, en adressant un semblable langage à M. de Vaubert, aide de camp de l'Empereur?

Dans cette lettre, poursuit l'orateur, M. le général Trochu prévoyait le siège, mais avec une armée de secours, et ses idées ne furent pas acceptées, car les armées ne se replièrent pas sur Paris. Le 16 août, le général arriva au camp; le 17 eut lieu le conseil dont il a été question, conseil où le maréchal de Mac-Mahon n'arriva que dans la seconde partie.

C'est dans la première qu'il avait été question des mobiles. Ces jeunes hommes n'étaient pas une cause de perturbation, mais d'embarras. Ils étaient prêts à la lutte, mais non pas à la discipline, et ils étaient à peine armés. Quelques-uns n'avaient que des bâtons.

Le général Berthaut voulait les envoyer dans les places du Nord; c'est l'Empereur qui exprima le premier l'idée de les diriger sur Paris, vers leurs foyers.

On eut un instant l'idée d'établir une certaine distinction entre les bataillons; mais l'Empereur repoussa ce moyen, le général Bertaut répondait de ses hommes, et leur retour fut décidé.

Le général Trochu avait été de cet avis, c'est vrai; mais cela ne prouve pas que ces 12,000 mobiles fussent des prétoriens, ainsi que l'a dit M. Vitu, et une menace constante pour l'Impératrice.

Il ne s'agissait de rien de semblable; ce retour était un mouvement militaire, pas autre chose. Etait-il opportun, oui ou non? Là n'est pas la question.

En ce qui concerne la nomination du général Trochu au poste de gouverneur de Paris, la proposition de cette nomination a été faite à l'Empereur par le prince Napoléon, et l'acceptation de ce poste ne pouvait être là un acte d'ambition, puisque le général ne faisait que précéder l'Empereur à Paris, pour le couvrir de sa popularité.

Voici, du reste, la formule de cette nomination :

« Camp de Châlons, 17 août 1870.

» Mon cher général,

» Je vous nomme gouverneur de Paris et commandant en chef de toutes les forces chargées de pourvoir à la défense de la capitale. *Dès mon arrivée à Paris*, vous recevrez notification du décret qui vous investit de ces fonctions; mais d'ici là, prenez sans délai toutes les dispositions nécessaires pour accomplir votre mission.

» Recevez, mon cher général, l'assurance de mes sentiments d'amitié,

» NAPOLÉON »

Arrivé à Paris, le général Trochu courut aux Tuileries, et il trouva l'Impératrice toujours remplie de défiance à son égard. La proposition de Sa Majesté d'appeler les princes d'Orléans ne fut sans doute là qu'un piège féminin pour savoir si le général allait donner une preuve de l'orléanisme dont il était soupçonné. Le général repoussa cette idée, et quant aux suppressions qui ont été faites sur la première proclamation du nouveau gouverneur aux Parisiens, il est certain qu'elles ont été ordonnées par l'Impératrice et faites d'un commun accord.

Dans le conseil, M. Trochu rencontra une grande hostilité. Il apportait des programmes nouveaux, des idées qui n'étaient pas celles du ministre de la guerre. Le général de Palikao hésita à le recevoir. Seul, l'amiral Jurien avait en son vieil ami une confiance illimitée. Cette hostilité puisa un élément nouveau dans la proclamation du général Trochu aux mobiles ; mais qui donc prétendra que le langage du gouverneur à ces jeunes gens n'était pas dicté par la situation, et le patriotisme.

Quant à l'attitude politique du général, elle a été celle qu'il avait promise : car il avait seulement juré de défendre l'Assemblée et de sauvegarder l'Impératrice, et il l'a fait autant que cela lui a été possible. Mais il existait auprès de lui un pouvoir occulte qui le paralysait; le général de Palikao, ministre de la guerre, n'avait avec lui aucune communication ou ne lui disait rien des mouvements des armées allemandes. Et l'on voit le ministre de la guerre, au mépris des règlements sur le service des places, faire fusiller un homme qui était sans doute un espion prussien, sans que le gouverneur ait connu la poursuite intentée contre cet individu.

On n'avait qu'une pensée, le circonscrire, le restreindre dans le rôle le plus modeste. Ce n'est pas lui qui, le 4 septembre, a sous la main les troupes convoquées aux environs de l'Assemblée, et on ne saurait le rendre responsable de ce qui s'est passé.

———

A une heure quarante minutes, l'audience est suspendue à la demande de Mᵉ Allou, qui a parlé sans discontinuer depuis près de trois heures, et qui est visiblement fatigué.

Pendant la suspension, tandis que les initiés se précipitent vers le buffet, on fait circuler ce quatrain sur le mot de la fin du général Changarnier, à l'audience d'avant-hier :

Le bon général Changarnier
N'est pas une vieille commère;
Mais, certes, on ne peut nier
Qu'il est un bien malin compère.

A deux heures un quart on annonce la cour.

Reprise de l'audience.

Mʳ Allou reprend sa plaidoirie, et allant au-devant d'une objection qui a couru les groupes durant la suspension, il dit qu'on ne manquera pas de se demander pourquoi le général, tenu en état de suspicion, n'a pas donné sa démission de gouverneur de Paris. Selon son défenseur, c'est ce refus qui est, au contraire, une des actions les plus nobles de la vie du général Trochu ; car il n'est resté à son poste que par dévouement patriotique, par l'héroïque sacrifice qu'il s'est imposé dans cette effroyable crise. Il était délié des engagements qu'il avait pris vis-à-vis de l'Empereur par la situation qui lui était faite.

On veut relever une contradiction très apparente entre le discours de M. le général Trochu et le livre publié par M. Jules Favre.

Mais le général ne connaissait pas M. Jules Favre ; il l'a peut-être reçu comme il a reçu un grand nombre de personnages politiques, sans savoir qui il était.

Vous savez ce qui se passait au Louvre : le gouverneur sortait le matin, et, de une heure à six, il recevait toutes les personnes qui se présentaient à l'hôtel du gouverneur. Et vous le savez, ces personnes appartenaient pour la plupart au tiers-parti. Ces messieurs entraient librement. Mais M. Pollet lui-même, ce témoin de tous les instants, nous a déclaré qu'il n'y a pas eu à l'hôtel du gouverneur même l'apparence de conciliabule politique ou de complot.

Le général Trochu avait accepté une mission que personne peut-être n'aurait acceptée; et, moins que tout autre il n'était certainement pas, par son passé, forcé de servir de héraut à la rentrée triomphale de l'Empereur à Paris. Il n'a toujours eu pour devise que concorde et patriotisme.

L'ordre, la sécurité, la grandeur du pays : voilà tout ce qui était dans son esprit.

Mais le général a reçu, disent les rapports de police, des députations de la population exaltée. N'est-ce pas M. Pollet qui a adressé ces rapports? et cependant il nous a donné lui-même le commentaire exact de ces scènes tumultueuses.

Plus l'injonction eût été extrême, plus le péril eût été grand, plus la parole du général aurait été hautaine. Il a dit sans doute, dans une pensée de conciliation. Il faut cesser tout cela, tout le monde sera armé.

Une autre scène eut lieu. Une foule s'était portée vers l'hôtel du gouverneur; le général Trochu lui demanda une députation de 15 membres, et il la reçut d'une façon très ferme. Voici une pièce qu'on m'a adressée. C'est le numéro du journal la *Presse* qui rend compte de la scène du 3 septembre et donne le texte de la réponse du général à la députation qu'il avait demandée. C'est mieux qu'une note de police; c'est le reflet, avec la publicité de nos grands journaux, de cette scène dans un récit qui ne peut être contesté. Lorsque la foule demandait la déchéance, le général a répondu : « Je ne puis la demander avec vous. Je ne connais qu'un pouvoir, le Corps législatif. Patriotisme et concorde : voilà notre règle de conduite. A la bonne heure, encore une fois, voilà le soldat, voilà l'homme d'honneur qui parle : c'est bien le général Trochu!

Arrivons maintenant à cette grande accusation de M. Vitu, qui frappe si douloureusement M. le général Trochu, parce qu'elle est de nature à impressionner, non-seulement un homme d'honneur, mais tout homme chez lequel se trouvent des idées de généreuse ardeur, d'empressement à protéger la faiblesse, parce qu'il s'agit d'une femme, d'une souveraine, avec le prestige de sa chute, des malheurs qui viennent de l'atteindre. Ces sentiments que nous avons tous dans le cœur, sont profondément dans le cœur du général Trochu, et sa conduite leur aurait porté atteinte, si cette conduite était celle dont on l'accuse.

Voyons ce qui s'est passé. J'avais été frappé, dans les dépositions de MM. Chevreau et Jurien de la Gravière, de certains détails.

M. Chevreau a rapporté que M. Trochu, lorsqu'il est allé le voir, lui a répondu : «Je suis fatigué, je n'ai pas dîné, j'irai ce soir; »et ce même témoin disait qu'il avait emporté de cette déclaration une impression pénible.

Messieurs, plaçons-nous à l'heure où le général parlait,

Il faut se rendre compte bien exactement de la situation. Le général Trochu vient de recevoir la nouvelle du désastre de Sedan. et la lettre du général Soumain, du 3 septembre, qui lui apprend que le matin le ministre de la guerre lui a donné directement des ordres.

Lorsqu'il reçut cette lettre, le général eut un mouvement qui fut vif; il se dit : « Je ne suis plus rien, je suis écarté; qu'est-ce que j'irais faire aux Tuileries ?

Cependant il y va le lendemain; il y trouve l'Impératrice; il lui répète qu'on ne peut rien faire par la force. C'est à cette déclaration que répondait l'Impératrice quand, se trouvant en présence de M. Chevreau, qui l'interrogeant en lui disant : « Eh bien! Madame !» d'un signe elle répondit : « Il n'y a rien à attendre ni à espérer.» Voulait-elle dire rien à attendre de l'honneur, rien à attendre du dévouement et du cœur du général? Ce n'est pas là ce qu'elle a pu vouloir répondre. Ce qu'elle voulait dire, c'était qu'il n'y avait rien à attendre des événements mêmes. Le général considérait comme impossible une lutte sanglante contre la population : voilà quels étaient les sentiments du général Trochu. Arrivons à la matinée du 4 septembre. Qu'est-ce qui se passe?

L'Impératrice est courageuse, généreuse, ah! certainement, elle avait dit : « Défendez l'Assemblée d'abord; vous penserez à moi ensuite.» On vient à l'hôtel du gouverneur, chez le général Trochu, et dans un numéro qui n'est pas poursuivi, dans lequel on a fait un résumé de l'affaire, on disait que nous aurions fort à faire pour répondre aux démarches des deux questeurs, MM. Lebreton et Hébert, venant demander au général de prendre des mesures pour la défense de l'Assemblée. Ces messieurs lui auraient offert la dictature. Où a-t-on pris cela ?

Comment admettre que le général Lebreton aurait fait briller aux yeux du général Trochu le pouvoir ? La Chambre l'avait-elle elle-même ce pouvoir suprême? Elle ne l'a pas prouvé plus tard.

On a voulu dire qu'il y avait d'un côté un ambitieux, et de l'autre côté des gens prêts à servir cette ambition.

Voilà, dans toute leur simplicité, comment les choses se sont passées. J'en prends comme témoin M. le général Lebreton.

Ici, Me Allou donne lecture de la déposition du général Lebreton devant l'Assemblée et cite une partie du discours du général devant l'Assemblée.

« Vers une heure de l'après-midi, le général Lebreton, questeur du Corps législatif, se présente à moi inopinément. — Je vois d'ici le digne général Lebreton, dans la tribune des anciens députés; il me contrôlera. — « Général, me dit-il, le péril est à son comble. Une foule immense se presse autour de » l'Assemblée et va l'envahir; les troupes se » sont laissé immédiatement pénétrer par la » multitude. Vous seul, par une intervention

» personnelle, pourriez peut-être dominer la » tempête.»

» Je répondis au général Lebreton : « Général, je suis ici la victime d'une situation » sans précédents. En fait, je ne commande » rien; en fait, les troupes que vous avez » vues, ont été postées par des ordres qui ne » sont pas les miens. » — Messieurs, je ne veux pas prétendre que si j'avais ces ordres, la situation eût été différente, et que, si j'avais réellement exercé le commandement, l'événement eût tourné autrement.

» Je suis convaincu du contraire. Je veux dire seulement que j'ai été la victime d'une combinaison qui a donné lieu à des bruits abominables. Ces bruits ont tourné bien longtemps autour de moi; mais j'ai dédaigné d'en faire justice autrement et ailleurs que devant mes véritables juges, l'Assemblée nationale. — « Vous voulez, — dis-je au général Lebre- » ton, — que seul je puisse arrêter un demi- » million d'hommes qui se pressent, me dites- » vous, vers l'Assemblée! Vous savez comme » moi, votre vieille expérience — plus grande » que la mienne, — sait qu'il y a là une im- » possibilité absolue. Un seul homme n'arrête » pas les foules en démence. mais cet effort » que vous venez me demander au nom du » Corps législatif, convaincu qu'il ne peut » aboutir, je le tenterai néanmoins.

» Quelques minutes après, je montai à cheval sous les yeux du général Lebreton, et je me dirigeai vers le Corps législatif, prescrivant au général Schmitz, chef de l'état-major général, de se rendre auprès de l'Impératrice pour l'informer de ce que j'allais tenter.

» J'étais accompagné de deux aides de camp. Je traversai assez facilement la cour du Carrousel, quoiqu'elle fût pleine de monde; mais personne n'en voulait aux Tuileries, et ce monde restait relativement calme. Arrivé au-delà du guichet, pénétrant laborieusement au milieu de cette foule immense qui commençait au Pont-Neuf et allait au-delà des Champs-Elysées, je fus le témoin affligé et effrayé d'un spectacle que je n'avais jamais vu jusque là, quoique j'eusse été présent à Paris aux révolutions de 1830 et de 1848.

» Une multitude innombrable d'hommes, de femmes, d'enfants, absolument sans armes, irritée, affolée, bienveillante, menaçante, s'agitait autour de moi et m'empêchait d'avancer. Des hommes à figures sinistres dix fois se jetèrent sur mon cheval, le saisirent par la bride et me dirent : « Crie vive la so- » ciale! »

» Oui, « vive la sociale! » mes souvenirs sont très précis. Je leur dis : « Je ne crierai » pas! Je ne crierai rien! Vous voulez enchaî- » ner ma liberté; vous ne l'enchaînerez pas! » Et en même temps, d'autres hommes, comprenant la gravité de ma situation, s'écriaient: « Il a raison! »

C'est dans ces circonstances qu'au pont de Solférino. M. le général Trochu rencontre M. Jules Favre qui lui dit que la Chambre est envahie. Il rentre au Louvre. Est-ce vrai cela? C'est l'évidence, puisque M. le général Lebreton l'affirme. Vous connaissez les faits.

Le général Lebreton vient lui demander son aide, il l'accorde. C'est un acte tout chevaleresque, un effort inutile; mais il le tente. Il est en uniforme depuis le matin, il ne commande rien, on ne lui a donné aucun avis, aucun ordre; le ministre de la guerre a passé par-dessus sa tête pour s'adresser au général Soumain, afin de faire défendre par qui il voulait les Tuileries et le Corps législatif.

Voilà pour l'Assemblée, voyons pour l'Impératrice. Le général ne pouvait pas être tout à la fois à l'Assemblée et aux Tuileries. Il va à l'Assemblée, il envoie son chef d'état-major Schmitz pour défendre la souveraine; et, lorsqu'il revient vers trois heures et demie, il voit le drapeau qui s'abaisse. C'est fini : l'Impératrice a quitté les Tuileries. Etait-elle encore là ? comme l'a dit l'amiral Jurien de la Gravièrell n'en sait rien. Les portes sont fermées. Le fait est significatif : on croyait l'Impératrice partie.

Lorsqu'il arrive au Louvre, la première personne qu'il rencontre est le général Schmitz, qui lui dit : « L'Impératrice est partie. »

L'amiral Jurien de la Gravière est venu donner cette même nouvelle. Il est alors quatre heures, quatre heures et quart. Il y a une déclaration qui a surpris tout le monde : c'est celle de M. Busson-Billault, qui a vu, dit-il, le général Trochu se diriger à cette même heure vers la rue Castiglione.

Puisque je suis en cour d'assises, je constate cet alibi : car, entre une heure et deux heures, le général Lebreton est venu chercher le général Trochu, l'a vu monter à cheval devant lui et se rendre au Corps législatif.

A son retour, il a appris que le général Schmitz avait rempli sa mission aux Tuileries, que l'Impératrice était sauvée. Que pouvait-il faire de plus ?

C'est à ce moment que M. Steenackers vient lui offrir ce que M. Vitu appelle le pouvoir suprême. M. Trochu avait quitté son uniforme; il entre dans le cabinet où était sa femme et lui dit : « Voilà ce qui arrive, que faut-il que je fasse ? Nous avons partagé les bonnes et les mauvaises épreuves ; ta vie est associée à la mienne. »

— Fais ton devoir et va à l'Hôtel de ville, lui répondit madame Trochu.

Alors il part; il arrive à l'Hôtel de ville, où il est reçu par les hommes qui avaient pris une redoutable tâche. Ils lui disent : « Si vous ne prenez pas le pouvoir, nous sommes perdus. Nous sommes en présence d'une foule révolutionnaire qui se rappelle qu'en 1848 on a écarté d'elle la puissance vers laquelle elle tendait la main. Nous ne pouvons combattre cette foule qu'avec vous. Voulez-vous nous apporter le prestige de votre nom ? Pouvez-vous maintenir l'armée ? » Le général Trochu a accepté, et il ajoute que, dans cette assemblée, M. Rochefort ne paraissait pas encore. C'est un fait historique.

Avant de quitter l'Hôtel de ville, le général dit : « Je désire aller chez le ministre de la guerre. » Rien ne l'y forçait; mais il considérait cette démarche comme un devoir de convenance militaire, de hiérarchie et de respect. Il va donc chez le général de Palikao. Celui-ci dit : « J'ai compris qu'il venait prendre seulement le ministère de la guerre. » Il fallait que le général fût un peu troublé dans ce moment-là. Quel ministère de la guerre ? Est-ce que l'impératrice était encore régente ?

Et M. Trochu n'aurait pas dit au général de Palikao : on vient d'établir un gouvernement provisoire ? Je n'y comprends rien. La démarche du général n'en est pas moins des plus honorables. Cette visite a été toute de déférence.

Bref, après cette visite, les deux généraux

se séparent dans les termes très affectueux, pleins d'abandon. Où il y a-t-il place dans ces événements pour cette sortie accompagnée de prétoriens? C'est là une erreur évidente du témoin, et je ne veux pas insister.

Quant à cette situation acceptée par le général Trochu, elle n'a pas été jugée aussi sévèrement par M. le général de Palikao; la lettre que celui-ci lui a écrite plus tard en est la preuve.

Voici cette lettre :

> « Namur, le 6 septembre 1870.
>
> » Mon cher général,
>
> » Lorsque j'ai quitté le ministère de la guerre, par suite de la révolution qui s'est produite dans Paris, mon premier soin a été de venir dans ce pays, chercher des nouvelles de mon fils, dont le sort m'inquiétait vivement. Je viens d'écrire à Bruxelles, et je compte me rendre à Bouillon, si je puis obtenir un sauf-conduit.
>
> » Je croyais en partant que vous me succéderiez comme ministre de la guerre, et à ce titre je vous ai recommandé les miens.
>
> » Quant à moi, j'ignore quelle position me sera faite, et je n'en sollicite aucune, n'appartenant par aucune attache aux membres actuels du gouvernement,
>
> » Seulement, je crois pouvoir faire appel à d'anciens souvenirs et aux services que j'ai rendus à mon pays, pour vous dire que je n'ai aucune fortune et que ma solde de disponibilité m'est indispensable pour moi et ma famille.
>
> » Je ne demande que ce qui m'est dû bien légitimement d'après toutes les lois. Je n'ai aucune ambition et je n'en ai jamais eu ; je désire finir tranquillement une carrière déjà bien longue et traversée par bien des péripéties, dont la dernière est la plus douloureuse. Je termine cette lettre en vous disant qu'il existe à Namur une grande quantité de matériel : voitures, bagages, chevaux, qui arrivent à chaque instant et sont internés au camp de Beverloo; hommes et chevaux paraissent en très bon état et sont l'objet des soins les plus sympathiques de la population belge.
>
> » Je vous prie d'agréer, mon cher général, l'expression de mes sentiments d'ancienne affection et de haute considération.
>
> « COMTE DE PALIKAO. »

Les lettres que M. le comte de Palikao écrivait à M. le général Trochu, lorsqu'il était ministre de la guerre, se terminent avec moins d'affection et d'abandon.

Je ne m'arrête pas à ces passages d'intérêt personnel : car je respecte l'homme et son caractère; je désire n'apporter dans ces débats aucune aigreur, aucune passion.

Eh! bien! voilà les conditions dans lesquelles le général Trochu a fait son devoir.

Un seul mot sur la phrase du général Trochu: «Je vais faire le Lamartine à l'Hôtel de ville.» Cri d'orgueil et d'ambition, disent nos adversaires. Non pas : cri de dévouement et de désespoir. Faire le Lamartine, cela veut dire : Je vais jeter à cette foule ardente, à ces convoitises, ma grande réputation intacte, ma popularité qui m'était chère, tout l'honneur de mon nom. Je vais jouer tout cela dans une partie où je ne sauverai pas le pays. Je vais faire le Lamartine à l'Hôtel de ville ! voilà ce que ça veut dire. Et il avait bien raison. Il allait livrer comme lui sa gloire pure pour arriver à servir de pâture à des articles de M. Vitu et à se défendre comme un coupable devant la cour d'assises et devant votre justice.

Et cette lettre à l'amiral Fourichon, est-elle emphatique ? Ecoutez-la.

M⁰ Allou fait alors une nouvelle lecture de cette lettre que nous avons donnée plus haut, et il ajoute :

Je ne connais pas de lettre plus digne. L'appel a été entendu ; il lui a été répondu avec le cœur et le patriotisme.

Ah ! vous ne pouvez pas comprendre la révolution sans les trahisons, sans les complots; vous ne pouvez pas comprendre que lors qu'on est au milieu de cette population affolée qui quinze jours auparavant criait : A Berlin! et qui ne recevait que des nouvelles funèbres; vous ne pouvez pas comprendre le soulèvement de la population tout entière !

Ici M⁰ Allou prononce avec une grande éloquence un véritable réquisitoire contre l'Empire, pour prouver que M. Trochu n'a pu le trahir: car le régime impérial s'était écroulé depuis longtemps déjà sous le poids de ses fautes. Il s'adresse ensuite aux partisans que l'Empereur avait conservés et dit :

Que faisait donc cette majorité de l'Empire et de l'Impératrice? Rien! Le pouvoir était abandonné par ses fidèles, et ils viennent demander au général Trochu, qui ne faisait pas partie de cette majorité, pourquoi il n'a pas défendu ce pouvoir! En acceptant le poste qui lui a été offert, M. le général Trochu n'a donc rien trahi, mais a fait seulement un acte de dévouement et de patriotisme.

Maintenant, poursuit M⁰ Allou, je vais vous prouver que le *Figaro* lui-même considérait l'Empire comme disparu.

Et l'honorable défenseur lit un certain nombre d'articles du journal qui viennent à l'appui de son affirmation. Mais nous reprocherons à l'éloquent avocat d'avoir paru prendre au sérieux les passages où il est question, dans ces articles, de MM. Louis Blanc et Blanqui comme membres du gouvernement.

M⁰ Allou, après cette lecture, entre dans la discussion des faits relatifs au siège de Paris.

Pour repousser l'accusation portée contre M. le général Trochu d'avoir été un obstacle à la paix, il rappelle que, selon M. Thiers lui-même, c'est l'émeute du 31 octobre qui a amené la rupture de l'armistice.

Puis le défenseur retrace le rôle tout de dévouement du gouverneur de Paris pendant la durée du siège et il arrive à l'affaire de Buzenval et à cette proclamation dans laquelle le général a dit qu'il ne capitulerait pas.

Il ne s'agissait pas, dit M⁰ Allou à ce sujet, de ne pas capituler devant la famine, et Paris a

tenu vingt jours encore après cette proclamation que les événements avaient dictés.

Aujourd'hui cependant on lui reproche Buzenval, Buzenval préparé avec autant de soin que de vigilance. C'était Paris tout entier qui avait voulu cette sortie, et après cet échec il voulait encore ce qu'il appelait la sortie torrentielle.

Le procès, messieurs, le voilà donc. Un homme de cœur et d'honneur, qui a été, dans sa dignité militaire, dans sa carrière, diffamé de la façon la plus abominable.

L'outrage est dans ces paroles :

« Entre Troppmann et Dumolard. »

Ce n'est pas vrai, bien entendu : car même dans le musée de madame Tussaud, il y a un certain ordre.

Voilà l'outrage! Puis viennent les paroles attribuées au maréchal de Mac-Mahon, auquel on fait dire : « Je le croyais un honnête homme ! »

Quant au propos attribué au général Changarnier, s'il fallait exprimer ma conviction, je crois qu'il l'a dit. Il pouvait s'expliquer, mais il a préféré ne pas le faire. Que voulez-vous, messieurs ? si deux personnes l'ont dit, deux personnes ont eu tort, et la reproduction d'une telle pensée constitue un outrage dont M. le général Trochu a le droit de demander compte à M. Vitu.

Voilà les explications que j'avais à vous donner, et je vous dis : Démosthènes, poursuivant ses calomniateurs devant leurs juges, leur disait : Quand vous sortirez d'ici, vous irez, vous viendrez, vous vaquerez à vos affaires ; vous rentrerez chez vous. Les uns iront au Forum, les autres iront au spectacle. Pourquoi? Parce que vous aurez audessus de vous la protection du droit, la garantie de la loi. Ces garanties, qui font votre sécurité, est-ce que vous avez le droit de me les refuser? Est-ce que je n'ai pas le droit de les revendiquer? C'est la seule question que nous voulons vous poser.

Nous avons été modérés, très modérés dans les débats et dans les plaidoiries. Nous nous sommes attaqués à M. de Villemessant d'abord, et M. Vitu s'est livré très hautement. Si M. de Villemessant se fût retiré alors, il n'aurait pas été retenu. Nous n'avons pas appelé l'imprimeur.

Mais M. de Villemessant a revendiqué si allègrement son rôle que, lui aussi, a été devant vous. Nous nous serions contentés de retenir, dans le débat, M. Vitu seul.

Vous apprécierez tout cela. M. de Villemessant a dit qu'il avait bu du lait ; vous verrez si vous devez troubler cette jouissance.

Ce que je reproche au *Figaro*, ce n'est pas la légèreté, les propos joyeux de sa rédaction. Je ne suis pas de ces censeurs sévères, et, quand je voyage, il peut se faire qu'on trouve ce journal dans ma main. J'aime à voir la gaieté française secouer ses grelots. Je n'incrimine pas cela, je le comprends : il veut plaire à ses lecteurs. Ce que je lui reproche, c'est le caractère dissolvant et énervant de sa politique.

A l'heure où nous sommes, il y a une chose incontestable : c'est que la France n'a nulle part les forces nécessaires pour se créer une destinée définitive. C'est cette politique qui peut amener la lutte entre les partis, et il y a quelque chose de plus épouvantable encore que la guerre avec l'étranger, c'est la guerre civile, s'engageant, non pas dans la grande cité, mais dans nos villes et dans nos villages.

Mᵉ Allou fait ensuite un éloquent appel à la conciliation, à l'union de tous les partis jusqu'à la libération du territoire, et il termine par ces mots, remplis d'un véritable souffle patriotique :

Ecartons tout ce qui nous divise. Nous pouvons nous réunir dans notre patriotisme pour obtenir la libération du pays et la paix publique. Que tout le monde y prête les mains, les bonapartistes eux-mêmes, qui sont nos adversaires apparents dans cette lutte. Est-ce qu'il n'y a pas parmi eux des hommes distingués dont nous devons réclamer le concours? Nous devons tendre au rapprochement de tous, et espérons, messieurs, que, dans l'avenir, Dieu sauvera encore la France !

Ces derniers mots sont accueillis par des applaudissements qui s'adressent certainement plus encore au talent incontestable de l'orateur qu'à la thèse qu'il vient de soutenir avec une véritable éloquence et surtout un grand dévouement.

Réquisitoire

Après Mᵉ Allou, c'est M. l'avocat général Merveilleux-Duvignau qui prend la parole pour soutenir l'accusation contre MM. de Villemessant et Vitu ; mais l'espace et l'heure me permettent seulement de résumer son réquisitoire, réquisitoire assez modéré d'ailleurs et dont le *Figaro*, pour sa part, ne doit pas se plaindre outre mesure.

M. Merveilleux-Duvignau est le type du magistrat des vieux parlements. Il a le visage allongé, la voix ferme, le geste sobre. Il sent toute la gravité de son mandat. Le véritable réquisitoire a été prononcé par l'avocat de la partie civile. Tous les développements que comportait l'affaire lui ont été donnés par Mᵉ Allou. Reste l'intérêt de la loi à soutenir, et M. Merveilleux-Duvignau y met une convenance parfaite.

L'honorable organe du ministère public s'est surtout attaché à démontrer le courage de M. le général Trochu et les difficultés de sa situation aussi bien pendant le siège qu'en face de son adversaire d'aujourd'hui.

Cet adversaire, a dit M. l'avocat général, est le *Figaro*, le journal le plus universellement lu, celui qui pénètre partout et qui a presque formé une génération à son image. C'est ce journal, qui jouit d'une incontestable popula-

rité, d'une remarquable puissance, qui a usé de cette puissance pour préparer l'opinion publique, je n'ose pas dire l'opinion des juges, dans la cause où il est intéressé, en faisant écrire une préface, qui résume tout ce qui a été dit sur le général Trochu, et en reproduisant un article d'un de ses anciens collaborateurs.

M. Merveilleux-Duvignau passe ensuite rapidement en revue les actes de M. le général Trochu, en s'efforçant de prouver qu'il a toujours fait ce que les circonstances l'ont contraint à faire.

Dans certains moments, a dit M. l'avocat général, il est moins difficile de faire son devoir que de le connaître (mot du maréchal Marmont), et en tous cas il faut prendre conseil de sa conscience ; d'ailleurs, le temps presse, on est obligé d'improviser des résolutions, et — quelquefois l'improvisation n'est pas heureuse.

Le général Trochu, selon lui, n'aurait pas dû être attaqué en ce moment ; on devait prendre des notes pour l'avenir et laisser à la postérité le soin de le juger.

M. l'avocat général termine enfin en disant :

Acquittez ou condamnez le *Figaro*, cela ne changera rien à sa situation, et la véritable question est celle-ci : M. le général Trochu a-t-il forfait à l'honneur? C'est là, messieurs, mon dernier mot.

Tout le procès est là, en effet : car on voit que, dans ces intéressants débats, c'est M. le général Trochu qui jusqu'ici a été réellement en cause.

Mᵉ Grandperret

Après le réquisitoire de M. Merveilleux-Duvignau, M. le président Legendre donne la parole à Mᵉ Grandperret, le défenseur de M. Vitu; mais celui-ci ne prononce que les quelques paroles suivantes :

Messieurs, je regrette l'impossibilité d'aborder la défense à une heure aussi avancée de l'audience. Je répondrai à M. l'avocat général, je répondrai à mon éminent contradicteur; je le ferai, non dans leur magnifique langage, mais, j'en prends l'engagement, sur tous les points.

Toute conscience, messieurs, veut entendre la défense : il est temps, il est juste qu'elle ait son tour de parole.

Ces mots, prononcés d'une voix ferme, indiquent assez la vigueur avec laquelle, lundi prochain, jour où les débats ont été renvoyés, l'éminent orateur tiendra les promesses, toutes les promesses qu'il vient de faire.

Audience du 1ᵉʳ avril 1872

La foule est encore plus considérable aujourd'hui que les jours précédents. Non-seulement l'estrade de la cour est si littéralement encombrée, que la plupart des personnes qui s'y trouvent sont obligées de rester debout; non-seulement le prétoire est comble, mais l'espace réservé aux témoins est absolument rempli dès neuf heures et demie, et c'est à grand' peine que les véritables témoins trouvent à se placer.

. Les conversations sont très animées, très bruyantes même. La vaste tribune réservée habituellement aux accusés est occupée par un grand nombre de jeunes avocats, qui discutent l'affaire. qu'ils suivent pour la plupart depuis la première audience, retrouvant chaque fois leur place du jour précédent.

Plusieurs de ces avocats, qui sont au premier rang, émettent à haute voix leur opinion sur le fond du procès, sur les témoins, sur les défenseurs, et il est à remarquer que ce banc est précisément en face de celui du jury.

A dix heures et demie, on annonce la cour. Le silence se fait aussitôt, et M. le président Legendre donne la parole à Mᵉ Grandperret.

Plaidoirie de Mᵉ Grandperret

On comprend la réserve extrême que doit mettre le *Figaro* dans l'appréciation du talent et de la personne de ses éloquents défenseurs.

A propos de Mᵉ Grandperret, je ne ferai que répéter ce que tout le monde sait au palais, et que rappeler quelle a été la brillante carrière de celui qui, après avoir été le chef du parquet de la cour des Paris, fut ministre de la justice dans les derniers jours de l'Empire, à la période du suprême péril et du suprême devoir.

Mᵉ Grandperret est dans toute la force de l'âge, dans tout l'éclat d'un talent que ses hautes fonctions laissaient deviner, mais ne lui permettaient pas de montrer dans tout son développement. Il a la voix d'une douceur infinie, la diction pure, le geste large et puissant. Sa conviction s'impose avec une rare énergie. Peu d'avocats ont possédé ce degré d'autorité.

Au parquet, Mᵉ Grandperret représentait la loi dans toute sa puissance; au barreau, il représente la justice dans toute sa sérénité.

Il est artiste, et le montre par le choix des expressions, l'harmonie des périodes. Ce n'est pas, du reste, la seule harmonie qui lui soit familière. Il est musicien de premier ordre, et à ses jours de repos joue du violon comme un élève favori de Paganini.

Mᵉ Grandperret commence son plaidoyer ainsi :

Messieurs,

Je viens vous soumettre la défense de M. Vitu ; il se présente devant vous avec une respectueuse confiance dans votre haute et intelligente justice ; c'est la première fois qu'il soutient une lutte judiciaire. C'est un écrivain qui a toujours été fidèle aux mêmes sentiments, et qui par cette seule persévérance est digne de votre bienveillance. Il est accusé de diffamation et d'outrages publics.

Si la première accusation est de nature à provoquer un grave débat, la seconde ne doit pas retenir longtemps votre attention. Je pense qu'il ne reste plus rien de cette seconde prévention; car, dans un semblable débat, on ne peut s'arrêter à quelques expressions que le goût condamne, mais non la justice.

Lorsqu'il s'agit de rendre compte, soit du sang répandu à Buzenval, soit du rôle qu'on s'est attribué au milieu d'une crise révolutionnaire formidable, soit de l'exemple de fidélité politique qu'on a pu donner au monde, on ne peut plus être admis à faire entendre des récriminations subalternes à l'occasion de quelques inconvenances de langage, d'où l'on voudrait faire sortir le délit d'outrage envers un fonctionnaire public.

Il faut vous dire, messieurs, que ces procès d'outrages aux fonctionnaires publics ne sont intentés d'ordinaire que par de très petits fonctionnaires ; mais, lorsque nous voyons l'ancien chef du gouvernement du 4 Septembre venir nous dire · Je me prévaux de mes fonctions publiques pour réclamer justice de quelques expressions irrespectueuses. Oh! alors, nous comprenons moins le procès, alors surtout qu'on ne doit pas être si susceptible pour soi-même lorsqu'on a toléré de telles infamies, de telles caricatures sur ceux que le malheur devait faire respecter...

Des applaudissements partis de tous les coins de la salle interrompent ici l'orateur. Il reprend :

M. Vitu aurait mieux fait de ne pas se servir de certaines expressions : Troppmann et Dumollard, par exemple. Quant au propos attribué à M. le général Changarnier, il n'en reste rien, si ce n'est le propos même.

Mᵉ Allou a fait le siége du général; mais celui-ci s'était promis, lui, de ne pas capituler, et il a tenu sa promesse. Le général a répondu ce que vous savez. Il était évident que, s'il n'avait pas tenu ces propos, il aurait répondu de suite : « Non, ce n'est pas! » Le propos circulait depuis longtemps ; M. Giraudeau l'a répété à M. Vitu, et M. Vitu l'a écrit.

Mᵉ Grandperret lit ici une lettre de M. Fernand Giraudeau, qui, ne pouvant venir en témoigner à l'audience, déclare que c'est lui qui a répété à M. Vitu le propos du général Changarnier.

Ne parlons donc plus de ce propos, continue Me Grandperret. En ce qui concerne la déposition de M. le maréchal de Mac-Mahon devant la commission d'enquête, il est certain que l'illustre militaire a dit : « C'était mon opinion. » A l'audience, lorsqu'on lui a demandé si quelque chose était venu changer son opinion, le maréchal s'est contenté de répondre comme il l'avait fait devant la commission d'enquête : « C'était mon opinion. »

Passons donc au chef de diffamation. A ce sujet, j'ai pour mission de vous démontrer non-seulement que M. Vitu n'a écrit que ce qu'il croyait, que ce qu'il croit être vrai, mais qu'il l'a fait avec bonne foi.

C'est ce que je vais faire ; mais je ne veux plaider que le procès, pas autre chose. On nous disait qu'il était question ici d'un débat entre M. le général Trochu et l'Empire : je n'admets pas que M. Trochu s'élève à la hauteur d'une dynastie.

On vous a dit que nous avions cherché ce procès pour y apporter des regrets et des espérances. Nous sommes seulement ici des défenseurs. Vous nous prêtez vos préoccupations : c'est vous qui aviez besoin d'une tribune nouvelle pour faire une tentative désespérée devant l'opinion publique.

Messieurs, on s'est trompé, je ne viens pas faire une œuvre politique ; je n'en connais qu'une qui soit honorable et bonne : c'est celle qui consiste à respecter, à aimer notre pays et à n'avoir pas d'autre passion que celle de la patrie. Contre les insinuations qui ont été lancées l'autre jour par mon contradicteur contre un homme illustre, qu'il se réserve pour le moment où il sera à la Chambre, où l'appelle son talent. Revenons donc au procès.

Je dirai d'abord à M. Trochu qu'il aurait dû suivre les conseils que donne M. le président de la République dans son discours de 1868 ;

« Quand vous en arrivez aux agents de l'autorité publique à tous les degrés ; ceux-là, il faut les discuter sans mesure !... » Et M. Thiers rappelait un passage d'un de ses précédents discours : « Que demandions-nous autrefois, et que sommes-nous prêts à accorder encore ? Est-ce la liberté de discuter les actes ministériels sans mesure ? — Oui ! — La liberté de nous calomnier ? — Oui ! — La liberté de nous imputer des faits vrais ou faux et plus souvent faux que vrais ? — Oui ! — La liberté d'exciter contre nos personnes la haine, le mépris, tous les sentiments injustes ? — Oui encore !... Oui, cette liberté, nous l'acceptons franchement et sans réserve, comme condition du gouvernement représentatif. »

Et M. Glais-Bizoin ajoutait : « C'est là la vraie liberté. »

Ne me demandez pas, car je n'en sais rien, si M. le président de la République persiste aujourd'hui dans ces principes ; mais ils n'en restent pas moins pour l'édification de tous. Dans le même discours se trouve encore un autre passage :

« Il y a dans le pays des hommes illustres, qui, depuis quarante ans, figurent sur ce théâtre de la politique que l'Europe regarde, et où souvent ils eurent à éprouver des souffrances qu'il serait puéril de vouloir nier. Eh bien ! je vous le demande, quel est l'homme

honnête, convaincu, persévérant, que la presse soit parvenue à amoindrir par ses dénigrements ? Je vous défie de m'en citer un seul.

» Nos généraux, qui passent la frontière pour aller défendre le pays, vont braver les boulets de l'ennemi ; savez-vous quels sont les boulets que nous, hommes publics, nous devons braver ? c'est l'injustice, c'est le dénigrement, c'est la calomnie.

» Tels sont les dangers contre lesquels nous devons fortifier notre cœur. Si nous n'avons pas ce genre de courage, nous ne sommes pas dignes de mettre la main aux affaires publiques.

Je ne répudie pas ces paroles pour M. Vitu, qui n'en a pas besoin ; mais elles s'adressent à M. le général Trochu. La presse arrive toujours tôt ou tard à honorer ce qui est bien, et la postérité juge les hommes sur leurs actes. Si les événements que vous avez traversés laissent des inquiétudes dans votre esprit, n'espérez rien de la petite digue que vous voulez opposer aujourd'hui au courant de l'opinion publique.

Nous venons vous parler de Buzenval et du 4 Septembre. Arrêtons-nous d'abord à Buzenval ; et je vais, à ce sujet, vous remettre sous les yeux l'article incriminé.

« 19 janvier 1872 ! anniversaire d'un jour de deuil, où le sang le plus pur coula dans une entreprise ténébreuse, que la conscience publique a flétri du nom d'assassinat ! Au moment où les régiments de marche de la garde nationale furent lancés à travers le brouillard contre les batteries prussiennes, le gouvernement de la prétendue défense nationale était déjà résolu à capituler.

» Une seule chose troublait ces âmes de sycophantes : ils craignaient l'indignation de la population parisienne et ses suites possibles quant à la sûreté de leurs précieuses personnes. Ils s'attendaient à être écharpés. « Le gouverneur de Paris ne capitulera pas, » avait dit le général Trochu dans une proclamation solennelle. Et cependant il savait qu'avant dix jours il aurait rendu la ville, les forts, les fusils, les canons de l'armée, payé 200 millions de contributions de guerre, et signé, avec les préliminaires de la paix, l'abandon implicite de l'Alsace et de la Lorraine.

» Contre son attente, le farouche bombardement qui dévastait la rive gauche n'avait pas ébranlé le courage des Parisiens. L'expédition de Buzenval fut résolue. On envoyait au feu l'élite de la jeunesse qu'on envoyait au feu : les résultats étaient prévus : le lendemain du désastre, la garde nationale et la population viendraient supplier le gouvernement de mettre fin à une boucherie inutile, et le gouvernement déférerait, non sans résistance, aux vœux de la population.

» Vains calculs ! crime sans résultat !

» La consternation fut grande, il est vrai. Presque tous les morts portaient des noms connus dans le monde, dans les lettres, dans les arts, dans la marine et dans l'armée : H. Regnault, Frank Mitchell, Pérodeaud, Seveste, Perelli, Montbrison, Lesseps, Coriolis, Rochebrune ! Pardonnez-moi chers morts, de ne pas vous citer tous ! Mais si l'on pleurait, on ne songeait encore qu'à vous venger.

» On lisait avec plus d'étonnement les dépêches en style macabre où le gouverneur cherchait à méduser la population, en ne lui parlant que de blessés, de brancardiers, de morts et d'enterrements. Rien n'y fit: les Parisiens demeurèrent stoïques. Ce que voyant, le gouverneur et le gouvernement prirent leur parti et se dirent: « Eh bien! nous capitulerons tout de même. »

Ainsi, selon M. Vitu, Buzenval a été une bataille inutile, une tentative de diversion pour l'esprit parisien, un moyen d'échapper à l'emportement de la population. Cela est dans l'article, c'est vrai. Mais M. Vitu ne donne pas là un récit de la bataille de Buzenval, il ne porte pas une accusation nouvelle contre le général Trochu.

Il parle selon la conscience publique, et nous avons à prouver seulement que M. Vitu n'a fait que suivre cette conscience publique. C'était son droit; il avait le droit de dire la vérité à M. le général Trochu, qui nous poursuit en ce moment comme fonctionnaire public. Il me suffit donc de vous prouver que M. Vitu n'a fait que répéter ce qui se disait, et pour y arriver je vais vous donner un échantillon des nombreux articles qui se prononcent dans le sens de M. Vitu.

Voici d'abord un article du *Paris-Journal*, feuille dirigée par un homme de courage et de conviction, M. de Pène. Cet article est intitulé : *Le Crime du 19 janvier :*

« Nous en demandons pardon à nos lecteurs. Il s'en trouve parmi eux dont nous allons exaspérer les plaies encore saignantes; il est des cœurs meurtris que nous allons crucifier pour la seconde fois. Mais avons-nous bien le droit de compter avec la douleur maintenant ? C'est notre pain quotidien de l'avenir. On n'en vit pas; on peut du moins apprendre à n'en pas mourir.

» On se souvient peut-être qu'il y a environ trois semaines, nous avons rapporté ici même le propos incroyable tenu par un officier supérieur devant qui on parlait de la défense et de la garde nationale :

« La défense est impossible, disait-il; » quant à la garde nationale, puisqu'elle y » tient absolument, nous lui ferons faire une » saignée et ce sera tout. »

» C'est en nous rappelant cette phrase que nous avons écrit ces lignes, et cette phrase nous a été remise en mémoire par la nouvelle note du *Journal officiel* d'hier, sur les pertes subies par la garde nationale mobilisée dans la bataille du 19 janvier.

» La voilà donc cette saignée qu'on nous avait promise! Elle a peut-être été un peu plus abondante qu'on ne l'eût souhaité. Mais, bah! une fois n'est pas coutume, et l'on savait bien qu'on n'y reviendrait plus. »

Viennent quelques mots adressés au général Clément Thomas, et que je passe sous silence, parce que sa mort a fait tout oublier. L'article continue :

« Nous le disons au général Trochu et à tous ceux qui, de près ou de loin, ont prêté la main à cette soi-disant affaire du 19 janvier : *Vous avez commis un crime, un crime de lèse-humanité, un crime de lèse-nation, un crime de lèse-conscience !*

» Le général Trochu et les autres savaient que Paris allait capituler; ils savaient qu'il n'y avait plus de vivres en magasin, et que les armées de secours étaient trop loin pour que désormais il nous fût possible de les attendre.

» Mais on ne pouvait décemment capituler qu'au lendemain d'une bataille, c'est-à-dire d'une défaite — les deux mots sont devenus synonymes par nos généraux de Paris. — Cependant on prit toutes les dispositions pour qu'un succès fût impossible : car qu'en aurait-on pu faire ? Montretout était imprenable, disait-on. On chargea la garde nationale de le prendre.

» Ah! vous avez voulu vous battre, braves gens! vous avez demandé à entendre de près le canon prussien! Allez-y si vous pouvez et revenez-en si Dieu le veut! Mais du moins Paris ne pourra plus rien nous reprocher, et nous pourrons en finir!

» Avouez-le, général Trochu : voilà quelle a été votre secrète pensée.

» Voilà l'historique de la journée du 19 janvier.

» Et pendant ce temps-là, M. Jules Favre taillait la plume qui devait signer la capitulation, et le général Trochu invoquait Loyola pour trouver un moyen de ne pas être pris en flagrant délit de mensonge avec sa fameuse déclaration : « Le gouverneur de Paris ne ca- » pitulera pas. »

» Et Loyola lui répondait.

» La *saignée* faite, on entama les négociations avec Versailles.

« Avais-je raison d'appeler un crime cette journée du 19 janvier, un crime préparé, prévu, combiné, avec aggravation de guet-apens? Car interrogez tous ceux qui sont revenus de cette sinistre échauffourée, et ils vous diront que tous ces canons fondus à Paris à si grand'peine depuis cinq mois, pas un seul n'a donné la réplique à l'artillerie ennemie.

» Braves gens que vous étiez! c'était pour mieux vous laisser entendre la canonnade prussienne.

» Dormez en paix, soldats morts sans profit, mais non sans gloire! et, s'il est vrai que, par-delà la tombe, les ombres reviennent parfois chez les vivants, que les vôtres aillent hanter les consciences coupables du crime du 19 janvier. »

Voilà, messieurs, un exemple des fréquentes interpellations de la presse; et certes l'article de M. Vitu est bien terne en présence de celui que je viens de lire. La population était constamment trompée par les proclamations; elle manifestait des revendications, et on lui a imposé une saignée. Vous voyez que la conscience publique était soulevée. Je viens de parler des journaux ; voyons maintenant les livres.

Ce que je vais vous lire se trouve dans l'ouvrage de M. Sarcey, *le Siége de Paris.*

« On assurait qu'un des vieux généraux, parlant de cette expédition, avait dit en propres termes : « Ces blagueurs de gardes na- » tionaux veulent absolument qu'on leur fasse » casser la gueule; on va les y mener. » Ce propos soldatesque avait été traduit par les journaux dans un style moins pittoresque, mais plus académique : « La garde nationale » veut une saignée; nous allons la lui faire » faire. »

La bataille est perdue, et voici les réflexions qui arrivent : « Ainsi ce serait donc » toujours la même chose! Toujours on nous » parlerait de ces masses énormes d'artillerie » qui, arrivées à la fin du jour, changeaient la » face du combat! Qu'avait-on fait de ces cen-

» taines de canons que nous avions par élan
» de souscription patriotique fait fondre et
» offerts au gouvernement de la défense na-
» tionale? Apparemment il les gardait pour
» les offrir aux Prussiens le jour de la reddi-
» tion. »

» Ce ne fut qu'un cri : « On n'est pas si
» maladroit que cela. » Puis, la réflexion aidant, on se demande : Est-ce bien vraiment
maladresse ? Ne serait-ce pas plutôt calcul ?
Ne veut-on pas, en effrayant les imaginations,
incliner les Parisiens à l'idée d'une capitulation ?

» Ceux qui pensaient ainsi, ET CE FUT BIEN-
TOT TOUT LE MONDE, faisaient remarquer la
façon dont le *Journal officiel* venait d'annoncer les nouvelles qui lui étaient arrivées
de province par pigeons. Nous ne tardâmes
pas à connaître toute la vérité : elle était na-
vrante... »

M. Francisque Sarcey dit que tout le monde
s'était révolté contre la bataille de Buzenval,
et M. Vitu a dit : « la conscience publique. »

Pourquoi M. le général Trochu n'a-t-il
poursuivi ni M. de Pène ni M. Sarcey? C'est
qu'on ne poursuit pas l'opinion publique.
Est-ce qu'il y a là un débat judiciaire? Est-ce
que vous pouvez, si haute que soit votre ju-
ridiction, vous prononcer en semblable matière? Est-ce que ce débat n'appartient pas
tout entier à l'histoire et à la conscience publique?

Et cependant M. le général Trochu poursuit M. Vitu, parce qu'il lui a dit la vérité,
alors qu'il avait le droit de la lui dire.

Voulez-vous constater cette opinion publique dans d'autres classes de la société? voyez
ce qui a été répondu par tous ceux qui ont
déposé devant la commission d'enquête du
18 mars.

Vous verrez que la conscience publique tout
entière s'était révoltée. Faut-il vous dire que
M. le général Vinoy a jugé lui-même sévèrement cette affaire et la dépêche adressée par
le gouverneur de Paris en vue de demander
un armistice pour relever les morts, dépêche
exagérée pour faire excuser la capitulation?

« Il faut maintenant, disait la dépêche. parlementer d'urgence à Sèvres pour un armistice de deux jours qui permettra l'enlèvement des blessés et l'enlèvement des morts.

» Il faudra pour cela du temps, des efforts,
des voitures très solidement attelées et
beaucoup de brancardiers. »

M. Vitu a dénoncé cette dépêche; mais ici
encore, n'est-il pas avec l'opinion publique?
Je lis ceci dans le livre du général Vinoy
sur le siége de Paris :

« La journée du 19 janvier ne fut pas aussi
meurtrière qu'on pouvait le faire supposer
la longue durée du combat, la violence du
feu de l'artillerie ennemie pendant le jour et
la vivacité de la fusillade qui termina la bataille. Mais Paris tout entier fut frappé d'une
profonde et indicible stupeur à la lecture
d'une dépêche du gouverneur prescrivant
« de parlementer d'urgence à Sèvres pour
» un armistice de deux jours », et déclarant
« qu'il fallait du temps, des efforts et beau-
» coup de brancardiers. »

» Cette dépêche, non moins alarmante
qu'exagérée, devait jeter un trouble douloureux dans la population, qui avait vu partir

pour le combat qui venait de se livrer un
grand nombre de ses enfants. Cependant, le
chiffre des hommes tués ou blessés ne dépas-
sait pas 3,000, et c'était là une perte relativement peu considérable pour une lutte où
près de 85,000 hommes avaient été engagés. »

Maintenant c'est le témoignage de M. le général Trochu lui-même que je veux consul-
ter. Dans son livre : *Une Page d'histoire contemporaine*, M. Trochu énumère des fautes
que je résume : « Le pays a déserté le contrôle de ses affaires, le contrôle de l'institution militaire; il a permis que la noble et
austère fonction des armes devînt une industrie; il a permis que s'introduisît dans
les mœurs publiques un double fléau: le luxe
anglais et la corruption italienne.

» C'est à ce double fléau, s'écrie-t-il, que
vous devez ce douloureux abaissement de vi-
rilité sociale qui expliquerait à lui seul les résultats de la campagne de 1870. »

Et enfin, M. Trochu ajoute : « J'offrirai à
l'Assemblée une page d'histoire militaire et
politique contemporaine qui sera authen-
tique..... »

Ainsi ce censeur sévère parle du pays au
pays, à la France vaincue ! Quel langage !
Qui donc a rendu au pays d'assez grands
services pour oser lui dire de telles vérités?
Ah! c'est ainsi que vous parlez de la patrie !
Vous n'avez que le droit de vous agenouiller
devant elle et de la pleurer.

Sans doute, nous avons tous bien besoin
de devenir meilleurs; mais est-ce à dire qu'il
faille nous arracher les quelques joies qui ont
traversé nos malheurs, et dire en souvenir
des héros de Reischoffen et de Gravelotte
qu'on fait en France une industrie du métier
des armes?

Ah! ce qui fait nos malheurs, ce sont nos
divisions. Si nous étions plus serrés les uns
contre les autres, comme nous pourrions espérer encore! Je vous l'ai dit: Je veux suivre
le général Trochu, pour savoir quelles pouvaient être les espérances à la veille de livrer la bataille de Buzenval.

Il a d'abord dit que la défense de Paris ne
pouvait pas durer plus de deux mois, parce
que la ville ne pouvait être secourue du dehors.

Puis il révèle la combinaison autour de
laquelle a pivoté la défense : c'est, si je ne
m'abuse, la sortie de 50,000 hommes qui devaient se diriger vers Rouen.

Eh bien! la nouvelle de la victoire de Coulmiers arrive à Paris, et il dit : « Cette victoire
renverse toutes mes combinaisons : car Paris
fut plein d'espoir de recevoir du secours du
dehors. Paris vit dans le succès de Coulmiers,
non pas un accident heureux, mais une marque, un présage certain de nos victoires de
l'avenir.

« A partir de ce jour se forma dans la population, dans la garde nationale, dans la presse,
dans les municipalités de Paris, dans le gouvernement surtout, l'esprit que voici : Il faut
sortir de Paris, marcher au-devant de l'armée victorieuse et résoudre ainsi le grand
problème qui pèse sur le pays.

» C'est vainement que j'expliquais que c'é-
tait là une théorie et des espérances auxquelles les faits ne répondraient pas. Il fallut
marcher au-devant de l'armée victorieuse,

laquelle, sans tenir aucun compte des efforts accumulés dans la direction de Rouen, s'annonçait venant à Paris par la direction d'Orléans. Ce fut là, je le répète, dans l'esprit de Paris, la date d'un véritable vertige : on considéra que, pour battre l'armée prussienne, il ne s'agissait que de renouveler l'effort qui avait créé le succès de Coulmiers... »

» Je dus transporter de l'ouest à l'est tous les préparatifs que j'avais faits dans la plaine de Gennevilliers !....

» Ce fut un travail immense, *que je croyais à peine possible.*

» Je doute que jamais général en chef ait rencontré, dans le cours des faits qui créent sa responsabilité, un accident plus douloureux que celui que je viens de vous montrer: car j'étais bien assuré que quand j'aurais fait, plus ou moins impuissamment l'effort, très périlleux que j'allais tenter, je ne trouverais plus libre la direction de Rouen ; et en effet, quand j'y revins, l'ennemi occupait Rouen, et il allait jusque sous les murs du Hâvre. »

Tout cela n'est-il pas étrange? Comment vous décidez-vous à abandonner ainsi ce plan que vous avez mis deux mois à élaborer? et si on vous force à cet abandon, pourquoi restez-vous le chef du gouvernement?

Ainsi vous permettez qu'on s'établisse dans un endroit découvert. On livre la bataille de la Marne, et au commencement de décembre, alors que le général Trochu disait : « Paris est abandonné à lui-même, » c'est lui qui s'oppose à la paix.

Puis on se bat encore au Bourget; au Bourget, où un jeune chef de mobiles a trouvé la mort, et dont les bulletins officiels ont tu le nom. Il a fallu que l'opinion publique protestât pour que le gouverneur de Paris se décidât à rendre au fils de M. Baroche un tardif hommage.

C'est bientôt l'intrépide Ducrot lui-même qui dit:« Il n'y a plus rien à faire. » Je demande alors à M. le général Trochu : le succès était-il possible? l'a-t-il cru possible à la veille de la bataille de Buzenval? M. de Kératry ne le pensait pas : car voici ce qu'il a dit devant la commission d'enquête :

« Jamais le gouverneur de Paris n'a cru à une défense efficace. Or, quand on ne croit pas à la possibilité d'une entreprise, il est souverainement imprudent et dangereux d'en accepter la direction. Sans cesse, le soir, à l'Hôtel de ville, il nous répétait que la défense était impossible, que Vanves et Issy tomberaient fatalement avant quinze jours aux mains des Prussiens, que nous ne pouvions que *chicaner* l'ennemi. C'était son mot favori. Chaque fois qu'une affaire de quelque importance, heureuse au début, s'achevant toujours par la retraite, avait eu lieu, il se félicitait en disant : « Nous les avons encore » un peu chicanés. » Il était de bonne foi, il ne tentait la résistance que pour l'honneur.

» Pour moi, voilà toute l'explication de ces sorties tronquées et avortées contre l'ennemi. Avec un pareil plan, il était impossible de rencontrer le succès. Quand on n'a pas la foi, on ne la communique pas à toute une population aussi prompte à toutes les sensations. Et puis, est-il bien, sous l'empire de semblables prévisions, de sacrifier hommes et millions pour paraître marcher à un résultat qu'on croit irréalisable et intangible?

» Mieux vaut ne pas retenir le pouvoir, quand on se sent impuissant pour l'exercer...

» Pour moi, il cherchait à gagner du temps vis-à-vis des agitateurs de l'intérieur, tandis qu'il en perdait vis-à-vis des Prussiens; et je reste convaincu que, si le général Trochu s'était montré plus énergique et plus vigoureux, jamais la Commune, privée du premier coup de ses chefs véritables et intimidée dans ses couches inférieures, ne se fût installée à Paris. »

Voilà, messieurs, ce qui est consigné dans les annales parlementaires. Qu'est-ce après cela que l'article de M. Vitu? L'opinion de M. Vitu était dans tous les esprits, et je vous citerai tout à l'heure le discours de M. le général Trochu, qui, sous sa forme d'apologie, est véritablement une confession. Avant d'en arriver là, permettez-moi de vous lire quelques lignes de M. le baron Stoffel :

« Quant à la défense de Paris, attendez, mon cher ami, pour vous former un jugement, que la lumière se fasse. Ne croyez rien de ce que diront les personnes intéressées ou les membres de cette détestable société, dite d'admiration mutuelle, qui nous trompe et nous déprave depuis plus de trente ans. Ils abusent de notre crédulité et de notre vanité nationale, pour nous représenter la défense de Paris comme une défense sublime ; mais suspendez votre jugement, et je vous donnerai des renseignements qui vous démontreront que le commandant en chef a fait de la défense de Paris un épisode où le grotesque le disputait au lugubre, et que son ineptie a atteint de telles limites qu'elles ont touché de près au crime. »

Où est donc l'accusé?... Je n'en sais rien, et cependant nous sommes au banc de la défense. Voilà des témoins qui viennent de partout et disent : Mais ce qu'a dit M. Vitu, nous l'avons dit avant lui; et, s'il veut chicaner l'histoire comme il chicanait les Prussiens, ce n'est pas devant vous qu'il fallait venir.

Maintenant j'arrive à la déclaration de M. le général Trochu devant la commission d'enquête parlementaire:

« Il fut décidé en conseil qu'alors que nous n'aurions plus que sept jours d'existence devant nous, M. Jules Favre irait traiter à Versailles d'un armistice, qui était, en fait, une capitulation, devant une partie de la population et toute l'armée de la démagogie, qui s'y refusaient absolument. »

Or le combat de Buzenval a lieu le 19, et l'on a traité de l'armistice le 22. Mais on avait dit dans les conseils du gouvernement, c'est M. le marquis de la Roche-Thulon qui répète la phrase dans son rapport:

« L'opinion publique ne sera calmée que lorsqu'il y aura 10,000 gardes nationaux par terre! » (Mouvement). C'est horrible ! Amenez donc auprès de vous, avant nous, dans cette enceinte, tous les écrivains, tous les rapporteurs qui se sont prononcés plus sévèrement que nous.

Est-ce que le général Trochu ne pouvait s'affranchir de toute discussion? Il dit qu'il n'a pas donné sa démission, mais qu'il a été révoqué. Ce n'est pas ce que rapporte M. Jules Favre.

Mais enfin, révocation ou démission, vous savez dans quel état de surexcitation était Paris; et c'est à ce moment que M. le général

Trochu reparaît en scène pour dire aux Parisiens : « Laissez briser vos portes par le canon; ne les ouvrez pas. »

Il soufflait ainsi sur l'agitation générale, et il fut certainement cause des manifestations qui se produisirent.

Voilà comment M. le général Trochu est descendu du pouvoir; nous allons voir comment il y était monté.

A ce moment, Me Granperret, qui parle depuis une heure et demie environ, paraît visiblement fatigué. Sur sa demande, M. le président Legendre suspend l'audience.

Reprise de l'audience.

Après une demi-heure de suspension, l'audience est reprise, et Me Grandperret poursuit sa plaidoirie :

Messieurs les jurés, dit l'éminent orateur, je vais m'efforcer d'occuper votre bienveillante attention le moins longtemps possible. Je voudrais d'abord vous donner quelques renseignements sur la carrière de M. le général Trochu. Il est trop loin de ma pensée de protester contre les éloges dont elle a été l'objet à l'audience précédente. La carrière de M. le général Trochu a été très brillante ; et, pour ce qui est du courage personnel, pour l'intelligence professionnelle, il mérite très amplement tout ce qui a été dit.

Mais je voudrais simplement vous montrer que M. le général Trochu n'a pas été, comme il vous l'a dit si souvent, l'objet de la malveillance gouvernementale; et je crois qu'il résulte des explications qui ont été données par mes contradicteurs que M. le général Trochu a eu au contraire la carrière la plus heureuse.

Il était chef d'escadron en 1850; il était alors aide de camp du général Neumayer. On vous a raconté un incident de la fin de cette année 1850, avec cette liberté que l'on prend en racontant les choses qui remontent si loin. C'est à la suite de l'antagonisme qui s'était élevé entre le général Changarnier et le général Neumayer que le premier perdit son commandement. Le 3 janvier suivant, M. le chef d'escadron Trochu était nommé lieutenant-colonel par le prince président. Une année après, il fut nommé directeur adjoint du service du personnel sous le maréchal Saint-Arnaud, trente-six jours après les événements de décembre. Tout ce qui regardait les commissions mixtes était dans le service de M. Trochu. Aux termes des règlements militaires, il faut deux ans de grade pour passer colonel : M. Trochu fut nommé colonel après deux ans et dix jours.

En 1853, sur une liste de colonels il était le trentième; un an et dix mois après, il était fait général de brigade. En 1859, le 24 mai, il devint général de division. Cet avancement est assez rapide. Mais, sous tous les gouvernements, il y a toujours des hommes bien traités et qui sont toujours mécontents, qui se disent méconnus.

Il y a deux manières différentes de traiter ces hommes. Le sombre Philippe II disait d'un personnage de la cour qui parait toujours mécontent : Ah! celui-là veut passer pour un martyr : il le sera. Et le roi tint cruellement

parole. Mais un autre souverain, le prince d'Orange, Guillaume III, qui se trouvait dans une situation analogue vis-à-vis d'un homme qu'il avait toujours bien traité et qui ne cessait de se plaindre, disait : Ah! il a voulu passer pour victime; mais j'ai toujours pris grand plaisir à le désappointer. Eh bien! l'Empire a toujours désappointé le général Trochu, et a toujours eu raison, sauf à la veille du 4 septembre.

Me Grandperret retrace ensuite le rôle de M. le général Trochu au camp de Châlons, et prouve que l'intérêt dynastique n'a été pour rien dans le mouvement des armées; puis il revient ensuite avec le général à Paris, et, pour repondre à cette allégation que le nom de l'Empereur aurait été effacé de la proclamation par l'ordre de l'Impératrice, l'éloquent défenseur lit la lettre suivante, adressée à la princesse Anna Murat :

« Ma chère Anna,

» Je viens de lire dans le *Journal officiel* le discours du général Trochu. Je ne sais si l'indignation sera assez forte pour me faire surmonter le dégoût que j'éprouve à la pensée de cet homme qui, après avoir trahi et abandonné la souveraine, essaye aujourd'hui, du haut d'une tribune française, de déshonorer la femme.

» Dans un récit fantastique, il ose me présenter comme une ambitieuse prête à trahir le pays et l'Empereur, voulant effacer son nom d'une proclamation pour des raisons que le général seul a pu trouver dans son cœur, mais qui, grâce à Dieu, n'ont jamais eu de place dans le mien.

» Il côtoie la vérité comme il a côtoyé les Tuileries sans y entrer. Il s'empare d'un fait réel pour le dénaturer. La première phrase de sa proclamation, dont il me montra le projet dans la nuit du 17 août, annonçait que *le général précédait l'Empereur seulement de quelques heures.*

» Lorsque l'éventualité de ce retour fut écartée, il fallait nécessairement modifier cette phrase. J'en fis l'observation au général, et *c'est là l'incident* dont il profite pour me prêter un rôle odieux. Vous qui savez que l'Empereur m'est devenu plus cher depuis nos malheurs; vous qui savez combien j'admire son abnégation, son courage, son calme inébranlable en présence des plus viles calomnies, croyez-vous que j'eusse choisi un tel moment pour le renier ?

» Il est aussi une accusation que je veux relever. Le général Trochu prétend que le gouvernement de la régence n'a rien fait pour la défense de Paris, du 17 août au 4 septembre. L'enquête, j'en ai la certitude, prouvera le contraire. Le général s'accuse lui-même, puisqu'il était à la tête du comité de défense. Personne ne pouvait paralyser son autorité : la loi concentrait entre ses mains les pouvoirs de l'état de siège, ces pouvoirs exceptionnels que Cavaignac a exercés en 1848, et Mac-Mahon en 1871. Quant à moi, j'accepte résolûment toute la *part de responsabilité* qui me revient dans les événements politiques auxquels j'ai été mêlée comme régente; mais il est un honneur que je ne me laisserai pas enlever, celui de n'avoir eu qu'une pensée, le salut du pays, et d'avoir en toute circonstance subordonné à sa cause toutes les questions dynastiques.

» Je n'ai fait en cela que suivre l'exemple de l'Empereur : lorsque sur le champ de bataille de Sedan il se sacrifiait pour sauver 70,000 existences, lorsqu'il s'effaçait pour laisser à la régence *toute liberté* de traiter sans lui, il croyait supprimer ainsi le seul obstacle qui s'opposait à *la paix*, le roi de Prusse ayant déclaré que c'était l'Empereur qu'il combattait et non la France.

» Pendant ce temps, le *général Trochu*, d'accord avec l'opposition, fait une révolution, prive ainsi la France de l'appui de l'Europe *monarchique*, *dégage les souverains et leurs gouvernements des engagements* PRIS, et commence « cette héroïque folie » qui est la cause de nos désastres. Pourtant, il l'avoue lui-même, à partir de la fin de septembre, il ne croit plus ni à la défense de Paris ni aux armées de province; il n'a d'espoir que dans l'intervention de l'Angleterre, de l'Italie et de l'*Amérique*: rêve maladif de son imagination surexcitée! Pour le réaliser, il commence par enfermer le ministre des affaires étrangères dans Paris et l'isole du corps diplomatique. Lui qui s'est tant et si durement élevé contre ce qu'il appelle les imprévoyances de l'Empire; il ne sait rien prévoir, il attend que les événements le relèvent de son poste et que le hasard donne une issue à la défense de Paris.

Sa capacité politique est *jugée*; quant à son caractère, puis-je l'estimer, quand je me rappelle encore de quel air convaincu il disait, pour me rassurer sur ses sentiments, *que je ne voulais pas suspecter:* « Souvenez-vous que je suis Breton, catholique et soldat? » Il a oublié depuis que la Bretagne est la terre classique de la fidélité, que le catholique est lié envers Dieu par le serment qu'il a fait aux hommes, et que le soldat ne doit jamais tirer contre une cause l'épée qu'il a reçue pour la défendre.

» Je finis ici ma trop longue lettre, et pourtant j'aurais bien des choses à ajouter; mais le temps me presse, voulant profiter d'une occasion sûre.

Je vous embrasse tendrement, vous et les vôtres.

Votre affectionnée tante,

EUGÉNIE.

Après cette lecture, Mᵉ Grandperret critique la conduite du général Trochu, à l'égard de l'Impératrice; et, pour répondre à l'incident relatif aux princes d'Orléans, il affirme que l'Impératrice songeait seulement alors à sauver la France.

On disait, l'autre jour, poursuit Mᵉ Grandperret, que la proposition de l'Impératrice était un piège; eh bien! je vous plains. Allez demander à votre honorable ami, M. Jurien de la Gravière, ce qu'il pense du frémissement patriotique qui élevait à cette hauteur l'ami de l'Impératrice. Demandez-le à M. le comte de Chabaud-Latour. Ces messieurs vous diront que l'héroïsme de cette femme, que vous avez vue sur son calvaire, où vous ne l'avez pas secourue.

J'arrive maintenant aux moyens que M. le général Trochu aurait pu employer pour faire face aux événements qui se préparaient. M. le général Trochu, dans sa lettre au *Temps*, parle de la force morale.

Vous comprenez, messieurs, que sur cette théorie de la force morale il faut s'entendre. C'est une grande chose que la force morale, c'est incontestable; mais il paraît qu'il y en a de plusieurs sortes.

Il y a la force morale qui consiste à souffler au milieu d'une population impressionnable la surexcitation que vous savez, à l'aide des moyens que vous connaissez ; il y a la force morale qui consiste au moment d'une capitulation à jeter au milieu d'une population troublée un nouveau ferment de discorde, à l'aide d'une lettre semblable à celle que le général Trochu a publiée après sa démission ou sa révocation.

Il y a la force morale qui laisse impunie une tentative comme celle du 31 octobre.

Il y a la force morale qui laisse armées toutes les forces révolutionnaires; il y a une force morale qui laisse leurs fusils, leurs canons et leurs munitions aux insurgés.

Il y a une force morale qui prépare le 18 Mars, comme l'a dit M. de Kératry; et sur celle-là nous ne pouvons pas nous entendre.

Mais il y a une autre force morale que nous honorons profondément: c'est celle qui réside non pas dans les proclamations et dans les discours, mais dans les caractères et dans les actes.

Eh bien! messieurs, ces proclamations avaient alarmé certains membres de la gauche, et c'est à cette occasion que le 21 ils étaient entrés en relation avec le général Trochu; c'est à cette occasion que M. Jules Favre, dans une députation dont il a été parlé, se présentaient le 21 août chez le général Trochu, après lui avoir demandé un entretien par écrit. Et voici maintenant ce que raconte M. Jules Favre.

«Dans le long entretien qu'il voulut bien m'accorder le dimanche 21 août, il s'expliqua avec une entière franchise. J'étais accompagné de mes collègues, MM. Picard et Jules Ferry, et de quelques électeurs de Paris, au nombre desquels se trouvaient M. Tirard et le docteur Montanié. La conversation n'avait rien d'intime, et le général presque seul en fit les frais...

«Cet incomplet résumé ne peut donner qu'une bien faible idée du discours qui nous tint sous le charme pendant près de deux heures. Tour à tour simple et incisif, quelquefois véhément, prodigue d'images, toujours abondant, le général semblait prendre plaisir à soulager son âme par cette éloquente effusion. Il nous témoigna, en nous congédiant, une affectueuse cordialité. »

Voilà, messieurs, un entretien qui avait été demandé par écrit au nom de plusieurs députés. Il a duré deux heures. M. le général Trochu a eu la gloire de tenir M. Jules Favre sous le charme de sa parole pendant près de deux heures. C'étaient deux grandes éloquences qui se contemplaient entre elles, et on se quitta avec la plus affectueuse cordialité.

Et alors, vous comprenez comment M. Jules Favre, après ces lignes sympathiques, pouvait, dans la séance du 3 septembre, parler de M. le général Trochu dans les termes que voici.

Il disait à la tribune :

« Ce qu'il faut en ce moment, et ce qui est sage, ce qui est indispensable, c'est que tous les partis s'effacent devant un nom représentant la France, représentant Paris, *un nom militaire, le nom d'un homme qui vienne prendre en main la défense de la patrie. Ce nom,* CE NOM CHER ET AIMÉ, *il doit être substitué à tout autre.* » Des cris se sont élevés dans l'assemblée, et M. Jules Favre reprenait : « *Tous les autres noms doivent s'effacer devant celui-là...* ainsi que ce fantôme de gouvernement qui a conduit la France où elle est aujourd'hui... »

M. le ministre de la guerre répliqua : « Je dirai à l'honorable M. Jules Favre, qui a fait allusion à un homme dont il n'a pas prononcé le nom, mais qu'il a désigné assez significativement pour que le doute ne soit possible pour personne, je lui dirai : « *J'ai trop de* » *confiance dans la loyauté et l'honneur de* » *celui que vous avez désigné, pour croire un* » *seul instant* qu'il consentit à accepter, *con-* » *trairement au serment qu'il a prété,* la po- » sition que vous voudriez lui faire. »

Voilà ce que disait M. le comte de Palikao le 3 septembre.

Voyons maintenant, messieurs, les acteurs de la scène du pont Solferino. Vous connaissez le récit du général : « J'étais à cheval, je vois s'avancer vers moi un homme de grande taille que je ne connaissais pas; il me dit que l'Assemblée était envahie, qu'il n'y avait plus rien à faire pour sa protection, et qu'il se rendait à l'Hôtel de ville pour proclamer un nouveau gouvernement. » Eh bien! voici les déclarations de M. de Kératry sur ce qui se passa au pont Solferino, à cette heure critique, c'est-à-dire après l'envahissement de la Chambre.

« A cette heure critique, le dénoûment était tout indiqué : j'engageai M. Jules Favre à marcher sans retard sur l'Hôtel de ville, certain que j'étais que nous rencontrerions en route le général Trochu, dont le concours était nécessaire à l'issue pacifique de la révolution. »

C'était M. de Kératry qui avait interpellé si violemment le ministre de la guerre pour avoir donné des ordres contraires à ceux du général Trochu. Et maintenant, M. de Kératry dit devant la commission d'enquête qu'il était certain de rencontrer le général Trochu :

« Nous nous mîmes en marche par le pont de la Concorde, M. Jules Favre et moi en tête. M. Jules Ferry marchait derrière nous. Une population immense nous escortait et nous étouffait presque. Tel était l'enthousiasme. Nous rencontrâmes, sur le quai des Tuileries, en face le conseil d'Etat, le général Trochu, à cheval, entouré de son état-major; il était évident qu'il attendait là que les événements s'accentuassent pour prendre des résolutions conformes avant tout aux nécessités de la défense nationale. Nous avions le droit de penser ainsi.

» En effet, une délégation de la gauche, composée de MM. Jules Simon, Ernest Picard et moi, s'était rendue quelques jours auparavant à sa résidence du ministère d'Etat et il était résulté clairement des explications échangées dans un très-long entretien que le général voulait rester étranger à toute action politique, et ne s'occuper uniquement que des attributions militaires. Mais, à ce moment si critique, son rôle devait forcément se modi-

fier : il fallait qu'il se prononçât à l'instant pour ou contre les événements qui s'accomplissaient. »

Ainsi, messieurs, nous connaissions une première délégation de la gauche qui se composait de MM. Jules Favre, Picard et Jules Ferry.

En voici une seconde composée de MM. Jules Simon, Kératry et encore M. Ernest Picart.

Et dans cet entretien, vous dit M. de Kératry, il fut clair pour nous — et ce langage est très significatif — que M. le général Trochu voulait rester étranger à toute explication : ce qui était, en effet, très clair de la part du gouverneur de Paris parlant aux membres de la gauche qui préparaient le renversement de l'Empire.

Voici maintenant quelle est la déclaration de M. Jules Favre :

« Nous venions de dépasser la grille Solferino, lorsqu'au milieu d'une masse de peuple je vis le général Trochu, suivi de son état-major, et venant à nous au petit pas. Notre colonne fit halte un instant. Je fendis la presse, et, *tendant la main au général,* je lui fis connaître en quelques mots l'événement de la journée.

» Il n'y a plus de gouvernement, ajoutai-je : mes amis et moi allons en constituer un à l'Hôtel de ville; *nous vous prions de rentrer à votre quartier et d'y attendre nos communications.* Le général NE FIT AUCUNE OBJECTION *et s'éloigna au trot du côté du Louvre.* »

Voici maintenant le récit de M. Floquet :

« A la hauteur du Pont-Royal, nous avons rencontré un général à cheval, accompagné de deux aides de camp, qui se dirigeaient vers le Corps législatif. On me dit que c'était le général Trochu, que je ne connaissais pas de figure.

» Jules Favre, auprès de qui je me trouvais, lui tendit la main; ils causèrent; je n'entendis pas ce qu'ils se dirent, mais bientôt le général tourna bride, et pendant qu'il s'en allait vers la place du Carrousel, la colonne continua sa marche vers l'Hôtel de ville. »

Voilà des récits qui ne peuvent pas se concilier avec ceux de M. le général Trochu. Lorsque M. le général Trochu a été abordé par M. Jules Favre, ce n'était pas pour lui un inconnu. M. Jules Favre entre en pourparlers avec le général Trochu; il lui tend la main, il lui annonce que l'Assemblée est envahie, il l'invite à rentrer à son quartier. M. le général Trochu ne fait aucune objection; il rentre au Louvre, pour y attendre les communications qui vont lui arriver de l'Hôtel de ville.

Eh bien! je demande s'il ne devait pas se rendre partout ailleurs. Il ne va pas au ministère de la guerre, il rentre au Louvre!

Là, les communications lui arrivent, on vient le chercher, et aussitôt M. le général Trochu se rend à l'Hôtel de ville, où, selon un de ses mots qui resteront, il va faire du Lamartine.

Faire du Lamartine! On a voulu sauver le mot à la précédente audience, en rappelant l'admirable et courageuse conduite de Lamartine en 1848.

Oh ! oui, c'est une journée mémorable pour Lamartine : il a eu la plus admirable énergie, le plus grand courage, lorsqu'en face d'une foule effarée, il est venu courageusement déchirer le drapeau rouge. Eh bien ! le général Trochu aurait ce courage, je crois ; mais ce jour-là il n'y avait pas le moindre péril à courir.

Et il allait tranquillement cueillir le fruit révolutionnaire qui s'appelle la présidence du gouvernement du 4 Septembre. Il arrive a l'Hôtel de ville, et voici sa déclaration :

« Je ne sais si les hommes que j'apercevais là pour la première fois — excepté M. Jules Favre que j'avais vu le matin même — étaient véritablement des usurpateurs se jetant sur la proie du pouvoir ; je dois dire qu'ils n'en avaient pas l'apparence.

» L'un d'eux me dit : « Général, nous vou-
» drions que, dans cette crise redoutable, le
» pouvoir ne tombât pas entre les mains de
» ceux qui sont là à côté...; si vous consentez
» à être ministre de la guerre du gouverne-
» ment provisoire, demain, à votre nom se
» rallieront les officiers et les soldats ; l'or-
» dre pourra être maintenu dans Paris. »

» Je répondis qu'avant de prendre une telle résolution, je devais aller rendre compte de ce qui se passait au ministre de la guerre, de qui je dépendais ; et immédiatement, je me rendis au ministère, où je trouvai le général de Palikao livré à une profonde douleur ; il croyait que son fils, le colonel de Mautauban, officier de mérite, avait été tué à Sedan. Il me reçut cette fois avec la plus grande cordialité : « Gé-
» néral, me dit-il, la révolution est un fait
» accompli. Si vous ne prenez pas la direc-
» tion des affaires, tout sera perdu ; si vous la
» prenez, tout sera peut-être encore perdu,
» mais les troupes iront à vous. »

» Je rentrai à l'Hôtel de ville, et je dis au gouvernement provisoire qui s'était, en mon absence, augmenté de M. Rochefort : « Si
» vous voulez qu'au milieu de ces doulou-
» reux événements, je sois spécialement utile,
» il faut que je sois le président du gouver-
» nement (c'était M. Jules Favre qui l'avait
» été jusque là), et je fus à l'unanimité nom-
» mé président. » Telle est, messieurs, l'his-
toire abrégée, mais rigoureusement exact, de ce que j'ai vu et su de la révolution du 4 Septembre. »

Vous voyez, messieurs, avec quelle persistance M. le général Trochu déclare qu'il ne connaissait personne parmi ceux qui étaient réunis à l'Hôtel de ville. Nous connaissions déjà le premier entretien avec MM. Jules Favre, Jules Ferry, Ernest Picard, et le second avec MM. Jules Simon, Picard et de Kératry. J'ai encore un nom que je pourrais citer : c'est celui de M. Arago. Voici une lettre de l'officier qui commandait au Louvre :

« Vous avez encore bien raison de dire aussi, mon général : « Personne n'ignorait
» alors la confiance que l'extrême gauche ac-
» cordait au général Trochu. »

» M. Arago y était sans doute pour quelque chose ; et lorsque ce général, dans son discours à l'Assemblée nationale, le 14 juin dernier, dit que, arrivé à l'Hôtel de ville, au milieu de ces hommes qu'il voyait pour la première fois, excepté M. Jules Favre, il oubliait certainement que M. Arago lui avait fait une visite au Louvre entre neuf et dix heures du matin, le jour de son installation dans ce palais. J'étais dans le cabinet de service avec son chef d'état-major, lorsque M. Arago fut introduit par un huissier demandant à voir le général Trochu.

» Je n'apprécie pas le fait, je le constate.
» J'ai vu M. Arago : c'est une figure qu'on n'oublie pas. »

Voulez-vous savoir, maintenant, comment M. Jules Favre rend compte de l'entrevue à l'Hôtel de ville et ce qui s'y passe. Voici son récit :

« Nous venions de nous installer. Un exprès avait été envoyé au général Trochu. qui pénétra non sans peine jusqu'à nous. Il n'avait plus son uniforme, et néanmoins il venait se mettre à notre disposition. Son langage fut net et ferme. « Je vous demande, nous dit-il, la permission de vous poser une question préalable : Voulez-vous sauvegarder les trois principes : Dieu, la famille, la propriété, en me promettant qu'il ne sera rien fait contre eux ? » Nous lui en donnâmes l'assurance. « A cette condition, reprit-il, je suis avec vous, pourvu toutefois que vous fassiez de moi le président du gouvernement...

. . . .

» La franchise de cette déclaration inattendue ne déplut à aucun de nous. Nous acceptâmes ses conditions, et il partit, une badine à la main, pour aller prendre posses-
» sion du ministère de la guerre. »

Vous voyez, Messieurs, qu'il est bien difficile de concilier les déclarations de M. Jules Favre avec les souvenirs de M. le général Trochu. M. le général Trochu accepte sans conditions la présidence du nouveau gouvernement. Dès le premier entretien, il n'élève aucune autre condition que celle de sauvegarder Dieu, la famille et la propriété, et il réclame la présidence.

On lui en donne l'assurance ; il sort pour aller prendre dans ce moment le ministère de la guerre, et à cette audience M. Jules Favre vous a dit : qu'il sort pour prendre possession de ce ministère, en même temps que d'autres de ses collègues allaient prendre possession des autres ministères. Et M. Jules Favre disait encore à cette audience que pour lui M. le général Trochu était sorti chef du gouvernement.

Voyons-le arriver au ministère de la guerre !

« A cinq heures, dit M. le comte de Palikao, je reçus la visite de M. le général Trochu, venant m'annoncer qu'il me remplaçait au ministère de la guerre ; il ajouta qu'il désirait avoir mon opinion sur ce qu'il devait faire ; il ne me parla pas de sa rencontre avec M. Jules Favre, non plus que de ce qu'il avait fait dans la journée. »

A cinq heures, M. le général Trochu était sorti président du nouveau gouvernement, il était considéré par M. Jules Favre comme ayant accepté cette présidence ; à cinq heures, il arrive au ministère de la guerre, sa première parole est qu'il vient en prendre possession.

A cinq heures vingt, il fait acte d'autorité : une dépêche est adressée au général Vinoy ; il lui envoie l'ordre de revenir à Paris, en lui disant : La révolution est accomplie.

Voici l'emploi de la journée du général Trochu : Il est sorti à une heure ; il a été jusqu'au pont de Solferino ; il a serré la main à

M. Jules Favre. Celui-ci l'a prié de rentrer au Louvre, d'y attendre les communications de l'Hôtel de ville. Il est rentré au Louvre; il y a attendu ces communications; elles sont venues; on l'a appelé à l'Hôtel de ville; il y est allé; il a revendiqué la présidence du gouvernement; il est sorti chef de ce gouvernement, pour aller prendre possession du ministère de la guerre, pour faire immédiatement acte d'autorité.

Eh bien! expliquez-moi comment les souvenirs de M. le général Trochu ont pu le troubler à ce point qu'il ait pu dire en face de l'Assemblée qu'il était sorti de l'Hôtel de ville pour rendre compte au ministre de la guerre de ce qui se passait. Il était bien temps de dire cela: il fallait y aller plus tôt ; il fallait y aller après avoir rencontré M. Jules Favre; il fallait y aller au lieu de rentrer au Louvre ; il fallait immédiatement se mettre en communication avec les représentants du gouvernement, au lieu d'attendre les communications de l'Hôtel de ville. Mais lorsque tout est consommé, dire qu'on va rendre compte au ministre de la guerre de ce qui se passe, c'est une explication inadmissible.

Cependant à ce moment-là encore il y avait un grand rôle à jouer pour le général Trochu. Dans la soirée du 4, le Corps législatif se réunissait, et c'est dans cette réunion que M. Jules Favre vient aux députés cette parole arrogante : Vous êtes dissous. Je vous demande si M. Jules Favre aurait pu prononcer ces paroles, s'il n'avait cru pouvoir compter sur l'assistance, la collaboration de M. le général Trochu. M. le général Trochu vous a dit que lui seul pouvait rallier l'armée. Eh bien! il fallait rallier l'armée autour de la représentation nationale; et ce qui s'est passé dans cette soirée, c'est une seconde violation de l'Assemblée par le comité insurrectionnel dans lequel M. le général Trochu siégeait à côté de M. Rochefort.

Voilà ce qui s'est passé dans la soirée du 4 septembre.

Et l'Impératrice, Messieurs! Vous savez ce qui se passait déjà dans la soirée du 3 septembre et qui faisait pressentir ce qui arriverait le lendemain. La veille, il y avait eu des désordres autour de la demeure du général Trochu. On a insisté beaucoup sur ces incidents; je n'ai pas grand intérêt à y revenir. Vos souvenirs sont présents. Eh bien! c'est dans cette soirée du 3 septembre que M. Chevreau, ministre de l'intérieur, se rend chez l'Impératrice. Il va demander ensuite au général de venir aux Tuileries.

Il lui dit : L'Impératrice est anéantie par les nouvelles qu'elle vient de recevoir; venez la voir. Vous pouvez beaucoup, venez! — Je n'ai pas dîné, répond le général, j'irai dans la soirée.

— Et bien! plus tard dans la soirée, venez! Il n'y a pas un coin de son cœur qui ne saigne.

Alors le général répond :

— Eh bien! j'irai dans la soirée.

M. Chevreau se retire ; il porte cette réponse aux Tuileries; il y revient plus tard : le général Trochu n'y avait pas paru. Il vous a dit que l'impression qu'il avait reçue était une impression d'inquiétude et de profonde tristesse.

Ceci annonçait ce qui allait se passer le lendemain, et je reprends le récit de M. Trochu.

«Pendant que ces événements se passaient,

l'Impératrice avait quitté les Tuileries. Le général Schmitz, que j'avais envoyé auprès d'elle, apprit son départ par le vice-amiral Jurien de la Gravière, qui était resté au palais. »

Les historiographes officiels, dont j'ai lu les récits à ce sujet, disent le plus ordinairement :

« Les principaux fonctionnaires de l'Etat » se pressaient autour de l'Impératrice, en » ce moment suprême, pour prendre congé » d'elle; seul, le général Trochu ne parut » pas. »

« Non! je ne parus pas! je ne parus pas, parce que, au lieu d'aller offrir mes compliments de condoléance à l'Impératrice, j'allais, à cette heure-là même, défendre le Corps législatif, personnellement, par un effort que je savais devoir être impuissant, je le répète, mais que j'avais le devoir de tenter, après l'invitation que j'en avais reçue de l'un de ses questeurs, l'honorable général Lebreton.»

Et puis c'est tout. L'Impératrice avait quitté les Tuileries. Quand les a-t-elle quittées? Elle les a quittées sous l'imminence de l'envahissement du palais, lorsqu'elle ne pouvait plus y rester. C'est seulement alors qu'elle est partie et qu'elle a quitté son poste.

Eh bien! M. le général Trochu, où était-il? Il avait promis beaucoup; mais qu'a-t-il fait?

Il avait dit : Je me ferai tuer sur les marches du trône. Vous avez entendu MM. Magne, Busson-Billault, Rouher, comte de Palikao : tous ont affirmé les protestations du général Trochu. Et ces protestations solennelles, qui s'adressaient à la femme alors qu'elle avait encore la majesté du rang, elles étaient oubliées lorsqu'il ne lui restait plus que la majesté du malheur. M. Trochu ne parut plus aux Tuileries; il n'y parut plus, mais il paraîtra à l'Hôtel de ville. Il passe deux fois à la porte des Tuileries ; il les côtoie, comme il a été dit dans la lettre douloureuse dont j'ai donné lecture; mais il n'entre pas. Il avait dit au général Schmitz d'y aller. Oui, M. le général Schmitz y est allé à trois heures et demie ; mais il s'est arrêté à la porte. Il est revenu au Louvre, et savez-vous ce qu'il a fait dire à l'Impératrice ? « Madame, je mets à votre disposition un capitaine de gardes mobiles avec son uniforme ; il pourra vous être utile. » Voilà ce qu'ils ont fait pour l'Impératrice.

M. le général Trochu revient du pont Solferino ; il passe encore devant le guichet de l'Empereur. A ce moment il ne sait rien de l'intérieur du palais ; il y a là une femme qui a le droit de l'attendre, qu'il a promis de défendre : il passe. Eh bien! messieurs, il ne s'agit pas ici d'opinion politique ; il s'agit de sentiments qui sont l'honneur même et qui planent au-dessus des préférences politiques.

Cette femme qui était là, c'était une femme en qui se personnifiait une grande infortune, un grand péril, une grande chute; une femme frappée trois fois, on vous l'a dit, trois fois sacrée, et il a été donné à un homme de pouvoir la protéger; alors même qu'il n'y aurait pas eu promesse solennelle, c'eût été son impérieux devoir. Ni promesse ni devoir n'ont été tenus.

Oh! messieurs! c'est là un de ces abandons dont l'histoire garde le souvenir! Vous avez entendu donner des explications; il y a quelque chose qui ne peut pas être changé : ce qui restera, c'est ce passage subit d'un camp dans un autre, sans autre intervalle que le temps nécessaire pour voir briser un trône.

Je ne veux pas dire que M. le général Trochu eût dû briser son épée. Non : cette épée, il eût mieux valu, pour lui et pour la France, qu'il l'employât sur les champs de bataille. Mais, dans cette révolution si brusque, qui fait que le gouverneur de Paris promettait le matin de défendre l'impératrice et se trouvait le soir chef du gouvernement révolutionnaire, il y a dans la même journée une transformation de pouvoirs dont l'histoire n'offre pas d'exemples.

Si, il y en a qui appartiennent aussi à notre époque désordonné: c'est celui de ce ministre du roi de Naples qui fut renversé par Garibaldi, Liborio Romano, une rare figure de ministre! il s'est levé ministre de l'intérieur pour le roi et s'est couché président du conseil pour Garibaldi.

C'est là encore une de ces renommées qui, au moment où elles ont cru toucher au suprême éclat, semblent préparer leurs propres funérailles. Voilà, messieurs, comment ils sont montés au pouvoir; vous savez ce qu'ils y ont fait, et il y a une chose que je dois vous signaler pour terminer : il y a ce refus monstrueux de la paix qu'ils ont refusée. M. Thiers revenait de sa grande tournée européenne. Il arrive le 24 octobre; le ministre anglais en France fait dire à son gouvernement que la proposition de l'armistice est acceptée.

A ce moment même, l'Impératrice, qui venait de recevoir des nouvelles de Metz, envoie une dépêche à un grand personnage diplomatique qui se trouvait à Tours et le prie de voir immédiatement M. Gambetta pour lui faire connaître le danger.

— Qu'on se hâte, écrit-elle, il n'y a pas une minute à attendre. Metz est perdu : faites la paix. Et M. Gambetta, par un sentiment qui l'honore, chargeait notre représentant à Londres de porter ses remerciements à l'Impératrice.

M. Thiers arrive à Versailles le 29; le 30, il entre en communication avec le gouvernement; on discute l'armistice avec ou sans ravitaillement ; on ne peut pas s'entendre ; mais après le 31 octobre, et lorsque la proposition d'un armistice est abandonnée, on fait des propositions de paix. Elle sont faites par M. de Bismark; et les témoins que vous avez entendus avaient tort de se faire un scrupule de raconter les communications faites par M. Thiers : car tout cela a été imprimé depuis bien longtemps. Voici que M. Thiers disait chez l'illustre évêque d'Orléans à son retour de Versailles :

« A son retour de Versailles, M. Thiers raconta tout au long, dans les salons de l'évêché d'Orléans, les péripéties de ses négociations d'armistice. Sur la question des conditions possibles de la paix, voici les paroles qu'il mettait dans la bouche de M. de Bismark : « Si Paris veut nous forcer à le pren-
» dre, nous resterons ici jusqu'à ce que la
» faim le réduise à capituler. Nous n'emploie-
» rons pas le bombardement, mais nous se-
» rons plus exigeants : nous demanderons
» cinq milliards; toute la Lorraine et toute
» l'Alsace.—Et si nous traitions aujourd'hui ?
» demanda M. Thiers. — Nous ne réclame-
» rions, reprend M. de Bismark, que deux
» milliards. Nous vous laisserions Metz; vous
» nous donneriez, derrière cette ville, la Lor-
» raine allemande; vous garderiez la partie
» supérieure du haut Rhin ; vous céderiez
» Strasbourg et le reste de l'Alsace. Voilà la
» paix que je vous offre. J'aurai de la peine à
» décider le roi, mais je finirai par le con-
» vaincre. »

Devant l'Assemblée nationale, il donnait des explications dans lesquelles il devait être un peu plus réservé, mais où il faisait entendre de la manière la plus claire qu'on pouvait obtenir à cette époque une paix bien plus avantageuse que la paix désastreuse que nous avons été obligés de subir.

Eh bien! voilà ce qui a été refusé après le 31 octobre. Metz vient de capituler; M. Thiers en a apporté la nouvelle à Paris. L'armée allemande qui enveloppait cette ville devient disponible; elle va se précipiter sur la France. M. le général Trochu a dit à satiété que Paris est abandonné, qu'aucune armée n'est en état de tenir la campagne, et qu'en conséquence la capitale doit se rendre.

Le gouvernement connaît exactement la situation, la situation militaire; et, à ce moment, il a refusé la paix ! Il pouvait sauver une partie du territoire, il ne l'a pas fait ; il pouvait sauver trois milliards, il ne l'a pas fait; il pouvait sauver tout ce que nous avons perdu par la continuation de la guerre, il ne l'a pas fait !

On vous parle du 31 octobre et de l'excitation qui régnait dans Paris, qui avait surexcité l'esprit public. Ce n'est pas moi qui vais vous répondre; c'est M. Delpit, rapporteur de la commission parlementaire, qui dit, au nom de cette commission, que la population était trompée par le gouvernement et par ses bulletins.

Il vous dit alors que ce gouvernement ne pouvait pas se réfugier derrière la fermentation qu'il avait fomentée. La partie saine de la population était sous l'empire de la crainte du socialisme : si on lui avait fait connaître la situation, si on lui avait dit qu'il était impossible de continuer la guerre, bien certainement la paix aurait été faite comme elle devait l'être. Au lieu de cela qu'y a-t-il eu? Pendant trois mois encore le sang a coulé et pour finir par perdre une province et trois milliards de plus. Voilà ce qu'ils ont fait, et ce n'est pas tout.

Au 6 décembre on pouvait faire la paix encore. Après les batailles de la Marne, M. de Moltke envoie un parlementaire au gouverneur de Paris. C'est à ce moment que ce gouverneur dit que la capitale était abandonnée à elle-même, qu'il n'y avait aucun secours à espérer de l'armée de province. C'est à ce voici ce que je lis dans un ouvrage très considérable que vient de publier M. Valfrey sur la diplomatie du gouvernement de la défense nationale :

« Dans le conseil du 6 décembre, dit-il, M. Jules Favre défendit avec beaucoup de bon sens cette thèse (celle des négociations de paix); mais il paraît qu'il ne fut appuyé par aucun de ses collègues, et qu'il fut combattu avec la dernière énergie par le général Trochu, qui se prononça pour la continuation de la guerre à outrance et entraîna tout le gouvernement. »

Le même auteur ajoute ces mots :

« Dans la séance de l'Assemblée des 14 et 15 juin dernier, M. le général Trochu a prononcé un discours qui ne s'accorde guère avec ces détails historiques. A notre grand regret, il nous est impossible de considérer ce discours comme autre chose qu'un plaidoyer, que les faits les plus authentiques contredisent à chaque pas. Au 6 *novembre*, au 6 *décembre*, mais au 6 décembre surtout, la continuation de la guerre fut l'œuvre personnelle du gouverneur de Paris.»

Vous comprenez que lorsqu'il s'agit d'événements aussi considérables, c'est à la conscience nationale qu'il appartient de se prononcer. Ce que M. Trochu a fait le 4 septembre; ce qu'il a fait pour la défense de Paris; si c'est un homme qui a été bienfaisant ou pernicieux pour la France; s'il a montré une grande loyauté ou une grande préoccupation de lui-même; s'il a montré une haute supériorité ou une haute présomption : sur toutes ces choses, il faut qu'on puisse discuter librement, passionnément, violemment; et puis peu à peu la vérité historique se dégagera préservatrice ou terrible pour la mémoire de notre accusateur. Mais ce qu'il vient vous demander aujourd'hui, c'est impossible, parce qu'il vient en quelque sorte vous demander une lettre de crédit pour la postérité!

On vient vous demander d'apporter vos signatures au bas du discours de M. le général Trochu à l'Assemblée nationale; on vient vous demander d'être garants et solidaires des actes de M. le général Trochu, de telle sorte que M. le général Trochu puisse s'établir dans votre verdict comme dans une sorte de situation retranchée où il serait invulnérable. Non! cela ne serait pas juste; et cela qui n'est pas juste, vous ne le voulez pas. Surtout ce qui ne serait pas juste, c'est que mon client, que vous avez peut-être oublié, puisse sortir de cette enceinte avec la douleur d'être frappé par une condamnation, avec la douleur d'être condamné à un emprisonnement pour, dans ce débat ouvert sur le 4 septembre, avoir écrit un article dont il ne serait plus question depuis bien longtemps sans le procès actuel.

Non, Messieurs, ce ne serait pas juste. Or je suis venu ici, je puis l'attester, pour concourir à une œuvre de justice, et non pour autre chose. J'espère que je ne me suis pas trompé !

Ces derniers mots de l'éminent orateur sont immédiatement suivis de nombreux applaudissements, et Mᵉ Grandperret reçoit les remercîments de MM. Vitu et de Villemessant en même temps que les félicitations de ceux de ses confrères qui peuvent l'approcher. Il est certain que l'ancien procureur général n'a jamais donné une preuve plus éclatante de son incontestable talent et de l'élévation de ses pensées.

Incident.

Mᵉ Mathieu se lève ensuite et prononce d'une voix vibrante les quelques mots suivants :

Messieurs de la cour, messieurs les jurés,

L'éloquente plaidoirie que vous venez d'entendre a complètement épuisé la défense à laquelle j'étais appelé à concourir. Tout ce que pourrait y ajouter mon impuissante parole serait inutile; tenter de la résumer serait l'affaiblir. Ce ne serait de ma part qu'un acte d'amour-propre et de témérité, que je suis incapable de commettre. Je n'ai qu'une chose à dire, messieurs : c'est que je m'associe de toutes les forces de mon esprit, de mon cœur et de mes convictions, aux admirables sentiments, aux éloquentes paroles que vous venez d'entendre.

L'auditoire applaudit à la modestie de ce langage de Mᵉ Mathieu; puis Mᵉ Lachaud se lève et dit :

Je crois qu'il est dans l'intention de nos adversaires de répondre à l'admirable discours qui vient d'être prononcé. Il peut se faire que l'éminent avocat de M. le général Trochu ou que celui-ci désirent y répondre. S'ils croient devoir le faire, ce sera mon tour ensuite de parler, et je présenterai alors la défense de M. de Villemessant.

Mᵉ Allou. — Il n'est pas possible que le débat s'achève sans que mon client ait la parole; et si vous voulez bien entendre un instant M. le général Trochu, c'est lui qui répliquera aux nouvelles accusations qui viennent de se produire.

Ces mots sont à peine prononcés, que M. le général Trochu se lève, et, un énorme dossier devant lui, prend la parole.

M. le général Trochu

Tout le monde connaît la physionomie de l'orateur. Il est de petite taille. Son œil bleu est parfois d'une grande vivacité. Parfois, au contraire, il garde une fixité cataleptique. M. le général Trochu a de semblables contrastes dans la voix. Il parle avec une volubilité extrême, il martelle ses mots avec lenteur. Quand il veut manier l'allusion, la raillerie, ou lancer le trait, on croirait entendre Arnal aux beaux jours de *Riche d'amour*...

Mais ce qui est plus étrange que le regard ou la parole du général, c'est sa démarche. Dès qu'il tient une période, il se pose au milieu de la salle, tourné vers l'auditoire, raide et immobile.

La période achevée, il se précipite vers son banc, essuie son front ruisselant de sueur, feuillette vivement quelques papiers et vient reprendre sa pose dramatique pour recommencer ce manège dès que son effet est produit.

Malgré l'impartialité dont nous regardons comme un devoir de donner des preuves dans ce compte rendu, M. le général Trochu comprendra lui-même qu'il nous est impossible de reproduire ici tout son plaidoyer. Il n'a pas duré moins de trois heures et demie, et, dans quelques-unes de ses parties, il a produit une certaine sensation.

Ce sont ces parties-là surtout que nous allons nous efforcer d'analyser le plus exactement possible, tenant du reste à la disposition de M. Trochu la sténographie complète de son discours, que nous avions l'intention de publier *in extenso* s'il avait permis aux débats de se terminer aujourd'hui.

M. le général Trochu commence en ces termes :

J'aurai quelque peine à retrouver mon procès au milieu de la longue et belle plaidoirie que vous venez d'entendre ; mon procès est beaucoup plus simple que la grande thèse que vient d'indiquer Mᵉ Grandperret. Il se réduit à quelques mots que voici :

Je fais complétement abstraction des outrages, je ne parlerai ni de Troppmann, ni de Dumollard, ni de sycophantes ; je ne parlerai que du fond du procès.

Voici ce fond :

M. Vitu affirme dans un contraste intentionnel — et qui a pour but de rendre mon caractère plus odieux — qu'aide de camp, en 1851, du maréchal Saint-Arnaud, j'ai été fauteur et collaborateur du coup d'Etat, puis exécuteur complaisant des décisions des commissions mixtes, puis traître à l'Empire, — voilà le contraste ; — et ruinant de mes propres mains, dans une conspiration ténébreuse, l'édifice que j'avais contribué à élever.

Enfin le crime, l'attentat, la tuerie de Buzenval, qui a été imaginé par moi et par les membres du gouvernement de la défense uniquement pour amener la population à nous inviter à négocier avec l'ennemi dans les circonstances qui nous donnaient une sécurité que nous avions perdue.

Voilà, messieurs, tout mon procès. Mᵉ Grandperret s'est étonné qu'après avoir été pendant toute la durée du siège, et depuis, raillé, insulté, diffamé, j'aie tout d'un coup été surpris par la diffamation et les outrages de M. de Villemessani, au point de sortir de la réserve absolue du silence où je me tiens renfermé depuis quinze mois, parce que, me considérant comme justiciable de l'opinion publique, je ne veux pas me mettre en scène devant elle. Je la laisse juger, espérant que l'avenir jugera avec plus de calme que le présent.

Je vis dans une retraite, dans une réserve absolue ; j'en sors devant les diffamations de M. Vitu ; j'en sors parce que, à la fin de ces deux abominables réquisitoires qui n'étaient à aucun degré dirigés contre une fonction publique, mais contre mon caractère et mon honneur, j'ai aperçu les noms de deux hommes dans le respect desquels j'ai vécu toute ma vie.

Je n'ai connu les articles du *Figaro* — car, à la différence du général Changarnier, je n'ai pas de goût pour le *Figaro* et je ne le lis pas — qu'après huit ou dix jours ; j'ai été informé de ce qui avait été écrit contre moi par des étrangers de Paris et de la province qui m'ont averti de l'existence de ces articles. Je les ai lus. J'ai pu alors d'une part aller chez le maréchal de Mac-Mahon, et de l'autre écrire à M. le général Changarnier. J'ai dit au maréchal ce qui se passait ; je lui ai dit : Voilà des propos qui me paraissent plus indignes de vous que de moi, s'il est possible ; je ne vous fais pas l'injure d'y croire. On assure que vous avez dit à l'Empereur, à Châlons : Je crois que c'est un honnête homme ; et plus tard on vous fait dire devant la commission d'enquête : Je le croyais un honnête homme.

Je n'ai pas besoin de vous dire tout ce que cet imparfait a de profondément blessant. Le maréchal m'a répondu : Mon cher général, ma déposition devant la commission d'enquête ne tardera pas à être publiée, et tout cela — je cite textuellement — sera rectifié.

Je ne vous dissimulerai pas, messieurs, que je faisais cette démarche auprès de M. le maréchal Mac-Mahon dans l'espoir qu'il répondrait au journal par quelques mots qui établiraient les faits. J'espérais aussi que M. le général Changarnier, auquel j'avais écrit, répondrait au *Figaro*. Ces deux lettres ne sont pas venues, et le procès a été introduit.

Mᵉ Grandperret a paru être disposé à élever contre moi cette incertitude dans laquelle M. le général Changarnier s'est trouvé dans le prétoire lorsqu'il s'est agi pour lui de témoigner. Eh bien ! messieurs, je déclare que cette incertitude, moi présent, a été pour moi une des victoires les plus éclatantes de ce débat. Après avoir jugé par moi-même cette incertitude, j'ai eu l'opinion que M. le général Changarnier avait tenu ce propos ; et le voir ne pouvoir se résoudre, pendant plus de vingt minutes, à le confirmer, moi présent, cela m'a paru une éclatante victoire.

Messieurs, je ne puis pas prétendre, quoi qu'on dise de ma faconde et de mes habitudes de parler et d'écrire, que j'aurai peu de peine à vous expliquer très brièvement le siège de Paris : je sens très bien que je suis hors d'état de répondre convenablement à la magnifique déclamation que vous avez entendue ; mais je veux y répondre avec ma conviction, avec mon cœur, et j'espère que, malgré mon infériorité incontestable au point de vue du langage, j'espère, dis-je, que quelques-uns des cœurs qui ne sont pas avec moi dans cette enceinte y reviendront.

Après cet exorde, M. le général Trochu consacre de longs instants à une chaleureuse défense de la garde nationale mobile de Paris et à ses collaborateurs intimes pendant le siège. Il parle avec une grande reconnaissance du concours dévoué de M. le général Schmitz ; et, cette première partie de son discours terminée, il dit :

— Je ferai très peu de politique ; j'en ferai moins que Mᵉ Grandperret, qui n'en devait pas faire du tout.

Et M. le général Trochu fait aussitôt l'historique des deux Empires et de leurs fautes ; puis, arrivé à ce panégyrique, discute le droit qu'il avait à tous ses grades et s'écrie que Mᵉ Grandperret a usé de mauvaise foi contre lui.

Mᵉ Allou prie aussitôt le général Trochu de retirer cette expression, ce que le général s'empresse de faire ; et, comme il n'a cessé jusqu'alors de s'adresser au public, M. le président Legendre l'invite à parler seulement aux jurés.

M. le général Trochu se décide alors à aborder les questions réelles du procès. A propos du camp de Châlons, il tente de démontrer, avec force compliments au prince Napoléon, que c'est lui qui l'a proposé à l'Empereur lui-même, ainsi que le retour des mobiles; que d'ailleurs ces hommes n'étaient pas armés.

Arrivé à l'épisode de la proclamation, M. le général Trochu affirme que c'est l'Impératrice qui a fait raturer de cette proclamation le nom de l'Empereur : car il fallait à ce moment garder tous les ménagements devant la population de Paris surexcitée. Le récit de la proposition que lui a faite l'Impératrice de rappeler les princes d'Orléans, fournit à l'ex-gouverneur l'occasion d'affirmer qu'il n'a jamais eu de préoccupation politique et qu'il ne connaît pas plus les princes |d'Orléans que ceux-ci ne le connaissent lui-même.

Quant aux mots : « Je suis Breton, catholique et soldat, » il ne les a jamais prononcés et l'Impératrice à ce sujet l'a abominablement diffamé. Victime du second Empire comme les généraux Dupont, Vendamme et Grouchy du premier, il a été ensuite tenu en suspicion et l'on n'a plus cherché qu'à paralyser ses efforts.

Pour expliquer le rôle qu'il a joué auprès de l'Impératrice et repousser l'accusation de trahison de M. Vitu, M. le général Trochu s'exprime en ces termes :

J'ai hésité. Je me suis demandé comment j'aurais pu me présenter à l'Impératrice et lui dire :

— Voilà le désastre de Sedan : je me retire. Elle était livrée au plus violent désespoir. Cela est-il possible ? Je suis allé chez l'Impératrice le lendemain. Elle m'a écouté bienveillamment. Elle était entourée de quatre ou cinq personnes, qui, j'en suis sûr, sollicitaient son abdication : M. de Lesseps entre autres.

Je suis rentré chez moi; et là, personne ne m'a donné d'ordres. Je n'avais plus de troupes. Il y a un fait bien acquis : c'est la trahison à mon égard qui est historiquement établie.

M. le général de Palikao. — Est-ce moi que vous accusez de trahison? C'est un mot que je ne laisse pas passer.

M. le général Trochu. — Pardon, général ! je défends mon honneur comme un homme qui est à la fin de sa carrière militaire.

M. le général de Palikao. — Faites-le, mais sans attaquer le mien.

M. le général Trochu. — Si ce n'est pas une trahison, c'est une erreur profonde. Je ne veux pas vous accuser ni vous blesser. Jamais je n'ai eu ce rôle vis-à-vis de vous.

M. le général de Palikao. — Je proteste contre de telles paroles.

M. le général Trochu. — Le général Lebreton me dit : L'Assemblée est ou va être envahie; les troupes n'y apportent aucune sorte d'obstacle, je lui répondis : Comment! général, votre expérience à vous, et vous en avez plus que moi, vous permet de supposer qu'un seul homme à cheval va pouvoir contenir une foule exaltée comme vous me le dites?

Néanmoins je suivis le général Lebreton. Mon Dieu, on dit que je n'ai couru aucun péril : je le sais; mais qui a couru un péril ce jour-là? Je ne connais qu'une victime du 4 septembre, et j'ai appris l'incident par la dé-

position de M. le général de Palikao, qui a été désigné au mauvais vouloir de la foule par un député de l'opposition et qui a eu ses habits déchirés. Je ne connais pas d'autre accident que celui-là.

Maintenant, qu'est-ce que j'ai pu dire à l'Impératrice? Je lui ai dit : Si votre sécurité était menacée, certainement je me ferais tuer devant vous. Ces sentiments-là, je les ai toujours eus. Oui, je me serais fait tuer: ça a été le rôle de toute ma vie. Mais il est un fait incontestable, c'est qu'au 4 septembre il n'y a eu aucune révolution; ça a été un effondrement universel. Permettez-moi, Messieurs, de vous le prouver.

M. le général Trochu lit alors la proposition faite à l'Assemblée par M. le général de Palikao pour la formation d'un gouvernement de défense nationale; mais M. le général de Palikao proteste contre ce document et le déclare inexact.

M. Trochu. — Permettez, général, votre avocat dira...

Me Lachaud. — Je suis, monsieur, l'avocat de M. de Villemessant, et je vous prie de ne pas me dire que je suis l'avocat du témoin. Si vous défendez votre honneur en ce moment, vous attaquez le mien.

M. le général Trochu proteste de ses intentions; et, comme il tourne toujours le dos au jury en s'adressant au public du fond de la salle, où on l'applaudit parfois, M. le président l'invite de nouveau à ne parler qu'à MM. les jurés.

M. le général Trochu fait alors demi-tour et poursuit:

Messieurs, j'ai compris que les angoisses de l'Impératrice étaient grandes et qu'elle pouvait trouver singulier que je ne la revisse pas: je lui envoyai donc un de ses anciens officiers, M. le général Schmitz, qui ne pouvait lui être suspect, pour lui dire l'effort que j'allais tenter.

Je m'arrête là, messieurs, à une circonstance dont on tire contre moi un parti bien violent: je veux parler de ma rencontre avec M. Jules Favre.

Dans les huit jours qui ont précédé le 4 septembre, ma maison était ouverte de quatre henrer à neuf heures du soir; j'y recevais tous les membres de l'Assemblée qui se présentaient. M. Jules Favre et ses amis y sont venus; M. Gambetta lui-même. Je n'avais jamais vu ces messieurs. Depuis le coup d'État, je n'étais jamais entré au Corps législatif.

Croyez-vous que M. Jules Favre et ses amis seraient venus conspirer dans ce cabinet, ouvert à tout le monde? Mais il y a autre chose : M. Favre déclare que j'ai longuement parlé. Mais de quoi? Des questions militaires. J'affirme que je n'ai jamais eu d'autre conversation avec personne. Je ne parlai pas politique, mais seulement de la guerre. Si j'avais conspiré avec M. Favre, il me semble que nous nous serions concertés pour ne pas nous trouver en contradiction. Or, dans son livre, il dit que je le connaissais et il s'est trompé.

Messieurs, tout disparut, emporté par cette tempête : gouvernement, assemblée, armée, administration, police; et permettez-moi de vous arrêter sur la grandeur de ces désastres. Rien de tout cela ne s'est constitué pendant le siége; jamais, entendez-vous bien, le gouvernement n'a eu en son pouvoir une force suffisante pour faire respecter les convénances et la loi.

On nous a reproché, et rien n'était plus indigné en effet, on nous a reproché ces caricatures contre l'Empereur, l'Impératrice et les anciens ministres, qu'on voyait aux vitrines. Eh bien! messieurs, je vous l'ai dit, nous n'avions pas de police. Est-ce que ces caricatures ont été plus ignóbles que celles qui ont été dirigées contre moi et contre tous? On nous dit : C'est une chose incroyable que les chefs du mouvement du 31 octobre n'aient pas été arrêtés et fusillés. Le lendemain, nous avons décrété l'arrestation de vingt-sept démagogues; le préfet de police, M. Cresson était plein de zèle et d'énergie, mais ne disposait plus de ces nombreux agents de police que j'avais dû organiser en régiment.

Eh bien! ils n'étaient plus dans la ville. On avait réuni quelques hommes qui avaient consenti à former une apparence de police. C'était tout. On arrêta treize des démagogues. Les autres n'ont jamais pu être saisis. Les treize, on voulait les livrer aux conseils de guerre. J'ai dit : « Si vous les livrez aux conseils de guerre, ils seront acquittés; c'est faut attendre et les garder en prison. Nous avons attendu; eh bien! ils ont été acquittés. »

Rappelez-vous ceci : c'est qu'il ne s'est pas trouvé à Paris, pendant le siége, un conseil de guerre qui condamnât. Ceux que j'avais organisés pour les maraudeurs des environs de Paris, n'ont pas condamné non plus une seule fois. Pourquoi? C'est que, dans ces temps-là, voyez-vous, personne n'a le cœur attaché seulement à ses devoirs : on se ménage, et l'on manque de cette énergie qu'on rencontre dans les temps prospères. Voilà la vérité sur les choses de Paris.

Messieurs, j'ai rempli, j'ai le droit de vous le dire aujourd'hui, j'ai rempli gratuitement ces grands et pénibles devoirs, sachant bien où j'allais en faisant à Paris, le 4 septembre, le sacrifice que j'avais fait à Châlons.

Eh bien! j'ai cru, l'Empire disparu, délié par le départ de l'Impératrice, quand on est venu me dire au nom du salut public : Voulez-vous nous aider à reconstituer une autorité quelconque dans Paris? j'ai consulté ma femme, et je me suis jeté dans le gouffre.

Maintenant, messieurs, ces efforts, je n'y ai aucune prétention; je ne crois pas avoir été le sauveur de mon pays; ce grand personnage qu'on raille; je me borne à dire : ces honnêtes efforts : car je n'ai fait que comme j'ai su et comme j'ai pu!

Eh bien! ces honnêtes efforts, car je n'ai pas eu, pendant tout le siége, un journal avec moi, vous les avez raillés, vous les avez insultés. C'était votre droit. Je ne me suis pas plaint. Aujourd'hui, ces efforts, vous les diffamez au profit de votre politique; vous les outragez en mêlant au nom de mes outrageurs des hommes que je ne puis pas y laisser.

Voilà pourquoi je suis devant vous. Vous m'avez forcé, et j'en rougis. messieurs les jurés; vous m'avez forcé pour la première fois de ma vie à faire sortir du dossier de ma carrière publique des titres qui m'honorent, qui étaient accumulés là depuis 37 ans. Personne ne les connaissait; ils étaient destinés à être toujours inconnus. »

Les voilà maintenant livrés au public. J'y

gagne ceci : c'est que les honnêtes gens de tous les pays sauront que je suis un des leurs, et qu'enfin, quelle que soit l'issue de ces débats, une loi morale qui me protège s'interpose entre MM. de Villemessant, Vitu et moi. On comparera nos dossiers. M. l'avocat général vous a parlé de celui de M. de Villemessant.

M. de Villemessant. — On peut lire tout haut mon dossier. Je n'ai pas sauvé la France; mais je ne lui ai rien coûté!

Après cette riposte, M. Trochu, qui semblait être sur le point de finir, se rappelle que Me Allou, vient de lui souffler qu'il oublie Buzenval; et il entreprend alors le récit et l'explication de cette bataille. Comme ces explications ne sont que la reproduction de ce qui a été dit déjà, nous pensons que M. le général Trochu nous permettra de ne parler que très sommairement de cette partie de sa défense. En effet, il reconnaît que c'était d'abord sur Châtillon que devait avoir lieu l'effort, et qu'il n'a été dirigé sur Buzenval qu'après les observations presque unanimes des généraux divisionnaires consultés sur cette tentative.

Après cette bataille de Buzenval, reprend M. le général Trochu, on me sommait de livrer une bataille torrentielle avec la population tout entière et le gouvernement de la défense au milieu d'elle. Sur mon refus à l'instant même, je fus regardé comme un *flémard*, et on me le dit en me demandant ma démission.

— Ma démission, ai-je répondu, vous croyez que je vais donner ma démission dans la situation où est le pays? Ce serait commettre une lâcheté. C'est alors que les maires sont allés chez M. Jules Simon, où l'on a réuni quelques officiers, et que j'ai été destitué et remplacé par le général Vinoy. Je n'ai donc pas donné ma démission.

Messieurs, j'ai terminé. (Mouvement dans divers sens.—Le général Trochu parle depuis plus de trois heures, et il avait promis à son défenseur de ne garder la parole qu'une heure à peine.) Au moment où la guerre finissait, M. Dufaure vint m'offrir une candidature; je voulais la refuser; mais, sachant que je pouvais rendre des services dans la commission de réorganisation de l'armée, j'acceptai cette candidature, et voilà pourquoi je fais partie de l'Assemblée nationale, et pourquoi dans deux mois je n'y serai plus : les travaux des commissions seront terminés.

Je vais donc rentrer très prochainement dans une retraite qui sera absolument définitive. J'y rencontrerai encore, messieurs, de bien grands devoirs privés; j'y rencontrerai aussi une situation bien précaire. Eh bien? je vous assure que, quel que soit le jugement qui intervienne ici, quelles que soient les circonstances qui accompagnent le dernier effort que j'ai fait pour éclairer l'opinion publique et pour démontrer la vérité, je rentrerai dans ma retraite avec une profonde sérénité, la sérénité qui accompagne les consciences tranquilles.

Ces derniers mots de M. le général Trochu sont applaudis assez vivement dans le fond de la salle, et même un peu dans la tribune des avocats. M. le président réclame le silence, et M. l'avocat général Merveilleux-Duvignau prend à son tour la parole.

M. l'avocat général.

L'honorable organe du ministère public paraît aujourd'hui mieux disposé qu'à l'audience précédente : sa voix est plus ferme, son accent plus vif. Après avoir expliqué comment le délit d'outrages, auquel M. le général Trochu n'avait pas fait une part séparée, a été relevé dans l'intérêt de la loi, M. Merveilleux-Duvignau soutient l'accusation avec une certaine énergie, en disant :

Je ne veux présenter qu'une seule considération. Il ne s'agit pas de savoir si M. le général Trochu a mal administré, s'il a été plus ou moins un traître ; il s'agit de savoir s'il est un menteur, si ce qu'il vous a dit est la vérité ou ne l'est pas.

L'honorable organe du ministère public rend ensuite hommage à la vie militaire du général Trochu, et il termine en ces termes :

Ces articles du *Figaro* sont incontestablement implacables, et l'on soutient toujours tout ce qui s'y trouve; même les choses qui sont inexactes on les maintient; et il me semble cependant que M. de Villemessant, avec son caractère chevaleresque, pourrait bien reconnaître qu'il y a quelque chose à supprimer dans ce qui a été écrit.

Faut-il que le général, dont les services militaires ont été révélés pour la première fois, dont la gloire modeste et vraie a apparu à cette audience porte en même temps sur le front le stigmate d'un jugement qui le condamnerait? Non ! quoi qu'il arrive, je ne m'associe pas à un pareil verdict ; et la plainte qui m'a paru juste hier me paraît encore plus juste aujourd'hui !

A ce moment, l'heure étant avancée, M. le président lève l'audience et renvoie à demain pour la plaidoirie de Mᵉ Lachaud.

Audience du 2 avril 1872

Jamais peut-être le Palais de justice de Paris n'a vu foule pareille. Le vestibule du Mai, la galerie Mercière, la salle neuve des Pas perdus, sont littéralement encombrés. La garde de Paris (dite garde républicaine) et les gardiens de la paix ont la plus grande peine à faire exécuter leurs consignes, aujourd'hui sévères. Malgré ces précautions, les témoins — les vrais témoins — ont de plus en plus de peine à occuper leurs bancs réservés. Sauf M. le comte de Palikao et le maréchal de Mac-Mahon, qui retrouvent leurs places, nous éprouvons une peine véritable à reconnaître, dans les coins perdus de la salle, où règnent absolument l'obscurité et le manque d'air, la plupart des hommes qui ont apporté au procès le concours de leurs affirmations.

A dix heures vingt-deux minutes, la cour fait son entrée ; à dix heures vingt-cinq, la parole est donnée, par M. le président Legendre, à Mᵉ Lachaud.

Plaidoirie de Mᵉ Lachaud

C'est un résumé, rien de plus, que va entreprendre l'éloquent avocat. Il a pris place en tête du banc des défenseurs, dans un étroit espace fermé d'une boiserie, l'orateur doit rester enchaîné, ne pouvant pas, comme la partie civile, parcourir le prétoire à pas rapides. Mais, pour Mᵉ Lachaud, ce n'est là qu'une vaine entrave. Sa parole puissante, adressée aux jurés, va remuer, jusqu'au fond de la salle, les passions d'un auditoire nombreux et éminemment impressionnable.

Il commence avec mesure; mais bientôt, emporté par son sujet, il s'élève à des hauteurs inconnues jusqu'ici dans ce procès. Ce n'est plus seulement une défense, c'est la revendication des droits de l'histoire ! Mᵉ Lachaud, qui a patiemment écouté les deux réquisitoires, la puissante argumentation de Mᵉ Allou, la véhémente exposition de M. le général Trochu, semble avoir puisé dans son long silence des forces nouvelles pour cette réplique solennelle. Rien n'est omis, rien n'est oublié ! Celui qu'on a appelé l'avocat des passions est transfiguré. Ce qu'il cherche, c'est la vérité. Il répudie la politique, et, dans une sorte de corps-à-corps suprême, il se contente d'être d'une lucidité accablante, d'une logique irréfutable, d'une puissance de déduction qui défie toute discussion. A la parole à cette netteté, cette force que l'on sait irrésistible. Le geste est plein d'ampleur. La conviction déborde. On sent que la vérité a trouvé son champion invincible, que nulle opposition ne déconcerte, qui ne va s'armer d'aucune suspicion, et qu'à l'heure où le débat doit être clos, un honnête homme va parler simplement à d'honnêtes gens.

Mᵉ Lachaud s'exprime en ces termes :

Messieurs, je viens répondre à M. le général Trochu, et je veux le faire avec calme et mesure. Je laisserai de côté certaines provocations ardentes que vous avez entendues hier. M. le général Trochu défend son honneur, et il a ici des priviléges qui n'appartiennent qu'à lui. D'ailleurs, les faits dominent les paroles. Lorsque j'aurai résumé une fois de plus ce procès, les preuves que nous vous devons seront faites, je l'espère, et les grands discours si éloquents que vous avez entendus n'empêcheront pas qu'il se produise à ces débats une justice que nous attendons.

Je me disais qu'il y avait des expiations inévitables. Dieu le veut ainsi. Lorsqu'elles tardent à venir, entraînés par une fatalité aveugle, ceux qui doivent les subir appellent l'heure des explications suprêmes et s'exposent à la plus terrible responsabilité. M. le général Trochu avait des comptes à rendre à l'histoire ; mais l'histoire est parfois lente à se faire. Il a voulu que les faits de cette période de sa vie fussent solennellement enregistrés et fixés ; il l'a voulu : qu'il soit satisfait. L'heure est venue où tout va s'inscrire irrévocablement dans le livre de la postérité.

Après la plaidoirie si magnifique d'hier, messieurs ; après cette démonstration si vigoureuse, si nette, si précise, que mon honorable confrère Me Grandperret nous a fait entendre, j'ai bien peu de choses à dire ; et quant à moi, à cette heure du débat, je cherche plutôt un résumé qu'autre chose. Mais d'abord, messieurs, qu'il me soit permis de répondre à M. l'avocat général, et de m'étonner d'une observation qui s'est reproduite dans ses deux discours. Est-elle juste ? Vous allez en juger. Nous faisons l'opinion ; vous arrivez jusqu'ici entourés de ces excitations fâcheuses qui peuvent troubler vos consciences, et l'honorable organe du ministère public gémit presque de cette situation qui est faite à votre impartialité. Pourquoi ces paroles, monsieur l'avocat général ? Mais vous ne lisez donc que les journaux favorables à la défense vous vous êtes donc interdit la lecture de ceux qui nous accablent et nous outragent ? Vous avez raison : c'est un procès d'opinion. Oui, les plaies sont encore saignantes, et l'on ne peut devant de semblables souvenirs rester calme et sérieux. Si vous le savez, et vous devez le savoir, dans cette lutte d'opinions, chacun a ses organes. Ah ! nous faisons l'opinion contre M. le général Trochu ! Écoutez donc comment on fait l'opinion contre nous. Un journal nous a injuriés, diffamés de la façon la plus odieuse ; en quelques lignes, il a accompagné des épithètes les plus grossières les noms des honorables témoins que nous avons appelés ici. Une seule phrase dans un journal que je ne veux pas nommer :

« Avec bonheur, avec volupté, je savourai » leurs paroles. Que peuvent-ils bien dire » pour leur défense, ces misérables auteurs » de nos calamités et de toutes nos hontes ? »

Et l'article se continue sur le même ton ; je n'en lis pas davantage. Un autre journal, que je ne confonds pas avec celui-ci ; un journal honnête, rédigé par des écrivains honorables, mais que les passions politiques égarent en ce moment, n'attaque pas seulement les prévenus ; il attaque les défenseurs ; et alors que nous répondons à ceux qui sont en face de nous comme nous l'avons fait ; alors que nous disons à Me Allou qu'il est un des beaux caractères et l'un des plus admirables talents de ce temps-ci, écoutez comment les journaux honnêtes traitent les défenseurs de ceux qui sont ici. Nos deux honorables confrères, on les traite de comparses, brillants comparses, vous le savez ! Ils sont sans talent ; et quant

à l'avocat, messieurs, qui a l'honneur de vous parler en ce moment, voici ce qu'on en dit :

« Comme il va s'emparer des douze jurés ! Au fond, Me Lachaud méprise profondément ces braves gens. Il les a trompés tant de fois ! mais il est plein pour eux de déférence apparente. »

Voilà ce qu'on écrit, monsieur l'avocat général, et il est bien regrettable que vous ne le lisiez pas. Pour moi, est-ce que je suis atteint par de pareilles attaques ? est-ce que vous ne dédaignez pas, comme moi, l'injure qui nous est faite ? Passons ! Cependant, qu'il reste établi, s'il vous plaît, que dans cette lutte toutes les opinions s'agitent. Vous n'avez le droit de dire que ce sont nos amis et nous qui, seuls, cherchent à troubler la justice du jury. Il faut rentrer dans la vérité ; et la vérité, vous la savez. Ceci dit, arrivons au procès.

Je plaide pour le *Figaro*, pour M. de Villemessant, qui est ici, parce que sa loyauté ne lui a pas permis de ne pas y être. Mon honorable contradicteur, Me Allou, n'aurait pas mieux demandé que d'en écarter M. de Villemessant. Il était à Nice au moment où l'article a paru ; il n'avait qu'un mot à dire : ces articles, je ne les ai pas connus ; j'en suis responsable légalement, mais je n'ai pas su qu'on imprimait pareilles choses dans mon journal. La prévention s'arrêtait devant lui. Il n'a pas cru devoir le dire. C'était un mensonge ; et, si on attaque souvent M. de Villemessant, je ne sache pas que jamais sa loyauté ait pu être suspectée.

Quelques rumeurs s'élevant en ce moment au fond de la salle, dans la partie où se trouve le public debout, composé aujourd'hui d'une façon toute nouvelle : — c'est Belleville qui succède à Montmartre. — M. le président réclamant le calme, Me Lachaud s'écrie :

M. le président, je vous demande, je vous conjure de laisser tous les murmures se produire. Je suis dans le sanctuaire de la justice ; et, s'il en est ici qui l'oublient, tant pis pour eux. Quant à moi, je ferai mon devoir ; et, si l'on changeait la nature de cette salle, j'ai aussi l'habitude des foules, et, quand je fais mon devoir, je ne crains personne. (Vifs applaudissements.)

M. de Villemessant n'avait qu'un mot à dire ; il ne l'a pas dit, parce que c'eût été un mensonge, et il vous a raconté la vérité. Un homme considérable dans la presse, M. Vitu, dont vous n'atteindrez pas, croyez-le bien, la moralité, parce qu'il a perdu un petit procès civil dans une revendication de meubles. Passons... une misère !...

M. Vitu dit à M. de Villemessant qu'il voulait faire une étude sur M. le général Trochu : c'était son droit. Quand on monte au pouvoir, il faut en accepter les conséquences terribles. M. de Villemessant a dit à M. Vitu : Faites votre article ; prenez le temps ; ayez des preuves ; arrivez avec des justifications qu'un galant homme doit apporter dans de semblables récits, et j'imprimerai. M. Vitu a fait son œuvre. Vous savez déjà, messieurs, si c'est là de la calomnie ; nous le saurons bien mieux encore tout à l'heure, quand nous discuterons le discours de M. Trochu, qui s'est écarté souvent de l'affaire. Les articles ont été imprimés, et M. de Villemessant n'a pas voulu se dégager de M. Vitu; et il l'a dit courageusement et dignement : car il reste toujours attaché à ceux qui écrivent dans son journal.

Il y a une parole que M. l'avocat général a produite au débat et qui m'a étonné.

M. de Villemessant a été condamné souvent pour le compte des autres; mais est-ce que jamais un article de lui a été poursuivi?

M. l'avocat général a jeté un grand mot dans ce débat; et ce mot, M. le général Trochu l'a reproduit hier : « Outrage à la morale publique! » Oh! vous savez bien ce que c'est, un article d'un autre imprimé sans que M. de Villemessant l'ait lu! Il a été responsable devant la loi, voilà tout. Ah! messieurs, quand vous avez parlé des condamnations de presse de M. de Villemessant, il faudrait se rappeler que lui, il ne fait pas comme beaucoup d'autres, et qu'il n'a pas la prudence de prendre des gérants postiches, qu'on fait pour la police correctionnelle ou la cour d'assises.

Quand son journal est attaqué, il est au premier rang; il couvre sa marchandise! Messieurs, c'est un exemple de courage et d'honneur qui en vaut bien un autre. Ne parlons donc pas de ces condamnations qui n'ont rien à faire au débat; et laissez-moi vous dire, mon cher confrère Allou, que lorsque, il y a deux jours, admirant votre plaidoirie, je vous entendais faire ces petites critiques du *Figaro*, ces petites malices trop au-dessous de vous, je me disais vraiment que le moment était bien mal choisi, et vous me rappeliez ces débats que l'on a quelquefois pour une actrice dont on discute le talent et la figure.

Messieurs, restons dans la cause; nous sommes en face d'un grand procès qu'il nous faut plaider, et il faut le plaider comme il convient de le faire. C'est un procès qu'on intente au *Figaro*. Il est courageux, le *Figaro*: il défend l'ordre; il est en butte à bien des attaques, et son immense succès, messieurs, est la cause de toutes ces excitations contre lui. Est-ce que vous en avez trouvé un plus brave dans les mauvais jours? est-ce que M. de Villemessant ne joue pas sans cesse la fortune de son journal et sa personne même? est-ce que vous ne savez pas qu'on l'outrage chaque fois que la démagogie peut prendre librement ses ébats? Vous le savez; eh bien! alors il faut lui rendre ce témoignage. Des journaux comme celui-là, ils amusent peut-être, mais ils servent incontestablement.

M. l'avocat général vous disait qu'il avait créé une génération à son image ; eh bien! messieurs, il lui enseigne la bravoure, le patriotisme et la charité. Dites-moi s'il y a un journal au monde qui se soit plus intéressé aux malheurs sociaux, s'il y a une infortune privée ou publique qui lui ait vainement tendu la main, ou, pour mieux dire, au-devant de laquelle il ne soit pas allé pour la secourir généreusement et délicatement. Voilà ce qu'est le *Figaro*. Vous l'avez dit, M. de Villemessant, dans ces débats, n'a pas perdu sa considération, et croyez qu'aujourd'hui il ne la perdra pas davantage. Voilà tout ce que j'avais à vous dire sur le *Figaro*, et je n'en aurais pas parlé si on n'avait pas rendu ces explications nécessaires.

Et maintenant, au procès, rien qu'au procès, à la véritable affaire! Que M. Trochu se rassure : nous n'allons pas plaider le procès de l'Empire, mais le sien. Non : tout le talent du monde ne fera pas illusion. Ah! je sais qu'il est commode de laisser croire ici que l'Empire est seul en jeu. On a armé de ce côté tous les ennemis de l'Empire. Eh bien! non, il n'y a pas d'Empire ici, il n'y a pas de politique ; il y a un procès qui s'adresse à un acte d'honnêteté et d'humanité, pas autre chose.

Je ne sais pas, messieurs, ce que sont vos opinions politiques, et je ne m'en inquiète pas. Je sais que vous êtes d'honnêtes gens, je sais que vous respectez fidèlement une promesse que vous faites; je sais que vous êtes ménagers du sang de vos concitoyens. Cela me suffit. Le procès est là, et on ne le changera pas.

Ah! qu'on dise tant qu'on voudra que les témoins appelés à la requête des prévenus ont été de grands fonctionnaires de l'ancien gouvernement. Tout ce qu'il vous plaira. Vous pouvez même dire que c'est le dessus du panier bonapartiste : cela ne fera pas faire un pas à la cause. M. de Villemessant, lui, n'est pas bonapartiste ; il n'a pas appartenu à l'Empire ; et, quant à son défenseur, entendez-le bien, il a dans le cœur des souvenirs ; il n'oublie pas la bienveillance dont on l'honore ; mais quand il a ainsi payé le tribut de gratitude qu'on doit surtout au malheur, il peut se redresser pour dire que, quant à lui, il n'a appartenu à personne, il ne doit rien à l'Empire ni à aucun gouvernement. C'est son indépendance qu'il affirme, et c'est son indépendance qui plaidera avec lui.

Maintenant, messieurs, il faut écarter du procès tout ce que M. le général Trochu y a placé hier, qui n'est pas la cause. Il a présenté la défense de M. le général Schmitz; mais qui donc l'attaque? Est-ce que nous ne savons pas tous que c'est un brave et loyal militaire? Au milieu de l'agitation publique de Paris, le général nous apprend que des soupçons indignes et absurdes se sont élevés contre le général Schmitz. Qui donc en a gardé le souvenir? Laissons cela : ce n'est pas le procès du général Schmitz que nous plaidons en ce moment, pas plus que celui de tous les généraux malheureux dont M. Trochu a cru devoir vous entretenir hier : le général Dupont, le général Vandamme, d'autres mêmes qui ont été accusés, calomniés. Qu'est-ce que cela me fait? ce n'est pas mon procès!

Je vais le fixer, ce procès, et messieurs les jurés verront que nous entrons là dans le véritable objet du débat. Il y a deux articles, deux articles ardents. On n'écrit pas ces choses-là sans que la main tremble, sans que l'esprit bouillonne; et quand je parle de l'esprit, messieurs, je me trompe : c'est le cœur surtout qui bouillonne à de semblables souvenirs. Voilà les points sur lesquels il faut soutenir la discussion, et je les fixe : l'attitude de M. le général Trochu au 2 décembre; la fidélité de M. le général Trochu à l'impératrice et au Corps législatif ; les motifs qui l'ont déterminé à engager la bataille de Buzenval, et quelques-uns de ces mots relevés principalement par M. l'avocat général, qui les a appelés des outrages. Voilà le débat! Il est là. De la guerre de 1870, dont on vous a entretenus longuement hier, je ne dirai pas même un mot. Est-ce que c'est là le procès? C'est un grand malheur pour la France. Qui en portera dans l'histoire la responsabilité? Nous tous sans exception, sans exception! Le gouvernement a fait des fautes, l'opposition a fait des fautes: et la France, dans son impatience de vaincre, a poussé le gouvernement à cette fatale guerre. (Rumeurs.)

Est-ce que vous avez oublié, messieurs, ces transports d'allégresse à la pensée des batailles qui allaient s'engager? est-ce que vous avez oublié ce peuple tout entier, aveuglé, criant : A Berlin! à Berlin! et ces passions que rien au monde ne pouvait contenir?

Voilà peut-être ce que dira l'histoire, mais ce n'est pas le débat. Je n'ai pas à insister. La cause, je vous le répète, n'est pas une cause, politique, c'est une cause d'honnêteté; elle est là!

Le 2 décembre au point de vue de M. le général Trochu, la vie militaire de M. le général Trochu, ses relations avec l'Empire... Est-ce que vous croyez que je suis embarrassé pour rendre hommage à la carrière militaire de M. Trochu? Il a été un soldat brillant; il a été un officier de premier ordre. Qui dit le contraire? Ce procès a donné à son éminent avocat l'occasion de tresser à M. le général Trochu des couronnes qu'il peut mériter. Peu nous importe! Je passe à côté de ces souvenirs de votre vie intime, et je les respecte, comme je sais respecter tout ce qui est honorable. Mais est-ce que c'est le débat? est-ce qu'il s'agit de savoir si M. Trochu a été vaillant militaire, si son intelligence et son courage dépassaient l'intelligence et le courage des officiers ordinaires?

M. Trochu se plaint de ce qu'on a assuré que vers le 2 décembre il avait prêté au gouvernement un concours qu'il lui a refusé. Mais voici un faits : le 2 décembre, oui, peut-être; mais quelques jours après, non assurément! Est-ce que vous croyez que le coup d'Etat s'est fait en un jour? Est-ce que vous pensez qu'il y a là quelques heures seulement qu'il faut examiner? Ah! ce n'est pas à vous, messieurs, qu'il faut dire de semblables choses : car tous les gens de bon sens m'arrêteraient et constateraient mon erreur. Eh bien! qu'a-t-on dit? On a dit que le général Trochu s'était rallié bien vite à ce gouvernement nouveau; on a dit que ses résistances avaient cédé bien vite, et que, s'il avait protesté, il n'avait pas tardé à profiter de ce coup d'Etat. Est-ce que les dates ne sont pas là? et à qui donc espère-t-on ici faire illusion? Le 2 décembre, M. Trochu proteste; il a le courage et il a bien fait de mettre sur un registre de vote : non, si c'était là sa conviction. Mais, le 5 janvier, il a un poste de confiance chez le maréchal de Saint-Arnaud: il est sous-directeur du personnel. Quelle est donc cette fonction, s'il vous plaît? Dans les débats, messieurs, on a fait venir un témoin qui a dit que c'était par ordre que M. Trochu avait accepté cette situation. Par ordre, une situation administrative! par ordre, une situation de confiance! par ordre, la direction morale et matérielle de tous les officiers de l'armée française! Allons donc! Oui, l'officier français doit obéissance à son supérieur. Par ordre, il prend garnison dans telle ville; par ordre, il combat; par ordre, il obéit; par ordre, il est un brave et loyal militaire; mais, par ordre, il n'est jamais confident d'un ministre qui a fait le coup d'Etat, quand il est si hostile à ce coup d'Etat.

Et puis quels sont donc, messieurs, les avancements, pour ne pas dire les faveurs, que M. le général Trochu a obtenus? Est-ce que je m'en plains? est-ce que je ne les trouve pas mérités? est-ce que je dis que l'Empire a eu tort de donner à M. Trochu l'avancement le plus rapide parmi tous les officiers de l'armée? est-ce que je m'étonne que l'Empire l'ait fait grand officier de la Légion d'honneur, lui, le plus jeune des membres de cet ordre? Je ne m'étonne pas de cela: vous l'aviez mérité. Je ne veux constater qu'une chose : c'est que l'Empire a été juste pour vous; c'est que vous n'avez pas été un martyr, et que des martyrs comme ceux-là auraient eu une de ces situations douloureuses que tout le monde leur envierait. Eh bien! voilà tout sur ce premier point. Vous pouviez avoir davantage. Vous avez refusé l'expédition de Chine. Ah! je crois que vous avez bien fait, car votre successeur y a été admirable et a montré ce qu'il valait à tous les points de vue. Mais est-ce que c'est le procès? Vous n'avez pas voulu être ministre sans doute encore. J'ai dit qu'après le coup d'Etat du 2 décembre, vous vous étiez associé à l'Empire; j'ai dit que l'Empire avait eu pour vous toute la justice que vous méritiez; j'ai dit qu'il ne fallait pas qu'on pût croire que vous aviez été traité comme un de ces soldats qu'on oublie. Et tout cela, messieurs, est parfaitement vrai. Eh bien! alors, est-ce que la première question n'est pas vidée? Non! Est-ce que vous croyez que je vais parler des commissions mixtes? Est-ce que cela regarde mon procès?

Je ne dirai qu'une chose : les commissions mixtes ayant été établies le 25 janvier, le décret qui les institua n'est signé du ministre de la guerre; et, le 5 janvier, c'est-à-dire depuis vingt jours, vous étiez à côté de lui, son confident et directeur du personnel. La preuve sur ce premier point! Mais ces faits-là appartiennent-ils à la discussion? Croyez-vous donc que les officiers, qu'ils soient royalistes, bonapartistes ou républicains, il y en a d'honnêtes et de glorieux partout, — ne peuvent pas le dire et le discuter comme je le fais, sans passion. Arrivons à Châlons, voyons ce qui s'y passe. A Châlons M. Trochu est nommé gouverneur par l'Empereur. Comment? Dans quelles circonstances? Par quelle influence? Qu'est-ce que cela nous fait? Cela est indifférent; je ne retiens qu'une chose : c'est que, nommé gouverneur, on lui a donné la plénitude du pouvoir qu'il pouvait désirer. Il est revenu à Paris avec une lettre de service qui mettait à sa disposition toute l'armée de Paris. Il a voulu les mobiles; l'empereur a consenti à ce qu'il les ramenât.

Ici, messieurs, il faut vous entendre. Hier, M. le général Trochu faisait de ces braves et jeunes soldats un éloge qui était mérité. Est-ce que, par hasard, M. Trochu suppose que seul il a de l'admiration pour ces jeunes héros? Nous aussi nous pleurons ces braves enfants. Nous aussi nous étions émus lorsque vous parliez de ce vaillant et malheureux commandant Bareche. Ah! vous avez eu raison d'en parler. Il y avait là un oubli qui était involontaire. Vous l'avez dit et je vous crois, car une omission volontaire eût été une impiété infâme dont vous êtes incapable. Nous aimions donc les mobiles comme vous les aimiez, mais nous en parlons parce que peut-être, au point de vue de la discipline, il y avait quelque inconvénient à les faire revenir à Paris. Sur leur retour, il n'y a pas de doute, quand on a eu sous la déclaration du maréchal de Mac-Mahon, rien au monde ne peut protester. L'Empereur ne voulait pas vous donner les mobiles ; il l'a fait, mais il l'a regretté. Il y a une autre déclaration que le noble maréchal a apportée à cette audience, au sujet de la marche de l'armée. Vous savez qu'à cet égard, les assertions de M. Trochu sont inexactes ; c'est le maréchal qui le dit, et je ne discute pas quand j'ai un pareil homme avec moi.

On ne vous a donc rien refusé, on vous a tout donné ; vos exigences, on les a acceptées. Tout à l'heure, lorsque nous serons aux journées des 3 et 4 septembre, nous verrons si vous avez le droit de vous plaindre d'un défaut d'autorité.

Le général arrive à Paris, il y voit l'impératrice, et Sa Majesté lui aurait dit, plaçant le salut de la France au-dessus des intérêts de la dynastie : il faut rappeler les princes d'Orléans. Vous prétendez que c'était un piège. Pourquoi ? Parce qu'on vous croyait orléaniste. Est-ce que, à cette heure suprême, il y a des partis et des opinions ? est-ce qu'il y a autre chose que la France ? Ah ! je vous plains de n'avoir pas compris combien cette parole était généreuse. Vous le savez bien : l'impératrice avait toujours protesté contre les lois d'exil. La guerre était désastreuse; et dans son cœur de femme, dans son amour du pays, elle avait le sentiment que tous les braves Français devaient servir la cause de la patrie. Il y avait encore sur la terre étrangère des hommes valeureux. Ils voulaient combattre pour la France, et l'impératrice vous disait qu'il fallait leur ouvrir les portes du pays. C'est un piège. Oh ! je vous plains, je le répète, d'avoir douté.

Ensuite, messieurs, une proclamation est faite. Le général Schmitz l'a déclaré : M. Trochu avait oublié le nom de l'Empereur dans cette proclamation ; il le rétablit ; puis il le supprime de nouveau, parce que l'Empereur ne revenait pas à Paris. Là on élève un soupçon injurieux pour l'Impératrice. On a semblé dire que c'était elle, dans des pensées ambitieuses, qui avait voulu cette suppression. M. Trochu a protesté lui-même contre une pareille pensée. Je passe.

Il était mal accueilli, dit-il, il s'est vu en présence d'hommes publics qui n'avaient pas confiance en lui. Qu'avait-il à faire ? Il ne voulait pas donner sa démission, pensant qu'à ce moment le général devait rester au poste du devoir et du combat. Je le veux bien ; mais est-ce qu'il n'est pas tout-puissant ? est-ce que sa nomination n'est pas signée par l'Empereur ? est-ce qu'il n'a pas sa lettre de service ? Pourquoi n'a-t-il pas réclamé ce pouvoir qu'on lui refusait, ce qu'il prétend ? pourquoi ne s'en est-il pas expliqué nettement avec les ministres ?

Il veut prononcer, ce mot que vous n'ayez pas oublié : la trahison ! Vous, trahi ! Et qui donc s'était engagé vis-à-vis de vous ? Vous, trahi ! qui donc vous avait fait serment de fidélité ? Ah ! il ne faut pas ici d'équivoque. Il faut que les mots restent ce qu'ils doivent être. Oui, j'entendais bien votre éloquent avocat dire qu'il y avait autour de vous une mauvaise volonté insigne; que vous vous brisiez contre des résistances de toute nature. Ceci, c'est un défaut de confiance, ce n'est pas une trahison. Et je vous le répète, ce défaut de confiance, il vous était bien facile d'en avoir raison.

Ceci dit, abordons bien vite la grande question de ce procès. A-t-il été fidèle à l'Impératrice et au Corps législatif autant qu'il le de-

vait? C'est là le procès! Il est là et il n'est que là. Tout le reste va s'effacer devant ces deux grandes questions, M. l'avocat-général l'a bien compris : il n'a traité que celles-là.

Eh bien ! voyons ! A l'Impératrice, au Corps législatif, qu'a-t-il promis ? qu'a-t-il fait ? qu'est-ce que l'histoire doit dire de sa conduite ? Ce ne sont pas là les actes de l'Empire, j'imagine, et à moi, du moins, on ne dira pas que je plaide autre chose que la cause.

Voici les faits ; ils ne sont pas très nombreux, mais ils sont décisifs. Quand je les aurai rappelés à vos souvenirs, je n'ai qu'une chose à vous demander : mettez la main sur vos cœurs, et répondez si vous eussiez agi ainsi.

L'Impératrice! lui a-t-il fait toutes les promesses de dévouement? Au conseil il s'était expliqué. Est-ce qu'il a parlé alors de la malveillance des ministres ? est-ce qu'il s'est plaint alors de cette situation intolérable qui lui était faite ? Vous avez entendu tous les ministres ; vous avez entendu les présidents des deux grands corps de l'Etat et les ministres.

Ah ! il n'y a pas d'opinion qui conduise au parjure. A propos de la lettre du général Trochu au Temps, M. Schneider a pris la parole et il lui a demandé ce qu'il ferait pour résister à l'émeute. Vous connaissez, messieurs, la réponse du général Trochu. Il n'y a pas ici à équivoquer : vous avez dit que vous feriez votre devoir. Cela n'a pas suffi. Un autre ministre vous a pressé en vous disant : « Votre devoir, sans doute, mais lequel ? » et vous avez répondu : « Je me ferai tuer. »

Ici le général Trochu affirme du geste, et souligne chaque phrase du mot : C'est vrai !

Ce sont des mots qui s'enregistrent; ce sont des mots qui vivent; ce sont des mots qui vous accompagneront dans l'histoire; des mots que tous les efforts et toutes les décisions judiciaires ne pourront pas effacer ; Je me ferai tuer! Est-ce que c'est une seule fois que vous avez parlé ainsi? est-ce que, le lendemain, vous n'avez pas fait des protestations plus accentuées et plus énergiques ? est-ce qu'à de nouvelles observations, vous n'avez pas répondu cette phrase stéréotypée dans toutes les déclarations : Madame, je me ferai tuer, s'il le faut, sur les marches du Corps législatif, et pour Votre Majesté sur le seuil des Tuileries? Voilà ce que vous avez dit. Ce n'est pas tout encore; et, avec cette éloquente parole à laquelle je suis le premier à rendre hommage, vous avez dit, pour fixer davantage la confiance qu'on devait avoir en vous, à cette femme impressionnable et malheureuse : Je suis soldat, catholique et Breton; je me ferai tuer pour Votre Majesté. Le mot a été dit, et bien dit. Hier, vous n'avez pas pu le retirer du débat. Il n'y a pas de témoin qui l'ait entendu et cependant vous ne direz pas qu'il n'était pas vrai.

Ah! c'est ici que je suis à mon aise en ce qui concerne l'Impératrice. Ce n'est pas de la souveraine que je parle, c'est de la femme. L'Empire est tombé; s'il se relève jamais, ce qui est dans le secret de Dieu, sa dernière heure a été une heure de gloire au milieu de nos douleurs, pour la femme qui le représentait à Paris. Vous le savez bien, général Trochu, et vous l'avez dit : Jamais concert d'éloges n'a plus noblement entouré la malheureuse femme qui allait quitter la France. Ici, tous les témoins sont unanimes; et, dans nos désastres, c'est une consolation pour elle et pour la France. L'Impératrice a pensé au pays avant de songer à sa dynastie; c'est cette femme à laquelle vous aviez juré fidélité, que vous avez abandonnée.

Oui, vous l'avez abandonnée. Ecoutez. Je ne me promènerai pas dans les détails inutiles de la cause. Il y a deux faits pour moi, et il ne m'en faudrait qu'un seul pour vous condamner. Le 3 septembre au soir, on apprend la défaite de Sedan, et il n'est pas possible de prévoir quelles catastrophes terribles vont suivre. L'Impératrice apprend cette fatale nouvelle, et un homme de cœur, M. Chevreau — ceci n'est pas de la politique — va trouver M. le général Trochu et lui dit : « Venez, général. L'Impératrice a le cœur brisé : elle souffre les plus horribles douleurs comme souveraine, comme mère et comme épouse. Une parole de pitié et de consolation de votre part lui fera du bien. Ce n'est pas seulement l'Impératrice qui a besoin de vous, c'est la femme et la mère!

Quel est celui qui refuserait cette pitié à l'étrangère? Ne la doit-on pas à la femme à qui l'on a promis de mourir à la porte de son palais.

Le général est fatigué, il n'a pas dîné, et il ira après son repas. Et il n'y est pas allé. Ah! messieurs, le procès est là; il est là. Laissons les grandes batailles connues et inconnues. Oublions tout. Mais il y a là une femme que vous respectez, une femme qui souffre, une femme qui a besoin de vous : vous n'avez qu'à ouvrir une porte; vous n'avez pas à traverser la rue : il y a une communication entre votre palais et celui de la souveraine. Elle fait un appel à votre pitié; et vous n'avez pas eu pitié pour elle, à qui vous aviez fait le serment de mourir! Je vous le demande, messieurs, est-ce là un fait que nous avons le droit d'évoquer? Entendez la réponse du général Trochu : il voulait donner sa démission; il était mal avec les ministres. Les ministres! la démission! qu'est-ce que tout cela? La politique dessèche donc tous les cœurs! Est-ce qu'il s'agit de savoir si vous dominerez le général de Palikao ou s'il restera votre supérieur? Il s'agit de savoir si, à cette femme désespérée et qui vous tend les bras, vous porterez une parole de consolation et de pitié : voilà tout. Vous ne l'avez pas fait!

Vous ne l'avez pas fait : c'est la culpabilité qui domine toutes les autres. Qu'on appelle cela du nom qu'on voudra : vous avez dîné, vous avez dormi, vous vous êtes reposé, et vous avez laissé mourir dans une pauvre femme qui n'avait d'espoir qu'en vous!

Voilà la vérité, voilà ce que dira l'histoire! Voilà la cause; elle est là, palpitante, parce qu'elle est dans le cœur de tous les braves gens!

Le lendemain, vous êtes venu. Vous avez eu avec l'Impératrice une conférence intime; et, M. Chevreau lui en demandant le résultat, elle faisait un signe qu'a traduit Me Allou, et qui ne voulait pas dire : Tout est perdu; mais : Il ne faut plus compter sur le général Trochu. C'est M. Chevreau qui l'a dit, et il a eu raison. Il était sept heures du matin; elle est partie à trois heures et demie. Vous n'êtes plus allé la voir.

Vous dites que vous n'aviez pas de commandement, que vous êtes resté dans votre cabinet pendant six heures, que vous avez envoyé le général Schmitz aux Tuileries, mais qu'elle était partie. Vous êtes resté six heures au Louvre; et pendant six heures vous ne lui avez pas apporté une parole, vous n'avez pas veillé à son départ! vous n'avez pas, vous gouverneur de Paris, essayé de la protéger, sinon contre les dangers pour sa vie, au moins contre les dangers pour son honneur comme femme et comme souveraine! Vous n'avez rien fait! Nous allons voir ce que vous avez fait pour le Corps législatif. Mais je vous le dis, moi : il n'est pas un homme au monde qui, vis-à-vis de l'impératrice, se fût conduit comme vous l'avez fait!

Il y avait là des protestations solennelles, que vous savez; il y avait des engagements que vous connaissez; il y avait des serments, non pas politiques, entendez-vous?—le serment politique, je n'en ris pas, mais j'ai trop souvent appris ce qu'il valait :—il y avait les serments d'un homme de cœur à une femme qu'il respecte, le serment de celui qui est fort à celle qui est faible, le serment de l'homme puissant à la femme abandonnée. Ces serments, ils n'ont pas été tenus! Eh bien, messieurs, ce qu'a fait le général Trochu. Avons-nous le droit de le lui dire? cela nous est-il permis? Ce n'est pas de la politique, cela ; ce que nous avons discuté, l'histoire l'appréciera. Ainsi, M. l'avocat général disait hier que, de ces faits, il resterait sur le général, non pas une tache, mais une trace ineffaçable; oui, ineffaçable, vous avez bien raison.

Le Corps législatif! voyons, que devait-on faire? qu'a-t-on fait? Cela n'est pas une révolution, soit, c'est un effondrement : tel est votre mot. Je le veux bien; mais, si l'Empire s'en va, il reste les représentants de la nation, le Corps législatif.

Qu'a fait le général? Nous allons le savoir. Il avait promis au Corps législatif ce qu'il avait promis à l'Impératrice; il a été avisé du péril—c'est M. Schneider qui l'a déclaré— le 3 et le 4 septembre.

Il n'avait pas d'autorité, pas de puissance! Ah! messieurs, cela est à discuter; mais d'ailleurs ce n'est pas de la force dont pouvait disposer le général Trochu que je m'occupe, c'est de ce qu'il a fait personnellement. Le 3 septembre au soir, il y avait eu des troubles; on avait porté un homme blessé à la porte du gouverneur, qui avait fait un discours promettant justice. Le 4 septembre, il ne lui était pas possible de savoir ce qui se passait. Tout le monde le savait, tout le monde! Chacun a vu la garde nationale de certains quartiers réunie en groupes se dirigeant vers l'Assemblée.

Où était le devoir?

Avec ou sans soldats, l'homme populaire, le premier personnage de la capitale, où devait-il être? A côté du Corps législatif! L'Empire n'était plus possible, dites-vous; mais, si l'Empire meurt, la nation vit toujours. Où était la nation? Est-ce qu'elle était avec les députés avancés et les démagogues ardents du Corps législatif? Elle était là où se trouvait le Corps législatif tout entier!

On l'envoie chercher. Il monte à cheval et n'arrive pas à l'Assemblée. Il rencontre M. Jules Favre, qu'il connaissait et qu'il a cru ne pas reconnaître!

Il y a là un incident, messieurs, sur lequel je m'arrête bien peu, — oh! je ne parle pas de conciliabules: — Il y a une chose étrange, c'est que les ennemis de l'Empire aient été ceux qui protégeaient et défendaient le plus ardemment l'autorité de M. le général Trochu.

Lisez le *Journal officiel* du 27 août, du 3 septembre ; aux deux séances on demande l'omnipotence pour lui ; c'est M. Jules Favre ; c'est un député de la même opinion qui en dira tout autant ; et, quant à M. Jules Favre, les souvenirs du général Trochu l'ont bien mal servi. Il ne connaissait pas M. Favre, il a été souvent au Corps législatif.

M. Trochu. — Jamais !

M. le général Trochu est très agité. Me Allou fait les plus louables efforts pour le ramener au calme.

Me Lachaud. — Monsieur, je vous en prie, j'ai écouté avec un profond respect vos explications : vous pouvez m'écouter sans respect, mais en silence ! Un homme politique qui ne connaissait pas M. Favre ! est-ce possible ? Il ne le connaissait pas... et, quand ils se sont rencontrés, leur premier sentiment a été de se donner une poignée de main. Qui le dit ? M. Floquet ! Il a déclaré que, lorsque M. Favre a aperçu le général Trochu, il lui a tendu la main. Il ne connaissait pas M. Favre !... (Hilarité générale.)

Voyons, messieurs ! tout est étrange, savez-vous, dans cette partie de la cause. M. Favre déclare qu'il a vu le général, qu'il est allé chez lui pendant deux heures, qu'il l'a entendu parler ; et puis il semble que ces messieurs ont le désir de rester complètement étrangers les uns aux autres ! Voyez M. Ernest Picard, le charmant M. Ernest Picard, — vous vous rappelez bien, messieurs, la déclaration de M. d'Andelarre, — vous savez qu'un jour, à l'Assemblée nationale, il disait : « Ah ! le général Trochu, je ne l'ai jamais vu, moi, avant le 4 septembre ! » M. d'Andelarre lui dit : « Ah ! ah ! cher collègue, prenez garde! je vous ai vu chez lui. » Et M. Picard qui est rarement embarrassé — vous le savez, — a fait une pirouette et s'est fendu. Puisque vous le savez, je n'ai plus à le cacher.

Tout cela m'étonne, tout cela est étrange, tout cela m'émeut. Ah ! ne parlons pas de conspirations, de conciliabules : je n'ai pas besoin de ces grands mots, j'ai un fait. Vos amis déclarent et disent, un du moins, qu'il ne vous a pas vu quand vous l'avez vu. Mais revenons à l'Assemblée. Il est trois heures et demie ; le général rencontre un flot de peuple ; on lui dit que tout est fini, qu'il n'a qu'à rentrer au Louvre. Il rentre, se déshabille et prend un costume civil. Quelque temps après, à la réunion du gouvernement nouveau, il est à l'Hôtel de ville. Et le général, hier, dans un mouvement oratoire, disait : « Que vouliez-vous que je fisse ? Est-ce que je pouvais laisser la France sombrer ? est-ce que, au-dessus de la dynastie, il n'y avait pas le pays ? est-ce que mon devoir, à moi, n'était pas, avant tout, de sauver la capitale ? »

Oui, vous ne deviez pas, à ce moment-là, laisser là votre épée et rentrer dans la vie privée. A ce moment-là, vous étiez gouverneur ; vous pouviez rester gouverneur ; mais ce qu'il fallait faire, je vais vous le dire : au lieu d'aller à l'Hôtel de ville, il fallait venir au Corps législatif. Voilà où était

votre place ! Il y avait là un homme d'État illustre, M. Thiers, qui vous y attendait sans doute ; il y avait à côté de M. Thiers un homme qui n'a pas mes opinions, mais mon amitié et mon estime : M. Grévy. M. Grévy et M. Thiers ont jugé le 4 septembre comme il fallait le juger ! C'est là qu'était votre place ; voilà où était l'honneur ; voilà où était le devoir ; voilà où était la France ! Il fallait rester général, mais général de la France, et non pas de l'insurrection comme vous l'avez été !

Alors, messieurs, j'ai bien le droit de me demander ce qu'a fait M. le général Trochu pour l'Assemblée, pour le Corps législatif.

Quelques murmures se produisent dans le fond de la salle et aux bancs des avocats. Me Mathieu le fait observer à son confrère.

Me Lachaud : Non, mon ami, cela m'est indifférent. Derrière moi, on murmure : laissez faire, laissez dire ; il paraît qu'on ne se croit pas ici, mais autre part ; laissez faire ! les gens qui ont raison n'ont jamais peur : qu'on siffle, qu'on blâme, cela m'est égal.

Donc, messieurs, il est allé à l'Hôtel de ville et il a accepté. — Et il a accepté la présidence du gouvernement insurrectionnel, quand il n'était pas encore dégagé des liens qui l'unissaient à l'Empire.

Est-ce que c'est vrai ? Il y a là deux témoins qui le prouvent : le général de Palikao, M. Jules Favre, choisissez : un seul suffit. Vous êtes allé, général, au ministère de la guerre, président de la défense nationale. Vous n'êtes sorti de l'Hôtel de ville qu'après avoir accepté ce titre.

Vous avez entendu la déposition du comte de Palikao, vous avez entendu celle de M. Jules Favre disant : « Il nous a fait une déclaration, nous lui avons répondu, et il a été président de la défense nationale. » Et M. Favre a fini par ces mots, dont vous vous souvenez : « Il est allé au ministère de la guerre, comme M. Picard aux finances, comme M. Gambetta à l'intérieur. »

Consummatum est !

Voilà comment on a défendu l'Impératrice ! voilà comment on a défendu le Corps législatif !

Et vous voulez, messieurs, que de semblables choses passent dans l'histoire inaperçues ! et vous voulez que quand un homme, — et c'est le mot de M. l'avocat général, — fait des improvisations de conscience comme celles-là, on ne s'étonne pas un peu de l'improvisation faite ? et vous voulez qu'on les accepte, et que le sentiment de la pudeur publique ne s'indigne pas quand on trouve un homme se mettant à tous ; ici, c'est à l'honneur du gouvernement à qui il a promis fidélité et dévouement, et le soir directeur du gouvernement qui a remplacé celui du matin, sans autre intervalle que le temps de quitter son costume, son habit de général, pour prendre un fiacre qui doit le conduire à l'Hôtel de ville !

Ici, j'en appelle à tous ; ici, c'est à l'honneur de tous que je m'adresse ; il y a là des faits qui sont tellement saisissants, tellement évidents, qu'il n'y a pas deux manières de les interpréter et, on vous le disait hier, ce grand exemple de défaillance n'a été donné qu'une fois : on vous citait ce ministre napolitain qui fit de même dans ce siècle. Liborio

Romano. Ah ! là aussi, c'était un effondrement, là aussi fut acclamé Garibaldi par la population napolitaine avec des transports de joie. Eh bien ! écoutez ce qu'a dit de cela un grand historien, un grand prélat, dont vous ne désavouerez ni la sainteté ni l'éloquence, Mgr Dupanloup, évêque d'Orléans :

« Un Liborio Romano, cette rare figure de traître, qui accepte de François II le ministère de l'intérieur, pour y organiser toute trahison ; qui proclame François II « son auguste maître », et, bientôt après, fait des adresses au « très invincible Garibaldi, rédempteur de l'Italie », mérite et reçoit de la main de Garibaldi l'épée d'honneur qui lui convenait, et ce même portefeuille qu'il tenait de François II ! »

Je n'ai plus rien à dire. Les Prussiens, on s'en défendait mieux avec M. Thiers qu'avec la défense nationale. Nous y viendrons ; mais laissez-moi vous dire que, quand de pareilles faiblesses se trouvent dans la vie d'un homme, il est bien permis de le signaler : on le peut, on le doit. Quand un homme s'est trompé ainsi, cet homme n'a pas le droit de demander une absolution complète. Non, il faut de grands services pour se la faire accorder. Un jour, dans l'antiquité, un grand homme l'obtint : c'était Cicéron. Il était accusé, lui aussi ; le chef de ses accusateurs était César ; on était au forum, et Cicéron ne répondit que par cette phrase : « Je jure qu'à tel jour j'ai sauvé la patrie. » On lui pardonna. Avez-vous sauvé la France, général ? alors nous vous pardonnerons. Non, vous ne l'avez pas sauvée ; et pourquoi ?

Vous ne l'avez pas sauvée, parce que ce siège auquel nous allons arriver, et Buzenval, qui a été un des derniers épisodes de cette lamentable affaire, tout cela a été fait avec la conviction de l'insuccès. Oui, il l'a dit lui-même, lui, général Trochu, il l'a dit lui-même : « C'était une folie héroïque » ; et l'un de ses amis, un membre du gouvernement de la défense nationale comme lui, M. Picard, a dit quelque part : « Le général Trochu... »

M. Trochu. — Il n'est pas de mes amis.

Me Lachaud. — « ..... portait le deuil du siège avant même qu'il fût commencé. »

M. Trochu. — M. Picard est un ennemi.

Me Lachaud. — Voilà, messieurs, le point qui nous reste maintenant à examiner. En me résumant d'un mot, je demande à messieurs les jurés : est-ce que vous pouvez absoudre des actes comme ceux que je viens d'examiner devant vous ? est-ce que vous leur donnerez la sanction de la justice ? est-ce que vous les rendrez honnêtes ? est-ce que vous direz qu'il a bien fait d'agir ainsi ? Ah ! pardon, pardon ! je vous offenserais ; ils sont vrais ; on a non-seulement le droit, on a eu le devoir de les blâmer.

Arrivons au siège. Du 4 Septembre je n'en dis rien. Il y a deux ou trois dépositions qui vous font juger, messieurs, quelles ont été les conséquences de cette révolution. M. le général de Chaband-Latour disait : « Le 4 Septembre a mis en désarroi tous les ouvriers qui étaient occupés aux travaux de défense de Paris ; il y a eu là cent mille hommes qui n'ont pu travailler pendant huit jours. » C'est le premier fait. Il y en a un autre. Ah ! celui-là, voyez-vous, il est cruel au cœur de la France. On parle de la paix paix fatale, paix désastreuse, mais qu'il fallait avoir le courage de signer quand elle était nécessaire.

Vous le savez bien, après le 31 octobre, au mois de novembre, on vous demandait une bande de l'Alsace ou toute l'Alsace et deux milliards, rien que deux. Des témoins vous l'ont dit : MM. de Guilloutet et Vuitry notamment.

Voilà, messieurs, tout ce que je veux vous dire des conséquences du 4 Septembre.

Et le siège ! ah ! tenez, pour le juger, pour l'apprécier, il faut avoir été à Paris. M. de Villemessant y était, M. Vitu aussi, moi également. Ceux qui n'étaient pas à Paris, ne savent pas ce qu'a été le siège. J'en appelle à vos souvenirs. Se vit-il jamais une confusion semblable, une incapacité militaire et administrative arrivée à un pareil degré ? C'est de l'histoire, cela, et d'hier. Est-il possible, messieurs, que les émotions que nous avions tous alors se soient effacées de vos esprits, au point que vous ne vous en souveniez pas ? Vous rappelez-vous cette constante inquiétude ; vous rappelez-vous ces promesses fallacieuses, ces éternelles proclamations, ces bulletins bavards qui nous indignaient lorsque le soir, autour des mairies, nous en entendions la lecture ?

Vous vous rappelez bien cela ? Chaque bataille, un massacre ; chaque tentative, un revers, des revers toujours ! Ce qu'il y avait au monde de pénible et de douloureux, il fallait le subir. Oui, nous étions résignés aux souffrances matérielles comme aux souffrances morales. Il y a eu une souffrance même que nous étions imposée : oui, nous avons eu confiance dans le gouvernement de la défense nationale. Ah ! l'on a reproché à M. de Villemessant les articles du Figaro à cette époque ! mais vous tous qui étiez à Paris, vous savez bien qu'il fallait les faire ainsi ; qu'à ce moment nous étions entre les scélérats et le gouvernement de la défense.

Pour les honnêtes gens, il n'y avait pas de milieu : nous étions avec eux, parce que la fatalité le voulait ainsi. Nous vous subissions, pour échapper aux assassins et aux incendiaires. A ce moment-là, nous étions soumis devant vous ; mais un jour, nous devions vous en demander compte : ce jour est arrivé, et nous vous interrogeons.

Voilà ce qu'a été la défense au point de vue administratif, au point de vue intérieur de Paris : rien, rien, rien ! Nous avons vécu ainsi, misérablement ; et tout ce qui a servi à vivre avait été amené, demandé par M. Clément Duvernois qui doit rester dans cette affaire avec ce souvenir glorieux pour lui. Du 4 septembre au jour de l'envahissement, ils n'ont pu faire arriver ni un grain de blé ni un animal qu'on pût donner à la consommation publique. Oh ! c'est de l'histoire, et tous vos gestes et vos sourires n'empêcheront pas la vérité de se faire jour. Voilà ce que nous étions, ce que nous faisions. Mais je ne m'occupe pas de tout cela ; j'arrive à Buzenval.

Pour les opérations militaires, vous n'admettez pas la compétence d'un homme qui n'a été que capitaine dans la légion étrangère ;

vous récusez les journalistes que vous dédaignez. Mais voilà un colonel, M. le baron Stoffel; celui-là, il faut l'accepter: vous vous en êtes assez servi contre l'Empire. M. Stoffel avait été délégué à Berlin; il avait écrit des lettres fort importantes; on ne l'avait pas suffisamment écouté. C'est un officier brillant; c'est un homme distingué; enfin, l'armée toute entière vous dira avec moi qu'il est digne de juger des opérations militaires. A propos de la défense de Paris, voici ce qu'il dit :

« Quant à la défense de Paris, attendez, mon cher ami, pour vous former un jugement, que la lumière se fasse. Ne croyez rien de ce que diront les personnes intéressées ou les membres de cette détestable société, dite d'admiration mutuelle, qui nous trompe et nous déprave depuis plus de trente ans. Ils abusent de notre crédulité et de notre vanité nationale, pour nous représenter la défense de Paris comme une défense sublime; mais suspendez votre jugement, et je vous donnerai des renseignements qui vous démontreront que le commandant en chef a fait de la défense de Paris un épisode où le grotesque le disputait au lugubre, et que son ineptie y a atteint de telles limites qu'elles ont touché de près au crime. »

Et vous n'avez pas poursuivi! Comment êtes-vous aujourd'hui si sévère pour le *Figaro*? comment faites-vous ce procès, à mesure que le moment s'éloigne des catastrophes? Mais il y avait des journaux qui avaient écrit; mais Me Grandperret vous lisait à l'audience précédente un article autrement violent que celui de M. Vitu. J'ai là des brochures, des journaux contenant des accusations de la même nature: ils sont unanimes; ils crient à l'ineptie, et disent qu'on pourrait supposer le crime. Vous ne dites rien; et, quand le moment vous paraît favorable, quand vous espérez que la douleur se sera calmée, que les ressentiments se seront éteints, vous venez ici demander pour l'histoire une consultation aux hommes qui sont sur ces bancs. Ce n'est pas possible !

Nous avons été de bonne foi, et c'est ici, Messieurs, la question. Le procès. Nous avons apprécié ce que les autres avaient apprécié. Est-ce que par hasard M. Vitu a inventé quelque chose de nouveau? Non! il a pris tous les traits qu'il a écrits et qui ont été imprimés au *Figaro* dans tous ces documents publics qui sont connus, qui ont été appréciés et jugés, et contre lesquels vous n'avez absolument rien dit. Cela, c'est l'évidence; et quant à Buzenval, eh bien ! nous allons voir.

Il y a un mot de M. l'avocat général qui nous a été sensible : Nos documents ont été choisis avec légèreté. Ah! si j'étais seul à cette barre, je ne relèverais pas le mot. Mais prenez garde! c'était un mot fâcheux; et j'ajoute que nous avons puisé aux documents les plus solennels, et que, sur le fait de Buzenval, c'est la commission de l'Assemblée nationale qui va nous servir. Est-ce que M. l'avocat général l'accusera aussi de légèreté?

M. Merveilleux-Duvignau.—Ah! permettez!

Me Lachaud. — Ah! vous avez critiqué ma légèreté!

M. Merveilleux-Duvignau. — J'ai parlé de beaucoup de légèreté pour les documents employés par M. Vitu au sujet des événements de 1851.

Me Lachaud. — Cette explication donnée, et je m'en félicite, j'arrive à Buzenval. Quelle est la question? Il n'y en a pas deux. Buzenval était-il possible ? Buzenval correspond-il à une nécessité du siège pouvant amener un résultat heureux?

M. le général Trochu. — Oui !

Me Lachaud. — Buzenval n'a-t-il pas été, au contraire, entrepris pour forcer Paris à capituler ? Voilà le procès, et c'est M. le rapporteur de l'Assemblée nationale qui va vous répondre. Ah! que vous vous soyez trompé, c'est le sort de tous, et les généraux les plus habiles peuvent se tromper; mais ce n'est pas une erreur que je constate, c'est une préoccupation que j'établis. Est-il vrai qu'on ait joué là Paris affolé, voulant une résistance à outrance, parce qu'on nous cachait tout, parce que nous ne savions rien, ni sur les ressources dont on disposait, ni sur la situation: rien, rien, rien! et qu'avec cette bravoure instinctive de la nation, on voulait cette dernière sortie, cette sortie torrentielle ?

Ah ! si alors on a fait Buzenval pour amener Paris à une capitulation, est-ce une faute? si on a sacrifié des hommes à un résultat impossible, comment peut-on qualifier un acte semblable, je vous le demande? Tout est là; car enfin les généraux et les gouverneurs ne sont pas faits pour suivre les passions populaires. Quand la foule s'égare, est-ce que le devoir de l'autorité n'est pas de la maintenir? Si Paris était insensé, noblement insensé; est-ce que vous n'aviez pas l'obligation supérieure de l'arrêter? est-ce que vous ne deviez pas lui dire, au risque de votre vie, que ce qu'on demandait était une chose irréalisable? Mais vous n'étiez au pouvoir que pour cela, et si vous avez suivi les mouvements de la foule, pourquoi déteniez-vous l'autorité? Eh bien! écoutez ce qui est lu à l'Assemblée nationale : c'est la commission officielle, c'est M. de la Roche-Thulon qui va parler et vous dire qu'en résumant tous les documents qui ont été recueillis, cette bataille de Buzenval ne pouvait avoir pour but que le résultat que je vous indique.

« Ce combat, décidé seulement le lundi 16 janvier... »

M. Trochu. — C'est une erreur matérielle.

Me Lachaud. — Ah! permettez ! je ne suis pas de l'avis de M. l'avocat général, qui pense que tout ce que dit M. Trochu doit être accepté sans condition; je prends le rapport de la commission d'enquête, et voilà ce qu'il dit :

« Ce combat, décidé seulement le lundi 16 janvier, fut livré sans grand espoir de succès par les chefs militaires. *Mais le gouverneur voulait apaiser l'opinion publique, et en quelque sorte lui prouver qu'il y avait des Prussiens autour de Paris.* »

Et puis en note :

« A un des conseils de guerre qui précéda le combat de Buzenval, *un général* discutait un plan d'attaque, lorsqu'un membre du gouvernement de la défense nationale s'écria : «Général, ce n'est pas cela; il faut que la garde »nationale fasse une grande sortie.» Le général répondit : «La garde nationale n'est pas orga- »nisée pour livrer un combat en rase campa- »gne.»—« Cela ne fait rien, général, répliqua

» le membre du gouvernement, *l'opinion pu-*
» *blique ne s'apaisera que quand il y aura*
» *dix mille gardes nationaux par terre.* »

« Le général Ducrot dit alors : « Si le but est
» de faire tuer dix mille gardes nationaux,
» vous pouvez chercher un autre comman-
» dant en chef. Mais laissez-moi vous dire
» que ce n'est pas si facile que vous le pen-
» sez de faire tuer dix mille gardes natio-
» naux. »

C'est le rapporteur de l'Assemblée nationale qui parle ainsi. Voilà ce qu'il dit de
Buzenval. On sait que la défense n'est pas
possible; mais la garde nationale est surexcitée : on la fera se battre et on fera tuer
3,000 hommes.

M. Trochu. — Mais non!

Me Lachaud. — Oh! 3,000 tués ou blessés!
Pauvres morts! morts de qualité, disait le
général, comme s'il y avait des morts de qualité quand on meurt pour l'honneur de la
France! Pauvres victimes expiatoires! pauvres enfants! Pauvre Regnault, grand artiste
qui s'est fait tuer si généreusement, croyant
qu'il venait aider à sauver la patrie! Vous
êtes morts, non pas parce que vous deviez
vaincre; vous êtes morts parce qu'il fallait
apprendre aux Parisiens que la défense nationale avait été incapable, et qu'au lieu d'a-
vouer ses torts, elle préférait verser le sang
innocent qui a été répandu.
Voilà Buzenval! voilà Buzenval! Eh bien!
messieurs, j'ai fini. La preuve est-elle faite?
Est-ce que la politique, est-ce que l'Empire
ont quelque chose à faire ici?
Reste un délit encore, celui des outrages.
Ah! des outrages dans un procès comme celui-là! Parler d'outrages! M. l'avocat général
en a parlé deux fois; mais il n'y a que lui.
Ah! je rends témoignage à mon adversaire et
au général Trochu. Des outrages! grand Dieu!
Voyez-vous la preuve faite sur la diffamation
et les prévenus condamnés pour outrages? Le
triomphe serait encore plus grand, vous le
comprenez bien. Des outrages! Comment voulez-vous qu'on s'arrête à ces choses lorsqu'on pense à la fidélité oubliée, au sang répandu! Comment voulez-vous qu'on soit
calme et qu'on en parle avec une convenance
parfaite? L'homme qui serait si correct ne serait pas sincère.
Quand l'historien n'a pas assisté aux scènes qu'il raconte, quand il ne souffre pas de
toutes les souffrances dont il parle, alors il
peut être calme. Mais lorsque le sang qui a
coulé n'est pas encore séché, lorsqu'on se
rappelle tous ces désordres et tous ces
désastres, ah! messieurs, on en parle comme
cela, et on ne peut pas en parler autrement!
Et d'ailleurs, ces outrages, qu'est-ce qu'ils
sont? Un mot du général Changarnier! Vous
avez dit vous-même que le général Changarnier l'avait prononcé. Il a dit ce qu'il a voulu
dire. Il a été, comme toujours, l'homme gra-
cieux par excellence, qui unit à beaucoup
d'esprit un grand talent militaire.
Comment! un personnage de cette importance dit un mot comme celui-là, que je ne
veux pas reproduire, et parce qu'on le re-
produira, il y aurait outrage! Un mot du
maréchal Mac-Mahon! Il a donné lieu à une
longue discussion grammaticale: mais le mot
a été dit. Il y a aussi un autre mot dont M.
l'avocat général a seul parlé, celui de Judas.

J'ai là un livre que vous n'avez pas poursuivi
et qui s'exprime ainsi : Le général Trochu,
dans l'avenir, entre Ponce-Pilate et Judas.
M. Trochu. — Ce sont mes ennemis.
Me Lachaud. — Vos ennemis qui ont le droit
de vous juger, s'ils le font avec impartialité
et justice. Vous entendez bien que le procès
est fini et plaidé. Qu'avais-je à vous démontrer? Que nous avions le droit d'apprécier des
actes comme ceux-là; que nous l'avons fait.
Cette démonstration j'ai essayé de la faire. A
vous de juger si elle est complète.
Que reste-t-il encore? Une observation de
M. l'avocat général.
Il a dit : Il est trop tôt pour juger : attendez quelque temps. Ce ne sera pas alors M.
Trochu qui pourra s'en plaindre. Mais enfin,
ce procès n'est-ce pas lui qui nous l'intente?
A vous maintenant de prononcer! Pour moi,
je vous l'affirme, je m'assieds sans crainte.
Dans une péroraison magnifique, Me Allou
vous disait, en rappelant un mot de Démos-
thène et en parlant comme aurait pu le
faire ce grand orateur; il vous disait :
Messieurs, quand vous sortirez, vous serez
tranquilles : la loi veille. Et il se plaçait ainsi
sous la protection de la loi.
Mais est-ce bien vous qui pouvez l'invo-
quer? Vous avez oublié la loi, vous l'avez vio-
lée, vous l'avez méconnue. Vous venez chercher un refuge près d'elle. Vous embrassez
les autels que vous avez brisés. La question
est bien simple et bien nette, Messieurs les
jurés : vous aurez à vous demander si les reproches que nous avons adressés à M. Trochu
sont établis; vous aurez à vous demander si
sa fidélité a été ce qu'elle devait être; vous
aurez à vous demander s'il a été scrupu-
leux de ses devoirs, s'il a été ménager
du sang français, et si la bataille de Buzenval est une œuvre qu'il faut respecter où
une œuvre qu'il faut cruellement blâmer.
Quand vous vous serez posé ces questions,
vous jugerez. Ah! je suis tranquille : vous jugerez le général Trochu; vous le ferez avec
douleur, vous le ferez avec fermeté. Votre
verdict, il appartient à la justice, il appartient à l'histoire. On jugera votre verdict.
Soyez fermes : ne sacrifions pas tout à la
fois; et que, plus tard, quand on relira ces
grands débats, on ne puisse pas dire que
dans ce pays tout était perdu, et que la justice elle-même était énervée!

Ces derniers mots sont suivis d'applaudissements.

Résumé de M. le président.

Après avoir demandé à MM. de Villemessant et Vitu s'ils ont quelque chose à
ajouter à leur défense et avoir reçu d'eux
une réponse négative, M. le président Legendre commence son résumé. Impartial,
je n'ai pas besoin de le dire, on va le
reconnaître dès les premiers mots.
Mais la grande qualité de M. le président est d'être clair, précis, de présenter,
avec une rare bonheur d'expression, les
moyens de l'attaque et ceux de la défense
et de sauvegarder les intérêts de la loi.
M. Legendre n'est pas seulement un orateur. C'est, pour les jurés, plus qu'un pro-

fesseur : c'est un vulgarisateur de la science juridique appliquée aux circonstances de la cause.

Il s'exprime ainsi :

Messieurs les jurés,

La loi veut qu'au terme du débat de chaque affaire déférée à l'appréciation du jury, le président résume ce débat, et qu'avant de vous poser les questions que vous aurez à résoudre, il vous fasse remarquer les preuves fournies pour ou contre les prévenus. Ce vœu de la loi, est-il possible de le remplir exactement dans une affaire comme celle qui, depuis quatre audiences, excite si justement, si légitimement, votre religieuse attention? et, cette possibilité étant même établie, le résumé serait-il possible pour moi? Je ne le pense pas.

Vous avez entendu, messieurs les jurés, les développements les plus éloquents produits dans l'affaire, et soutenus de la façon la plus brillante; et vous comprenez, comme le président le comprend lui-même, que ce serait une chose bien inutile que de vous infliger, à cette dernière heure, un résumé décoloré du magistrat que le hasard aveugle des circonstances a amené à présider ce grand procès. Je n'ai à vous présenter que de très brièves observations, tant au point de vue juridique qu'au point de vue des faits relatifs aux questions sur lesquelles vous allez être appelés à répondre dans quelques instants.

Sur la plainte de M. le général Trochu, partie civile, la chambre des mises en accusation de la cour de Paris a renvoyé devant vous MM. Delaunay de Villemessant et Vitu, sous la prévention d'un double délit de diffamation envers un fonctionnaire public à raison de l'exercice de ses fonctions, et d'outrage public à raison de ces mêmes conditions.

Suivant une jurisprudence depuis longtemps fixée, le gérant du journal dans lequel ont paru, ont été publiés des articles contenant de prétendues diffamations et outrages, le gérant du journal est considéré comme auteur principal du délit; l'auteur de l'article, celui qui a fourni l'article contenant les imputations, est considéré comme complice. C'est ainsi que MM. de Villemessant et Vitu sont appelés devant vous.

La diffamation, vous le savez, messieurs les jurés, on vous l'a déjà dit, est l'imputation, l'allégation d'un fait de nature à porter atteinte à l'honneur ou à la considération de la personne à laquelle il est adressé.

L'outrage ou l'injure résulte de l'emploi de termes injurieux, d'invectives, d'épithètes méprisantes.

La loi garantit d'une manière absolue la vie privée des particuliers contre toute espèce de diffamation ou d'outrages; mais, lorsqu'il s'agit d'un fonctionnaire public, alors que le fait même de diffamation serait allégué, la loi, dans l'intérêt du public, réserve aux auteurs de ces imputations le droit de faire la preuve de l'exactitude des faits qu'ils imputent aux fonctionnaires.

Le législateur de 1814 a voulu qu'il en fût ainsi; il l'a voulu, nous le répétons, dans un intérêt social, afin que tous ceux qui aspirent à exercer des fonctions publiques dans leur pays sachent bien par avance que tous les actes de leur vie publique sont livrés à l'appréciation de ceux dont ils ont brigué les suffrages ou sur lesquels ils exercent une autorité quelconque.

Il n'y a de limite à cette faculté, à ce droit, que quand l'expression, l'induction, l'allégation, l'affirmation d'un fait vrai en lui-même constitue un outrage, parce qu'alors jamais, au grand jamais, l'outrage, du moment où il est légalement constaté, ne peut échapper à une peine, à une répression. Voilà, messieurs, très-brièvement, le résumé de quelques-unes des principes de cette législation très libérale de 1819, que l'Assemblée nationale a, l'année dernière, remise en vigueur en même temps qu'elle rendait aux jurés l'appréciation des délits s'y référant.

Maintenant, les faits de l'affaire, les faits, vous les connaissez.

L'honorable président retrace alors tous ces faits; il rappelle les moyens de la défense et ceux de l'accusation, et termine en disant :

Le moment est venu de vous abstraire de tout événement étranger. Vous allez rentrer dans la chambre de vos délibérations; vous n'aurez plus à rendre compte qu'à votre conscience de vos appréciations, et votre verdict, vous le rendrez sous la religion du serment. Ce sera bonne et exacte justice.

Nous allons avoir l'honneur de vous lire les questions auxquelles vous aurez à répondre.

M. le président Legendre donne lecture de ces questions, que nous reproduisons plus loin, puis les jurés se retirent, ainsi que la cour, et l'audience est suspendue.

Verdict du jury

A trois heures, le silence se fait brusquement : l'huissier vient d'annoncer la cour. MM. les jurés entrent les premiers, et, quelques instants après, les magistrats réoccupent leurs sièges.

M. le président Legendre s'adresse alors à l'auditoire, et, avec une grande fermeté, il l'invite au calme le plus complet : car il est décidé à sévir contre ceux qui, par des marques d'approbation ou d'improbation, oublieraient le respect dû à la loi. L'agitation cesse ; mais on sent encore dans la foule une sorte de frémissement, écho involontaire des passions qui la dominent. Sur l'invitation de M. le président, M. Boutet, chef du jury, se lève, met la main sur son cœur, et, d'une voix vibrante, donne en ces termes connaissance du verdict :

« Sur mon honneur et sur ma conscience, devant Dieu et devant les hommes, la déclaration du jury est : Sur toutes les questions relatives à la diffamation contre le général Trochu, non, les prévenus ne sont pas coupables ! »

A ce moment, Me Lachaud tend vivement les mains à M. de Villemessant et lui dit :

— Notre procès est gagné : le reste m'est indifférent !

M. le chef du jury : « Sur les questions d'outrages, oui, les prévenus sont coupables ! »

Cette déclaration faite, M. le greffier Blondeau donne lecture du verdict.

Voici ce document *in extenso* :

Déclaration du jury dans le procès contre : 1° *Hippolyte de Launay de Villemessant;* 2° *Auguste-Charles Vitu.*

1re QUESTION

D. Hippolyte de Launay de Villemessant est-il coupable d'avoir, en 1872, à Paris, diffamé le général Trochu, dépositaire de l'autorité publique, pour des actes relatifs à ses fonctions, en lui imputant des faits de nature à porter atteinte à son honneur et à sa considération, en publiant, dans les numéros des 23 et 27 janvier 1872 du journal *le Figaro*, dont il est le propriétaire-gérant, numéros vendus ou distribués, mis en vente ou exposés dans des lieux publics, deux articles sous la rubrique : « les Comptes du 4 septembre, » et sous le titre : « le Général Trochu, » contenant notamment les phrases suivantes :

I. — (Numéro du 23 janvier.) — Le 19 janvier 1872 ! anniversaire d'un jour de deuil, où le sang le plus pur coula dans une entreprise ténébreuse, que la conscience publique a flétrie du nom d'assassinat ! »

« ... Le gouverneur de Paris ne capitulera pas, avait dit le général Trochu dans une proclamation solennelle. Et cependant, il savait qu'avant dix jours, il aurait rendu la ville, les forts, les fusils, les canons de l'armée, payé deux cents millions de contributions de guerre, et signé, avec les préliminaires de la paix, l'abandon implicite de l'Alsace et de la Lorraine. »

« ... Le gouverneur de Paris, qui avait juré de ne pas capituler, pouvait imiter ce suicide héroïque et captieux ; il donna simplement sa démission et se coucha dans le linceul que son honneur militaire. Nos pauvres morts du 19 janvier en furent pour leurs frais. »

Réponse. Non.

2e QUESTION

II. — (Même numéro): « Voilà donc, pensais-je, où nous en sommes ! En ce pays, on peut arriver au pouvoir par l'intrigue, la trahison ou l'émeute, saisir son pays au collet comme une proie, lui extorquer sa confiance, son sang et son or, puis le rejeter pantelant, courbé dans la misère et dans la honte, et se frotter les mains, se glorifier, et monter au Capitole en jurant qu'on avait sauvé la patrie, et rire encore, comme si le châtiment n'était ni de ce monde ni de l'autre. »

R. Non.

3e QUESTION

III. — (Même numéro). « ... On savait seulement qu'en 1851, aide de camp du général de Saint-Arnaud, ministre de la guerre, il avait été l'un des collaborateurs en sous-ordre du coup d'État du 2 décembre. »

« .... Ces attributions mirent dans les mains du lieutenant-colonel Trochu l'exécution des décisions rendues par les commissions mixtes, et les souvenirs contemporains affirment qu'il n'entrait pas alors dans ses sentiments d'en tempérer la rigueur; au contraire ! »

R. Non.

4e QUESTION

IV. — (Numéro du 27 janvier.) « Le général Trochu arriva de Paris au camp de Châlons le 16 août, en même temps que l'empereur y arrivait de Metz. La conférence solennelle du lendemain, 17 août, est trop connue pour qu'il soit besoin de la raconter ici. Il suffit de rappeler que le général Trochu y reçut de l'empereur le gouvernement de Paris, qu'il lui adressa ces paroles textuelles : « Sire, dans la situation pleine de périls où est le pays, une révolution le précipiterait dans l'abîme ; tout ce qui pourra être fait pour éviter une révolution, je le ferai... » et qu'il embrassa deux fois l'empereur en protestant de sa fidélité. »

« ... Il réclama de la régente, à défaut de l'empereur, un décret qui consacrât immédiatement sa nomination. » Mais, général, objecta l'impératrice, je ne suis qu'une régente constitutionnelle, et je n'ai pas le droit de donner ma signature sans qu'elle soit couverte par celle d'un ministre responsable. » — « Madame, repartit avec véhémence le général Trochu, les plus grands malheurs peuvent résulter de votre refus. J'ai donné l'ordre aux douze mille mobiles de la Seine de quitter le camp de Châlons et de se diriger sur Paris par les voies rapides; ils seront ici demain. Ils n'ont confiance qu'en moi. Si, à leur arrivée, ils ne trouvent pas placardé sur les murs le décret qui me nomme gouverneur de Paris, ils se croiront trompés, et je ne saurais répondre des conséquences. »

Devant ces menaces peu déguisées, l'impératrice, malgré sa fermeté d'âme, céda.

R. Non.

5e QUESTION

V. — (Même numéro.) « Le général Trochu avertissait la révolution que douze mille prétoriens de l'émeute, déjà signalés par les scènes scandaleuses de Châlons, étaient campés sous les murs de la capitale. Les faubourgs tressaillirent, et la gauche législative comprit que l'heure allait sonner. »

..... « Ce qu'il est permis d'affirmer, parce que le fait, tout immoral qu'il soit est indéniable, c'est que des relations intimes s'étaient établies entre la gauche révolutionnaire, qui méditait le renversement de l'Empire, et le chef militaire chargé de défendre le gouvernement dont il avait sollicité et surpris la confiance. »

R. Non.

6e QUESTION

VI. — (Même numéro)... « Il salua, et, s'étant profondément incliné devant l'Impératrice, il lui tint ce discours : « Madame, si votre police est bien faite; elle a dû vous dire que les députés de la gauche ont tenu chez moi plusieurs réunions ces jours-ci. Que Votre Majesté n'en prenne point ombrage ; mon dévouement est sans bornes et s'appuie sur une triple garantie : je suis Breton, catholique et soldat. »

« ... Prévenir les soupçons par une feinte franchise, dénoncer la gauche en cas d'insuccès, se garder à pique en même temps qu'à carreau et trahir tout le monde en se plaçant sous le saint nom de Celui qui fut vendu trente deniers par Judas, tout cela en trois révérences et en quatre membres de phrase : avouez que c'est un chef-d'œuvre ! »

R. Non.

7ᵉ QUESTION

VII. — (Même numéro.) « L'impératrice fit remarquer que c'était surtout la Chambre qu'on menaçait, et qu'il était urgent de sauvegarder le lieu de ses séances plutôt que les Tuileries. Mais — ceci est à noter pour l'historien — autant le général Trochu se montrait empressé et chaleureux pour ce qui regardait l'impératrice, autant il parut peu explicite pour ce qui concernait la défense de la Chambre. »

« ... Faut-il rappeler que le premier soin de l'intègre général fut de prendre à Jules Favre sa présidence pour se l'appliquer à lui-même ? C'était à prendre ou à laisser.

» Président, le général s'engageait à servir la République ; non président, il devenait capable de sauver la Régence. »

« ..... Mais enfin, lorsque le palais fut menacé, l'impératrice fit chercher l'homme qui s'était offert à mourir pour elle, sur son honneur de Breton, de catholique et de soldat. On vint apprendre à la régente que le général Trochu avait passé devant les Tuileries, mais sans y entrer, et qu'il siégeait à l'Hôtel de Ville, où la République était proclamée. Tout était fini : la trahison venait d'assurer le triomphe de l'émeute. »

R. Non.

8ᵉ QUESTION

Ledit de Villemessant est-il coupable d'avoir, à la même époque et au même lieu, outragé le général Trochu, dépositaire de l'autorité publique, à raison de ses fonctions ou de sa qualité, en publiant dans les numéros des 23 et 27 janvier du journal le *Figaro*, dont il est le propriétaire-gérant, numéros vendus ou distribués, mis en vente ou exposés dans des lieux publics, deux articles contenant notamment les phrases suivantes :

(Numéro du 23 janvier). « Je reconnus à l'instant même le personnage que j'avais vu de près à Londres, dans le musée de cire de madame Tussaud, entre *Dumollard* et *Troppmann* : c'était M. le général Trochu. »

R. Oui, à la majorité.

9ᵉ QUESTION

(Numéro du 27 janvier). « La première sentence appartient à M. le général Changarnier : *C'est Tartufe coiffé du casque de Mangin.* »

R. Oui à la majorité.

10ᵉ QUESTION

(Même numéro). « C'est le mot de M. le maréchal de Mac-Mahon devant la commission d'enquête : « Je le croyais un honnête homme. »

R. Oui, à la majorité.

11ᵉ QUESTION

Auguste Charles Vitu est-il coupable d'avoir, à la même époque et au même lieu, en fournissant à de Villemessant, pour être publiés, les articles ci-dessus relatés, aidé et assisté avec connaissance l'auteur dans les faits qui constituent :

I. La diffamation spécifiée sous la question nº 1 ?
Réponse. — Non.

Sous la question nº 2 ?
R. Non.

Sous la question nº 3 ?
R. Non.

Sous la question nº 4 ?
R. Non.

Sous la question nº 5 ?
R. Non.

Sous la question nº 6 ?
R. Non.

Sous la question nº 7 ?
R. Non.

II. L'outrage spécifié sous la question nº 8 ?
Réponse. — Oui, à la majorité.

Sous la question nº 9 ?
R. Oui, à la majorité.

Sous la question nº 10 ?
R. Oui, à la majorité.

Le président.   Le chef du jury.
Signé : LEGENDRE.   *Signé :* BOUTET.

Arrêt de la Cour

Après cette lecture, M. le président demande à MM. de Villemessant et Vitu s'ils ont quelque chose à dire sur l'application de la loi. Leur réponse étant négative, M. Legendre ajoute que la cour ordonne qu'il en sera délibéré.

Et les magistrats se retirent, laissant une dernière fois l'auditoire aux prises avec toutes ses impressions, ses craintes et ses espérances.

Une demi-heure après, la cour rentre en séance, et M. le président Legendre fait connaître son arrêt en ces termes :

« La cour, vu le verdict du jury, écartant la diffamation et reconnaissant les prévenus coupables du délit d'outrage au général Trochu, à l'occasion de l'exercice de ses fonctions ; vu l'article 6 de la loi du 25 mars 1822, qui porte une peine de quinze jours à deux ans de prison et une amende, condamne de Launay de Villemessant et Vitu chacun à un mois d'emprisonnement et trois mille francs d'amende. »

M. le président Legendre ajoute :

« Messieurs, vous avez vingt-quatre heures pour vous pourvoir en cassation. »

MM. de Villemessant et Vitu s'inclinent sans rien dire, se retirent, et M. le président Legendre déclare que l'audience est terminée et que la session est close.

La foule s'écoule alors avec plus de calme que ne permettait de le supposer l'animation dont elle avait donné tant de preuves durant les débats, et elle rejoint les deux ou trois mille personnes qui attendent impatiemment dans les couloirs et dans la salle des Pas perdus, le dénoûment de ce procès, dont l'opinion publique s'est si justement préoccupée ; dénoûment

auquel applaudiront, je n'en doute pas, tous les amis de l'ordre et de la vérité.

———

Un dernier mot maintenant pour en terminer tout à fait ; un dernier mot, non pas parce que nous doutons de l'intelligence de nos lecteurs, mais parce qu'il est nécessaire qu'il ne reste aucune équivoque sur l'arrêt qui vient d'être prononcé ; il faut que cet arrêt soit compris de tout le monde, aussi bien dans son esprit que dans son texte,

Cet arrêt exprime que M. Vitu avait le droit de dire à M. Trochu, à propos de ses actes politiques et militaires, tout ce qu'il lui a dit ; que ce qu'il a écrit n'est que la vérité, mais que parmi ces vérités, l'écrivain n'aurait pas dû laisser se glisser les expressions *outrageantes* dont il s'est servi.

Ce ne sont donc pas les articles de M. Vitu qui sont condamnés : ces articles, le verdict du jury en a fait des pages désormais incontestables de notre malheureuse histoire contemporaine !

RENÉ DE PONT-JEST.

Paris. — Imp de Dubuisson et Ce, rue Coq-Héron, 5.

www.ingramcontent.com/pod-product-compliance
Lightning Source LLC
Chambersburg PA
CBHW070908280326
41934CB00008B/1635